史上十大口水战
华夏思想三千年 贰

还是定风波 ◎ 著

盐铁往事

两千年前的货币战争

重慶出版集團 重慶出版社

目　录

总序 / 1

第一章　封邦建国　殷周革命
　1. 从汤武征伐说起 / 1
　2. 革命者都是相似的 / 4
　3. 周人的革命之路 / 7
　4. 周人的民主之路 / 10
　5. 周公恐惧流言日 / 13
　6. 封建社会之分封篇 / 16
　7. 诸侯的特征值 / 19
　8. 婚姻法决定继承法 / 22
　9. 宗子选拔赛 / 25
　10. 封建社会之宗法篇 / 28
　11. 封建社会之井田篇 / 32
　12. 周朝平民穿越指南 / 36
　13. 人人都是铁饭碗 / 39

第二章　齐霸于东　富民强兵
　14. 大国崛起之齐国篇 / 44
　15. 治国之道必先富民 / 47
　16. 联产承包与盐铁专卖 / 49

17. 为什么是盐和铁 / 53
18. 赚富人的钱 / 56
19. 从女闾七百到春秋霸业 / 60
20. 两千年前的货币战争 / 63
21. 商场与战场 / 66
22. 离开管仲的日子 / 69

第三章　晋兴于北　成败六卿

23. 大国崛起之晋国篇 / 74
24. 老实人重耳流亡记 / 77
25. 老实人重耳转进记 / 81
26. 老实人重耳称霸记 / 84
27. 老实人重耳复仇记 / 88
28. 赵氏孤儿的罗生门 / 91
29. 卿族时代之赵氏当国 / 94
30. 卿族时代之家族攻略 / 98
31. 卿族时代之家族榜单 / 101
32. 卿族时代之晋侯反击 / 105

第四章　楚盛于南　夷夏之名

33. 大国崛起之楚国篇 / 109
34. 夷夏之间 / 112
35. 观中国之政 / 115
36. 我虐的人和虐我的人 / 118
37. 愿世界和平 / 121
38. 北望中原空问鼎 / 124

第五章　秦统于西　万国皆平

39. 大国崛起之秦国篇 / 128

40. 新时代之来临 / 131

41. 私有化，私有化 / 133

42. 弯道超越和后发优势 / 136

43. 秦国来了个年轻人 / 140

44. 编户齐民的时代 / 143

45. 美丽新世界 / 146

46. 一元化与多元化 / 150

47. 童年的终结 / 154

48. 朝秦与暮楚 / 157

第六章　黄老治世　国泰邦宁

49. 亭长同志发迹记 / 161

50. 亭长同志建国记 / 164

51. 帝国的遗产 / 167

52. 休息疗法 / 170

53. 黄老治国的时代 / 174

54. 道家的修为 / 177

55. 亭长同志兴邦记 / 180

56. 过仓海君处，从赤松子游 / 184

57. 道家宰相曹参 / 187

58. 文帝时代 / 191

59. 贾生年少虚垂泣 / 194

60. 贾谊的政改计划 / 197

61. 新时期三大矛盾 / 200

第七章　道黜儒升　民退国进

62. 两个惹祸精 / 203

63. 冤家路窄 / 206

64. 爱提意见的人 / 210

65. 离间攻略 / 213

66. 两千年前的南北战争 / 217

67. 多血质皇帝 / 220

68. 黄老的守护人 / 223

69. 自由主义经济之殇 / 226

70. 月光族刘彻 / 229

71. 汉朝的收支账 / 233

72. 国进民退 / 236

73. 中国模式 / 239

74. 反对的声音 / 242

第八章　盐铁之辩　足立古今

75. 团结的大会 / 247

76. 辩论是个团体赛 / 250

77. 务实与务虚 / 253

78. 功过商鞅 / 257

79. 儒家是个什么玩意 / 260

80. 仁义道德与乌合之众 / 264

81. 面子工程与报应 / 267

82. 反对的声音 / 270

83. 王道没有敌人 / 273

84. 礼治与法治 / 277

85. 实事与教化 / 280

86. 胶车逢雨 / 284

后序 / 289

跋 / 294

总序

老虎有爪子，熊有掌，蝎子有尾巴，而人有口水。牛会顶，马会踢，蜜蜂会蜇，而人会骂。狼会把别的动物咬死，鹰会把别的动物啄死，蛇会把别的动物毒死，而人会把别的人"用口水淹死"。

呜呼，口水之义亦大矣！古书上说，"防民之口，甚于防川"，儒墨相争，孟子把墨家的言论称之为洪水猛兽，口水泛滥起来，如长江之水滔滔不绝，又如黄河泛滥而一发不可收拾，所以先贤们慎对口水，实在是防微杜渐哪！治口水也如治洪水一样，疏胜过堵啊！

口水既然这么厉害，自然很早就被人类当成"生化武器"。人类学家说，语言的产生是人类进化的重要阶段，听说尼安德特人之所以被晚期智人淘汰，正是因为后者有语言而前者没有，可见口水真的是能淹死人的。古书上还说，仓颉造字，有鬼夜哭。因为文字一旦出现，即使千里之外，仍能骂人。鬼魅害人，也要天时地利人和，夜路不行，危路不入，鬼魅也没什么招儿；而人却能骂人于千里，气死人于无形，难怪人越来越多而鬼越来越少了。

等到世上的其他动物都在人类三尺垂涎的鼓动下渐渐消亡，如果没被关进笼子里，多半也端上了餐桌，准备和口水亲密接触的时候，口水战也开始了。古人打仗，往往找几个善骂的，在阵前向对方辱骂，轻则挫对方士气，重则对方"将不胜其忿"而大出昏招，有时久攻不下的围城，竟给"骂"开了。

口水战实在也是文明的标志、时代的进步。古人曾经云过，"君子动口不动手"，近人也曾经云过，"要文斗，不要武斗"。现在的那些东夷人和西夷人，时不时在国会上打架。蛮夷就是蛮夷，真是不及我华夏多矣，须知这世上有很多完全不用动手就能达到目的的办法。清朝有人为钗黛的优劣争得"几挥老拳"，真是斯文扫地，斯文扫地啊！哪怕在墙上写上几句什么"喜欢林黛玉的是小狗"，或"喜欢薛宝钗的是乌龟变的"，也要文明得多啊。所以如果在菜市场看到两位大妈吵得面红耳赤，掉了一地的生理器官，一定不要生气，须知我们人类与那些只会动拳头的猩猩表亲们的区别，也就在那两片上下翻动的嘴皮子上了。

古罗马人特别推崇演讲术和雄辩术，善于讲演善于辩论者备受追捧，名满天下，有些人甚至在临死前把遗产赠送给他们。文明就是文明哪，哪像那些来自北方的日耳曼蛮子，天天就知道打打杀杀。我们华夏作为东亚文明的中心，自然也不逊色于西方。两千年来，有多少场重量级的口水大战，令后人至今想望其风采。

口水战又名舌战。想当年，有多少青年才俊靠着"三寸不烂之舌"封侯拜相，位列公卿。可恨那韩非，自己说话不利索，也不许别人说话；又可恨那孔丘，自己不会甜言蜜语，却说别人"巧言令色，鲜矣仁"，以至千年以来，大道之不行也久矣。看今天的粉丝之争，明清之争，中西医之争，不仅不能把祖宗家业发扬光大，简直是一代不如一代。靠着这些口水战，慢说什么六国相印，就是六盒月饼也混不到啊。本着"为往圣继绝学，为万世开太平"的精神，又岂能不把这些口水大战写出来呢。

有人又要问了，什么样的大战才能入选"十大"呢？史上的口水战可谓多矣，但够得上"十大"的，第一是级别够高，第二是影响够大，第三论战水平够给力，第四还要双方力量够均衡。如果力量悬殊，那不叫战，那叫殴，比如雍正把曾静关在牢里，像审犯人似的一问一答，最后声称对方被自己说服，那就不叫战，而叫殴；如果只见一方骂骂咧咧，另一方置之不理，那也不叫战，那叫攻，比如宋儒辟佛，却不见和尚来辟儒，那就是攻；如果一方动口，另一方动手，那也不叫战，那叫谁骂我我就打谁，比如清流东林们和宫里的残疾人互相看不惯，一个会骂，另一个就会杀。十大口水战就是十次华山论剑，东邪打西毒叫华山论剑，东邪打欧阳克就不能叫华山论剑，东邪打官兵当然更不能叫华山论剑了。

当然还有人不服——你说那个是"十大"，我偏觉得这个是"十大"。很好，孺子可教，学以致用，知行合一，第一战就从谁能进"十大"开始。但是别忙，我还没说出哪个才是"十大口水战"呢，又为什么这些才是十大口水战？等细细说完了，再来分辩计较。

在请出十大口水战之前，再来一段《口水歌》吧。古人作文如作画，讲究反复渲染，又如做川菜，要把味儿做足。我既要"存亡继绝"了，又岂能不再渲染一回，也算是提纲挈领了。

鸿蒙开辟，六合炜炜。
天倾八极，地裂四维。
有圣人出，荐为五味。
辛甘交伐，乃有口水。

其形若何，淫雨霏霏。
其采若何，云蒸霞蔚。
其生若何，宿鸟惊飞。
其地若何，驴唇马嘴。

儒墨相攻，猛兽洪水。
盐铁善论，国事堪为。
两汉经学，今古谶纬。
牛李互斗，士族式微。
释家老子，高下者谁？
熙宁新旧，汴京遂围。
鹅湖之会，旧事堪追。

立宪革命，其辞萋斐。
国学西学，洋奴夏鬼。
救亡启蒙，甘冒不韪。

雄哉口水，取齐亡魏。
壮哉口水，变乱宫闱。
神哉口水，食之可肥。
至哉口水，皆言可畏。
圣人用之，天下称美。
奸人用之，人间鼎沸。

能不慎哉，口水之威！
一言可兴，一言可毁。
人身百物，以此为贵。
如尚疑之，必招谤诽。

第一章　封邦建国　殷周革命

1. 从汤武征伐说起

看到这个题目，有读者可能就要纳闷啦，盐铁论就盐铁论，货币战争就货币战争，为什么要跑到汤武征伐来呢？本来想跟着风波领略下大汉风光，顺便抢在刘奭那个挫人之前泡上萝莉时代的昭君妹妹——虽然还要再等上二十年，为什么盼来的却是姬发那个猛人，以及朝歌城里马上就要歇菜的妲己姐姐呢？性急的穿越看好者可能要直接爬回虫洞，而性急的读者可能要跳过三十小节，也许是五十小节。但风波在这里大言不惭、信誓旦旦地向您保证，西周之行，绝对不会虚过，绝对不容错过。

风波之所以要跑到西周初年，跑到封神演义里那些神经兮兮的人物出没的年代，并不是仅仅为了寻找盐和铁的痕迹——那个年代的确有盐的痕迹，而铁，可能还在云和山的彼端，在亚述人的国度，还没有上路。

风波之所以要跑到西周初年，原因之一是，盐和铁虽是两个物件，本质还在于经济，谈盐铁就是谈经济。而谈经济，你能不从头说起？盐铁论主要的确是谈经济，这没错，可正反两方都在说些什么，少不得要对西汉经济扒上一扒吧？而谈西汉经济，则秦代经济又不能不说，而秦代经济又是脱胎于西周春秋的封建经济。正如谈凯恩斯主义少不得要提到19世纪的自由市场经济以及后来的经济危机，而谈《国富论》又少不得要提到工业革命及之前中世纪的自由城邦。如果对封建城邦，到大国崛起，再到中央集权，再到自由主义经济，再对国进民退，都有一个清楚的了解，对封建郡县之争，对大政府小政府之争，都有一个清楚的认识，则盐铁双方说的什么，其实都不是那么要紧了，因为他们要说的，你多半已经明白了。

风波之所以要跑到西周初年，原因之二是，这本书并不是本《盐铁论》的介绍读物，更不是白话《盐铁论》，作为一个希望把历史放到历史中去的人，或者说，作为一个希望让那个波澜壮阔的时代以一种荡气回肠的方式再现的人，这本书的重点在"往事"两个字。盐铁，其实只是对于往事的修饰或限制。什么是往事？往事就是说来话长，就是这事得从头说起，就是从前哪，有一个国家，它的名字叫作周，反正就是这个意思，这是一些关于古代经济变迁的陈年旧事。就好比如果你说城南旧事，显然说的一定是发生在城南的一些过去的事，否则就成了城南风光或城南印象了，如果我仅仅说那一场场的辩论赛，那就成了盐铁擂台或盐铁辩论，而不会说什么盐铁往事了。实际上，同学们，你们确定要一遍遍地听一群人云里雾里地放嘴炮，吵得头都大了，而不是跟着风波坐着时光机从西周一路走过来吗？虽然那些嘴炮很精彩，可听起来又不是很明白，而且还是一遍又一遍的，你确定吗？

想搞清风波之所以要跑到西周初年，原因之三是，后世的历次论战中，总有那么一些人要反反复复地说什么"三代之治"，仿佛那是最美好的时代，但你要问起"三代之治"是怎么个"治"法，他们又说不清，只是子曾经曰过，《周礼》曾经云过的让你越来越迷糊。就连经济史上最著名的汉朝盐铁论战，宋朝新旧党争，也很难见到今天常听到的什么消费投资出口刚需GDP，而是充斥着三代之治啦藏富于民啦的东西。所以我们索性搭个历史高铁，直接从汉代回到西元一千年之前，"三代之治"嘛，咱们只参观个最最典型的周代，"三代之治"是个什么样子，善于举一反三的读者也都清楚明白啦。

风波之所以要跑到西周初年，还有一个原因，就是后世读过几天洋书的往往民主啦上帝啦说个不停，读过几天旧书的又是革命啦封建啦，好像自己很潮似的。在这里，风波可以负责任地告诉你，你们早就落伍啦。回到西周初年，你会不止一次听到"革命"、"上帝"、"民主"或"封建"这些词——如果你还能听懂那些见"溪群疑端透定泥"的上古音韵的话。

尤其是"封建"这个词，风波现在一听到别人说什么"秦废封建后，中国进入了封建社会"，说什么"中央集权的封建王朝"，说什么"自给自足的小农经济"就头痛。这简直是屁话，秦都废了封建，还怎么进入封建社会？中央集权是集权，封建是分权，怎么搞到一起？小农经济就那几亩薄地，除了粮食，什么都要买，怎么自给自足？这简直是在说某人自从结婚之后，当上了快乐的单身汉，或某人自从离婚之后，过上了幸福的婚姻生活，任何一个小学语文老师都会打上一个大大的红叉的。

想当年，东洋鬼子翻译西洋鬼子的东西，碰到中世纪那种社会形态要翻译，于是在汉字里找啊找啊，发现周朝的社会和中世纪比较像，而中国自古都称西周春秋的社会为封建，于是翻译成"封建"。再和自己的一对比，发现从教皇国王到公爵伯爵这些贵族再到骑士再到平民的中世纪，从周天子到诸侯到卿大夫到士再到庶人的中国周朝，与从天皇幕府到大名到武士再到农民的日本社会，真的是一样一样的，于是又称自己的社会是封建社会，开始反封建。再翻一下中国古书，发现当年的秦国搞过"废封建，设郡县"，于是也搞了个"废藩置县"，把贵族世袭的采邑废除，土地自由买卖，官员由国家任命，农民则变成由国家直接管理的"编户齐民"。

这种事体本是中国两千年前就做过的事情，结果两千年后的中国人拿过一看，哎呀，西洋人反封建反了两百年，现在东洋人也在反封建了，咱们反不反？革命同志们说，那还要问，当然要反。可是，怎么反呢？革命同志们一看，不对啊，咱们土地早就自由买卖了，"废封建，设郡县"这种事情两千多年前就被秦人做了，这么大的一个中国，找不到一个世袭的贵族采邑，找不到一个封建领主，这活儿还怎么干嘛！最后大家一商量：这还不简单，见到啥就反啥呗。正好见到学堂里供着教师的祖宗孔丘，于是拿孔家店开砸。

本来革命同志们要闹革命，委屈一下孔先生也没啥，正如当年的周武王要闹革命，只好让子辛成为世界上最坏最坏的纣王一样。革命同志们"反封建"，史学家们并没有多少人跟着"反封建"，但问题是专家出现了。专家最擅长的事是把用常识就能判断的事，用一系列专业名词和专业仪器来证明你的判断是错误的。比如一个大楼你说有问题，墙上都裂了大缝了，但专家能拿一个你从没听过的理论和一个你从没见过的仪器证明就是没有问题，墙上的大缝只是天冷了大楼打了个喷嚏，过一会子就好了。一位姓郭的专家用了数十年的功夫，终于击败其他对手，证明成功：依我看，还是从战国时代开始封建社会比较合适，因为社会的发展就像游戏的练级，而春秋战国之间的区别还是相当大的，适合作为升级的标志，至于你们说为什么中国的第二级和西方的第三级很像，而中国的第三级和西方的第三级却区别很大？为什么人家是封建领主咱们却是封建地主，人家是列国林立咱们却是帝国一统？我告诉你啊，那是因为你们选择的职业不同，选法师和选战士能一样么？不过同一个专家却在另一个很有名的作品中说与李白结交的汪伦是农民，而杜甫茅屋上的茅草冬暖夏凉，是有钱人才会用的，所以前者和劳动人民打成一片，而后者是剥削阶级立场。这让该专家的其他论断大打折扣。

当然，这就扯得太远了，专家们的是非本就不是咱们这些历史八卦者们能说得清的。风波想说的其实是，咱们回到西周初年，也是想看看，到底什么才是封建社会，封建社会到底是什么样子。读过西欧中世纪历史，比如《文艺复兴时期卢瓦尔河谷的城堡》的同学，或看过中世纪电影，比如《天国王朝》的同学，或许能在西周或春秋时期闻到相同的气息。

好啦，闲话休提，言归正传，先看看三千年前的那场革命是怎么开始的吧。

2. 革命者都是相似的

革命者都是相似的，而反动派则各有各的反动。

为什么革命者都是相似的呢？因为他们无一例外都是根正苗红，又无一例外都是苦大仇深，又无一例外都是视民如子，又无一例外都是四海归心。

这些特点，周人，或者说姬姓集团，全部符合。

姬周的先辈一直深入农村，长期研究谷物栽培技术。其始祖弃，做过尧帝的农业部长，到了舜帝时，被封为后稷，是个分管农业的副总理，他从小就爱种树，种豆子，他发明了很多谷物的种植方法，并教给人民。这自然是根正苗红了。

周武王姬发的爷爷季历，被商王文丁残忍地杀害，而姬发的老爸周文王姬昌，仅仅是叹了一口气，又给昏庸透顶的纣王关了很久很久，献上很多宝物才赎回来。当然算得上苦大仇深了。

周文王姬昌，曾经用一千里地，请求纣王废除炮烙之刑。而在境内，他从早忙到太阳落山，都顾不得吃饭，关心群众的安居乐业，给老而无子的，少而无父的提供福利。在他的境内，都不用设牢房，因为根本没有人会去犯罪，西岐简直是三千年前黄河流域人们心中的圣地。这还不叫视民如子么？

四海归心嘛，举个小例子就知道了。话说虞、芮两个国家为了一些历史遗留的领土争端闹个不休，然后听说周文王做事很公道，为人很仗义，大伙儿都服他。于是两国国君就约着到周国请周文王裁决，谁知一进周国国境就后悔了。为啥？因为他们发现周国简直是个君子国，人人相让的，官让着民，民也让着官，去街上买个东西吧，卖者明明标得很低的价钱，还说自己惭愧卖得贵了，而买的人则拼命要多给钱，不要还生气，卖的人见别人多给钱了，马上再抓上一件东西塞给对方。虞、芮两国国君当场呆若木鸡，醍醐灌顶，整个灵魂都受到洗礼，从灵魂深处闹起了革命，狠斗私字一闪念，觉得以前两个国家争来争去是多么可耻，于是马上也互相让起来，那两块田归哪个国家有什么要紧，只要百姓安居乐业不就得啦，算啦，咱还是回去吧。来的时候还在拌嘴哩，走的时候已经哥俩好啦。

不过仔细研究一下又发现有些不对。

首先，周人的始祖弃，也是一个私生子。虽然听说是弃的妈妈姜嫄出去玩儿的时候踩到一个大脚印之后生的，但上古那些奇奇怪怪就怀孕的事，你知道的，而且从"弃"这个名字，还能依稀看到姜嫄对那个没良心的始乱终弃的短命鬼的怨恨。不过私生子也没啥，上古的牛人，又有几个不是私生子？要命的是，辈分也有些混乱，从周人的始祖弃，到周文王姬昌，有十五代，而从尧舜禹时期，到纣王时候，有差不多一千年，其中夏朝十四代十七个王，商朝十七代三十一个王。这就意味着，周人经历一代，别人要经历两代还不止，而且周人世世代代都要到六十岁之后才能得子，这话说出去，恐怕比姜嫄踩到大脚印后生小孩，更叫人不能相信吧？

其次，如果周人真的是自己宣称的那么四海归心，而如果周人真的在牧野之战中，跟着临阵倒戈的一群奴隶一起攻进朝歌，然后在那个众叛亲离全身绑着玉片的纣王自焚之后，完成了革命之路的话，那么为什么在攻进朝歌之后，又兵分四路攻打殷人的南国诸侯呢？为什么还要在周公的时候继续打了好几年才算搞定呢？据消息灵通人士透露，周人攻打朝歌的时候，殷人正在跟徐夷打仗，周人其实是在偷袭。而据中立的理智人士分析，牧野哪里有殷人的什么几十万奴隶哟，谁又会脑残到把数以十万计的奴隶武装起来，发给他们武器？再说几十万人的战争，在战国以前还没有听说过。再据坊间八卦小报猜测，妲己还可能是姬发派去的卧底，为了搞垮殷商，正如多年后被勾践送到姑苏城的西施，最后民怨太多，姬发那小子翻脸不认账，一起做掉了事。

最后，如果再细心一点儿，就会发现周人克殷，和多年前殷人克夏，剧情是何其相似。反派男一号夏桀或殷纣宠幸反派女一号妹喜或妲己，搞得民不聊生，同时还有反派男二号葛伯或崇侯虎对男主商汤或姬昌不利，还把男主关进了牢里，送了金钱美女才赎出来，先消灭了反派男二号，最后由男主自己或男主的儿子搞定反派男一号。

当然，有疑点也未必说明周人的革命有多么不应当，正如没有疑点也未必说明周人的革命多么正当。文宣那些事儿，你知道的，"天下文宣一大抄"，商汤王和周武王前后两场革命又岂能不一样一样的？古人早就说过啦，纣王未必像周人宣传的那么恶心，无非就是不太喜欢搞什么封建迷信，不祭祀，用周人的话说，就是不信上帝；无非就是爱搞那么点行为艺术，什么酒池肉林之类，连死的时候都要全身系上玉石自焚。但可怜之人必有可恨之处，行为艺术家如果兼做统治者，还是很叫人提心吊胆的一件事，谁知道他哪天发神经哩。

但不管怎么说，周人总算是闹起了革命，而且周人的革命也总算是成功了。虽然根据周人自己的文宣口径，他们都是被逼的，而根据商周时代的小道消息，他们其实早就有"霸商"的心了。根据周人的说法，如果不是季历被残忍地杀害，如果不是姬昌被关进牢里，如果不是纣王太坏太坏，搞得民不聊生，周王不忍心见到百姓受苦，如果不是纣王不信上帝，被上帝抛弃，如果不是上帝选择了周人来做民主，革殷人的命，等等。而根据商周时代的小道消息，周人的事业在公刘时代就开始了。

那么周人从公刘时代就开始的革命之路，又是什么样子的呢？

3. 周人的革命之路

周人虽然有个身份可疑年代可疑的始祖后稷，但真正的国家创立者却是公刘。

公刘时期做了一件大事，就是迁都。迁到哪里？迁到了豳。为什么要迁到豳呢，有的说是受不了不信上帝的夏桀，有的说是和那些少数民族混到了一起，有的说是为了扩大农业，图发展，拼经济。从《诗经·公刘》上来看，这最后一种说法最为靠谱，因为这诗没有一点逃难的样子，也没有"夷狄"的痕迹，反倒是公刘如何远看近看左看右看，相中了豳这块地方。

那么公刘为什么会相中豳这个地方呢？从字形上就能看出来，有山，山谷里有两头猪，说明是个依山近水适宜生产的地方。从风水学上说，依山则能藏风，近水则能蓄气，从经济学上说，山水之间的一大片平原，气候适宜，又宜于灌溉，更兼之能靠山吃山，靠水吃水，实在是不二选择。果然，公刘之后，周人家大业大起来，豳以及周边地区成了周人的第一块革命根据地。

但树大招风，到了商朝的武丁——就是那个从血汗工厂里提拔重用了傅说的武丁——时期，对周人进行了多次反革命围剿，让革命一下子陷入低潮，周人只好做了商朝的属国。等到商朝衰落，四夷入侵，周人又开始了第二次迁都。

常言说得好，树挪死，人挪活。周人的革命之路总的来说，就是三次战略转移，三次革命战争，三大制度建设。也就是说，周人在革命过程中，搬了三次家，第一次是公刘搬到了豳，第二次是公亶父搬到了岐阳周原，也就是电视剧常听说的西岐。

为什么要迁到西岐呢？据说是因为薰育或獯鬻或犬戎，前者听起来像薰鱼，后者前面加个犬字，可见是句骂人话，大约与后世称日本为"鬼子"是一个意思。也就是说，周人是因为鬼子欺人太甚，于是……于是去和鬼子拼个你死我活吗？自然不是。于是去寻求殷人的庇护吗？当然也不是。薰育或獯鬻或犬戎，与殷人比起来，还真不知道谁更可恶呢。说句体己话，华夏人全知道，殷人其实是东夷集团的。周人其实是迁到了殷人势力和薰育或獯鬻或犬戎势力都有所不及处，在两面势力的夹缝里成长，东吃一块西吃一块，渐渐长大，用《诗经》里的话说，就是"后岐之阳，实始剪商"。

接下来就是公亶父的三个儿子，大儿子和二儿子派出去建立虞国，小儿子季历则征服鬼方，又娶了挚国的公主。力量如此强大，自然被殷人忌惮。于是先是被笼络，被命为"牧师"，告诉他，发现谁不信上帝，你都可以去教训，接下来居然被文丁可耻地杀害了。

等到季历的儿子姬昌即位，周人开始了第一次战争和第三次迁都。

姬昌，又叫周文王，当时却只叫西伯侯，据说是对殷纣王非常尊敬的，所谓"文王处岐事纣，冤侮雅逊，朝夕必时，上贡必适，祭祀必敬，纣喜，命文王称西伯，赐以千里之地。文王载拜稽首，曰愿为民请炮烙之刑"，大概意思是说，文王把纣王当上帝一样供呢，纣王感觉很Happy，赐给他一千里地，文王说，我不要那一千里地了，你把炮烙之刑废了吧。这是中国史上最早的为民请命，这个故事是说文王有多么的好。

那么把纣王当成上帝一样供的西伯侯姬昌为什么又被纣王关起来了呢？据说鬼侯、鄂侯和西伯侯是纣王的三公，据说是鬼侯的女儿长得很好，被纣王强行纳作妃子，可是人家姑娘心里不乐意，纣王一怒之下，就把鬼侯的女儿连鬼侯一起杀了，鄂侯争了几句，连鄂侯也一起杀了。西伯侯姬昌是个聪明人，又把纣王当成上帝一样供着，没有去争，可千不该万不该，叹了一口气，被崇侯虎听到了，打了小报告，被纣王关了起来，幸而姬发那小子机灵，送了美女土地和宝物给纣王，纣王一高兴，就把姬昌放了出来。这是中国史上最早的以表情论罪，仅仅因为叹口气就认定此人对现行制度不满，从而定罪，这个故事是说纣王有多么的坏。

当然，这都是周人的文宣口径，具体情形是无法知道的了。先有殷王文丁的杀父之仇，再有殷王的囚身之恨，西伯侯姬昌伐商似乎是天经地义，连上帝也该支持的了。不过且慢，姬昌还要做一些外围的工作。

第一件是用兵。目标是四个，西方的犬戎和密须，东方黄河北岸的黎，东方黄河南岸的崇，就是打小报告的那个崇侯虎的崇，我叫你还打小报告！我看你还打小报告！不过奇怪的是，崇侯虎这种纣王的死忠党，纣王怎么会坐等被姬昌灭掉呢？是因为崇国城高墙厚，不相信姬昌能拿下，还是东方的徐夷威胁更大呢？周人的文宣没有提，我也不好妄自揣测。但不管怎么说，拿下犬戎和密须后，西方稳定了，后院无忧了，拿下崇国和黎国后，离朝歌只有二百里，西方的太阳就要落山了，纣王的末日就要来到了。

第二件是统战。建立统一战线，团结内部的贵族和"国人"，像二號，或者从纣王那里跑过来的殷的贵族知识分子，像辛甲（殷人似乎喜欢用甲乙丙丁做名字，而周人则更喜欢用伯仲叔季）。建立卿士制度，把任人唯亲和任人唯贤有机统一起来。统一战线还包括国际上其他不满于纣王无道的国家，与这些国家的联合为后来的盟津之盟打下了基础。

第三件是迁都。这一次是东迁，一直迁到今天的陕西东部渭水和丰水之间的位置，地点是丰，离丰不远是镐，那是武王迁都的地点。后来整个西周，镐京都成为宗周所在，而丰镐一带则是周人的西部经济文化中心。这是周人的第三次战略转移。完成了这次战略转移，剩下的伐商就只是时间问题了。

接下来的武王姬发时代，做的也是三件事，克商，迁都到镐，分封。

不过相比前几任，武王的迁都反而是小事，丰镐之间不过区区二十五里，不像前几次跋山涉水的。前几次搬家就好比从一个城市搬到另一个城市，而这次只是从城市的这边搬到那边。但对于姬发来说，也许反而是大事，因为豳是几十平方米的经济适用房，西岐是一百多平方米的商品房，丰是两百多平方米的联排别墅，而镐则是自己买了块地皮，前有草坪，后有小院，想建几层建几层的大别墅。

当然这是姬发自己的想法，咱们读历史用不着跟着他们转，正如在姬发看来，牧野的告捷礼，殷都的社祭，国都的献俘礼和大丰礼，都是一顶一的大事。因为这些礼是他们与上帝的沟通，请上帝允许他们做民主，他们会用最好的礼物孝敬上帝。一旦上帝允许他们革殷人的命，做天下之民的主，剩下的行军打仗，不过是过程而已。

但在咱们看来，那些礼呀都是浮云，咱们更关心姬发是如何完成革命、实现民主的。所以克商和分封，对于我们才是真正的大事，前者是破坏一个旧世界，后者是建立一个新世界。而这两者加在一起，则是周人的民主之路。

4. 周人的民主之路

武王克商大概分成三个阶段。

第一个阶段，是盟津之会。根据周人的文宣，这是一次成功的大会，团结的大会，胜利的大会，与会国家对于周人克商，表示了空前一致的支持。在会上，伟大光荣而正确的周武王发表了一篇叫作《太誓》的重要讲话，讲话中指出，因为纣王不信上帝，上帝很生气，后果很严重，上帝已经不再护佑殷人了，凡是相信上帝的人，都应该拿起武器来，打到朝歌去，解放全中原。

与会的国家，据说有八百个，甚至包括后来女真人的祖先肃慎。当然了，据说而已。其他的据说而已的也还不少，比如什么白鱼跳到船上啦，火从天上飞过来啦，更像是后日五行家们的附会。

第二个阶段，是牧野之战。在牧野之战前，武王又一次发表重要讲话，讲话后来被整理为《牧誓》。讲话除了再次强调纣王不信上帝外，还再三强调了纣王的另两个罪状，一个是听信妇人，另一个是信用逃人。前一个坏事搞得各国领导人都开始怕老婆，后一个坏事搞得各国的政治犯都有了出路，这还了得？！

牧野之战的总军师是吕尚，就是俗称姜子牙的那个。关于姜子牙的"据说"也是很多，但也只是据说而已。姜姓和姬姓世代联姻，那个叫"弃"的私生子，老母就是姓姜。牧野之战中的多国部队中，除姬姓外，最多的就是姜姓。所以说什么姜子牙在落魄之中被周文王相中，被周武王像老爸一样敬着，那都是后世主张任人唯贤之人的满嘴跑火车。周文王是有所谓卿士制度，周武王是有贤人十数，但那些贤人，都是在"亲亲"的基础之上的，光这个"亲"字，听着就亲切，贤人再贤，又怎么有"亲"人亲。玩过淘宝的都知道，不喊几声"亲们"，生意怎么能做得起来？

牧野战后，行为艺术家纣王就殉了行为艺术，全身挂着玉片自焚啦。但纣王似乎并不像周人的文宣所讲的那样众叛亲离，残余势力还是不少，朝歌里，观望的贵族还是很多，而南方尚有很多的殷人的方国在试图进行反革命复辟，东方的夷人，虽然经常和纣王打仗，但同为东夷集团，谁知道他们安着什么心。所以又有第三阶段，兵分四路，派出六大将领，征服南国诸侯。

在第二阶段已经结束，第三阶段将要开始的时候，武王又向即将被迁往洛邑的殷人贵族发表了两篇重要讲话，《多方》和《多士》。

在《多士》中，武王提出了"革命"理论。武王说，任何一个王朝都有它的天命，夏朝是这样，商朝也是这样，等到天命到时候了，就会有新的王朝来"革他妈的命"，我们现在就是奉了上帝的旨意，来革商朝的命。你们这些商朝的旧贵族不要难过，这都是自然规律，如果有一天，我周人的后代胡作非为，被上帝抛弃，也会被别人"革他妈的命"。

而在《多方》中，武王则提出了"民主"理论。武王说，这世界上如果有一种东西能与上帝相提并论，那就是人民。凡是与人民为敌的，也就是与上帝为敌，而与上帝为敌，也就是与人民为敌。而我们周人嘛，就是代表人民的，是人民的领导者，是民主。至于为什么是我代表人民而不是你代表人民，那是因为我赢了，如果你能代表人民，为什么不是你赢了而是我赢了？商朝在汤的时代，也是民主，但到了纣王，就不是民主，而是民贼，因为汤是圣人，而纣是狂人。圣人可以变成狂人，狂人也可以变成圣人。纣自绝于人民，不思改悔，他就成为一夫纣，不再是王了。我作为被上帝选中的民主，我代表上帝，代表人民，来取代一夫纣，做新的民主。

在讲话中，武王还许诺殷人贵族，如果顺应革命，顺从民主，就能得到永久的田地和住宅，还能被提拔和重用，如果妄想复辟，则会遭到惩罚和流放。

武王分封中，最为重要的是设三监，而这三监之设，则又引来了后来的第三次战争——周公东征，以及其他一系列分封。经过周公的东征和分封之后，周朝三大制度之一的分封制度才算完成。

那么，三监又是什么？武王又为什么要设三监呢？

从这个"监"字上就能看出，三监似乎是在监视一个人，或一个集团。那么，又在监视谁呢？

如果还有人没有被周人的文宣工作冲昏头脑，或被周人的统战工作迷了方向，大概还记得武王克商时，有坊间消息说，武王是趁纣王和徐夷打仗时攻进朝歌的，要知道武王的主力只有兵车三百，虎贲三千。如果武王是乘虚而入，那么周人文宣工作中纣王的众叛亲离也就未必，那么武王克商后，又是兵分四路攻打南国诸侯，又是接连发表重要讲话，提出革命理论和民主理论，又是设三监，就在情理之中了。

是的，三监，监的仍是殷人，而且是殷人中最最重要的一个，大恶人大反动派纣王的仔仔武庚。监他的又是谁，是武王姬发的三个细佬，管叔、蔡叔和霍叔。当然不是让三个细佬在镐京的天牢里看着武庚，那还不如偷偷做了干净。而是武庚有一个国，管叔、蔡叔和霍叔则各有一个国，这三个国围着武庚那个国。

为什么武王要这么折腾？据说是因为仁慈，不想殷人断了香火。但用道德标准评价政治家本来就是幼稚可笑的，如果真仁慈，又为什么派人看着？更何况，殷人又哪里怕断了香火，不是有更听话的微子启早早地就投降了革命党？

所以武王这样折腾，也算是机关算尽，用心良苦。乘纣王后方空虚，得了朝歌，再迅速平定南国诸侯，剩下的部分，无非先承认武庚的身份，再派几个自己人守着，等到周边其他地方消化完毕，武庚那点地盘，哪里够咸鱼翻身。这一手，可比三千年后，那个同样乘虚而入得了江山的多尔衮强得太多，搞什么圈地，搞什么剃发易服，拿到三千年前都嫌丢人。

可谁承望人算不如天算，天妒英才，武王即位没几年，好日子才刚刚开始，居然崩了，留下了未成年的儿子姬诵。

周人进入了主少国疑的时代，新生的革命政权面临夭折的危险，三监靠得住吗？又有谁能成为中流砥柱？

是的，那个中流砥柱是有的，那就是周朝分封制度的完成者，周朝礼仪的制定者，孔丘同学的偶像——周公。

5. 周公恐惧流言日

姬发崩了之后，除一个未成年的儿子外，还有八个同母弟弟，管叔鲜，周公旦，蔡叔度，曹叔振铎，成叔武，霍叔处，康叔封，冉季载。姬发排行第二，老大伯邑考早死了，所以管叔排行老三，周公则排在第四。看出问题没有？没看出来？真笨，继续看！什么，老四通常比较厉害？朱棣是老四，胤禛也是老四，真聪明，孺子可教。但人家老三也不是吃素的呀。所以问题来了，老三、老五和老八看守纣王的儿子，老四却在京城当摄政王，虽然名义周天子仍然是成王诵，但人家孤儿寡母的，还不是你老四说了算。

所以周公旦在镐京当摄政王当着当着，那边老三、老五和老八心里就不痛快了。那边老五对老三说：三哥，我排行第五也就算了，三哥你可是二哥死了之后，年纪最大的了，凭什么是老四摄政，凭什么？老八也说：我平常最看不惯老四那个装逼的样子了，天天礼啊礼的，关键时候也没见比别人吃亏啊，礼是最讲究让的，我也没见他让了谁啊，真论礼，他该让三哥的吧，他让了吗？这边老三就把脸一沉：我倒没什么，摄政王当着也没多大意思，我只是担心二哥的孩子，咱们离京城那么远，老四真要对诵儿不利，咱们也是鞭长莫及啊。那边老五又说：三哥，反了吧。老三说：说得轻巧，别忘了咱们边上还有个盘庚，咱们东边还有东夷人。老五说：盘庚和东夷又怎么了，他们要的只是东边的地方，咱们周人的旧土他们是没有兴趣的，假如让老四成了气候，再把姬诵那孩子做了，剩下的就轮到咱们啦，实不相瞒，盘庚那边早来过人啦，事成之后，咱们以朝歌为界，中分天下，三哥，咱们动手吧。这边老三又说：此事还得从长计议，文王武王花了那么多心血打下来的江山，我可不想毁于我之手。

常言说得好，三个女人一台戏，三个男人一口气。一个男人受了委屈，在老婆孩子面前发发牢骚也就罢了，三个男人受了委屈，再吃上几盅酒，不知道会生出什么事体来。所以前有管蔡三监乱，后有桃园三结伴。

管叔蔡叔霍叔，再加上盘庚，再加上东夷的徐、奄、丰、薄姑等，阵容强大。薄姑听起来有点像布谷，但徐夷的实力是不容轻视的，徐夷可是曾经让纣王倾国相争的国家。于是有了周公东征。

更要命的是，镐京的周人贵族，多数人居然反对东征，纷纷说什么太困难，人民需要安定，又说什么对方也是文王的儿子，武王的弟弟。靠！我姬旦就不是文王的儿子，武王的弟弟了吗？等到他们攻进镐京，你们都是从龙之臣，只有我见大哥二哥去。不过这难不倒周公，周公毕竟是最得文王后天八卦之真传的，于是先是得了一个东征的吉兆。哼！你们想代表人民，我就来代表上帝，反正上帝和人民一样，从来都是被代表的份。再是作了一篇《大诰》的重要讲话，运用"革命"理论、"民主"理论，以及"维新"理论阐述东征的意义，指出我们不能让文王和武王的基业毁于一旦，管蔡现在和盘庚，和东夷勾结到了一起，把东夷的兵带过来，已经不是王位之争了，而是叛国，是投敌，是周奸，是想把文王武王打下来的江山交给东夷人，华夏的子民们不可能坐视不管，不可能放过这几个华夏败类。最后，周公又重用了一些贤人，据说周公求贤若渴，"一饭三吐哺，一沐三握发"，鸡腿刚啃了一口就放到一边，头发刚打完香波就握着出来，就是为了求贤，又据说周公有十个大贤人。

周公这么了得，自然是终于取得了东征的胜利，杀了盘庚和管叔，流放了蔡叔和霍叔，还灭了奄国和薄姑，算是一举解决了武王没有解决的历史遗留问题，稳定了东方。

但谣言这种东西就像胡子茬，当某一天你发现它长起来后，就再也无法真正消灭，你不让它出头，它也不肯让你露脸。周公虽然平定了管蔡、盘庚和东夷，但关于周公的坏话却越来越厉害，谣言的主题总是一个，就是周公会对成王不利。而且要命的是，这些坏话还不停地传进越来越大的成王耳朵里。于是在这时发生了一个狗血剧情。剧情的内容是这样子的，话说成王一开始还很小，小到要抱在怀里，生了病，周公就去请求上苍，说成王年幼，都是我姬旦执政，如果上帝要降罪的话，就冲我姬旦来吧，冲我来吧。姬旦祈求完成后，又把这番话写下来，放在盒子里藏在一个很隐蔽的地方。等到多年以后两人发生猜疑，周公旦就躲到了东都，也有人说是跑到了楚地，然后成王就恰好发现了周公很多年前收起来的东西，感动得那个眼泪哗哗的，四叔啊，我就知道你对我好，于是把周公接回来，两人和好如初。

这个剧情很感人，但是疑点却很多。周公辅政不过七年，如果一开始要抱在怀里，七年后又怎么能成人？楚国是祝融集团的，与周人的华夏集团很不友好，成王的孙子昭王瑕就是死在楚国，周公又怎么会去那里？如果是东都吧，周公留守东都分明是成周建成典礼上，成王和周公的分工，成王回镐京亲政，而周公留守东都，并不是什么避祸东都。而且造谣的时间也不对，成周的营建是周公摄政五年的事，再过两年就要还政了，建成则更晚，而周公摄政两年灭的管蔡，三年灭的奄，如果想造谣，显然应该在东征的时候最合适，杀伤力最强。因为当时周公整整三年都在东边打仗，常言说得好，距离产生的不是美，而是小三儿，三年哪！什么误会不能发芽？什么坏话不能生根？

但再狗血的剧情，也会有导演一遍遍地去拍，所以后世又有一个叫王莽的人，也依样画葫芦地做了一次。真所谓，"周公恐惧流言日，王莽谦恭未篡时。向使当初身便死，一生真伪复谁知"，如果汪兆铭在"引刀成一快"的时候真的"不负少年头"了，这世上也许就多一个英雄，而少一个汉奸。谁是周公，谁是王莽，又哪里能分得清。

不过尽管周公身边有那么多的坏话，仍然不妨害周公没日没夜的工作，他一年救乱，二年平管蔡，三年践奄，四年封康叔，五年营成周，六年制礼乐，七年还政于成王，件件都是大事。周公算是周朝宗法封建社会的完成者，他分封了七十一国，其中包括著名的晋国、卫国、鲁国，他制订了"礼仪三百，威仪三千"，还要面临各种困难和敌人，国内的分裂分子，带路党，国外的敌对势力，前朝复辟势力，哪一个是好惹的。而这一切只用了七年，难怪孔丘会认周公做偶像。

那么到周公时候完成的宗法封建社会，都有些什么内容呢？

6. 封建社会之分封篇

所有的封建社会都有一些共同的特征。

比如世袭性。封建社会，土地一定是世袭的，你想通过自己劳动挣钱，然后买地，成为庄园主，那是千难万难的。想得到土地只有一个办法，就是重新投胎。职业也是世袭的，你老爸做的什么工作，那么你一定也得做这个工作，然后是你的儿子，你的孙子。

比如阶级性。封建社会，阶级一定是非常分明的，贵族的儿子永远是贵族，平民的儿子永远是平民，贵一代生出贵二代，贱三代生出贱四代。

比如礼仪。封建社会一定是繁文缛节的。如果你是一个贵族的话，从生下来的第一天起，你就生活在各种礼仪之中，你一生最大的责任就是学会各种礼仪，在各种场合如何吃饭，如何穿着，如何走路，如何应答，以及各种各样的典礼上，怎么按照礼仪做好该做的事，说好该说的话。很多人看见英国的绅士风度，看见法国上流社会的繁文缛节，或看见日本的茶道花道还有其他的什么道，觉得人家真是优雅，于是自惭形秽，真是不读史之过啊。人家英国法国日本，离开封建社会才区区数百年，其遗风流韵自然还能剩下不少。而中国，早在秦朝，就离开了封建社会，其后虽然被儒家复活了一丁点儿，但早已不是当初的那些了。实际上，在战国时代，就没有多少人生活在礼仪之中，而是一见面就谈利害了。很多人都觉得欧洲人或日本人都是直肠子，一根筋，而中国人则非常灵活，所有能占便宜的法子都能想到用尽，却不知道在中国还是封建社会的时候，何尝不是直肠子、一根筋？只是后来两千多年的官僚政治加市场经济，还有多少直肠子、一根筋能够幸免呢？在一切都是世袭，在所有人都是铁饭碗的封建社会，想不直肠子一根筋也难；而在多数人都要自己找饭吃，"富不过三代"的市场经济之下，想不灵活，想不把能占便宜的法子都能想到用尽也难。如果你去挤一挤巴黎上班高峰期的地铁，如果你在职场打拼过若干年，你就知道，在市场经济中，优雅什么的真的都是浮云。

好的，闲话搁过，再回头说中国的封建社会。中国的封建社会除了这些共同特征以外，还有一些特殊的制度，这些特殊的制度构成了中国宗法封建社会的三大支柱，那就是分封制度、宗法制度和井田制度。这三大制度，把周朝与之前的夏商区别开，所以"无奴派"学者黄现璠把夏商称为氏族封建，而周朝称为宗法封建，是有道理的。

氏族封建应该是封建社会的初级阶段，很多个原始的氏族部落，谁也不服谁，但因为武器落后，谁也没办法把别人全灭了，所以最后形成了弱的服从强的，更弱的再服从弱的，而最最强的那一个，则成为天下共主，被称为王啊帝啊什么的。当然也有个别强人能征服到很远的地方，然后派亲信管理，但又因为交通不便，文化程度太低，最终还是变成了层层附庸的模式。比如中国的夏商，比如阿兹特克，比如西欧的中世纪早期。然后，通过婚姻、宗教或其他一些纽带，这些贵族们渐渐连成一气，然后再看不起那些没有加入共同体的；同时又闲得要命，互相拿着礼仪玩儿，看谁能玩儿得最复杂。这个纽带，中国是宗法制，西欧是基督教，而日本则据说是万世一系的天皇。通过这个纽带，周朝的贵族们都变成一家人，一家人之外的，都是夷狄。而西欧的贵族们则都是基督徒，基督世界以外的，都是异教徒。而在日本，则都是天皇的臣民。

但中国的宗法制之所以能够发挥那么大的威力，还是源于分封制。没有分封制，你让东夷集团的徐夷，或祝融集团的楚人喊周天子做叔叔，他们愿意吗？分封制，让自炎黄之争以来华夏集团和东夷集团的较量，画上了句号。所以在三千年前的黄河两岸，常常能见到这样一种场景——

车。

马车。

一队马车缓缓行驶在深冬的风里。

地上没有像样的路，一队穿着葛衣或麻衣的平民模样的人，在前方清除荆棘、石块，砍掉灌木，并填上泥泞。而马车后面，又是一大队穿着葛衣或麻衣的平民模样的人，载着弓矢、兵器、圭瓒、柜鬯、钟鼓、乐器、衣饰、旌旗，等等。夹杂在这些人中间的，则是衣着稍好些，但神色委顿的人，这些人都背着行李，牵着或抱着小孩。

到东部去，到东部去。临行前周公的话还响在耳边，周公说，东部有比宗周成周之间的邦畿千里大得多的地方，有万里之大，而那里的莱夷、徐夷、淮夷、鸟夷、九黎、群舒，都是些落后的部族，你们可以在那里随意圈地，想要多大就有多大，只要种得过来，周人们、殷人们，广阔天地，大有作为，新世界是属于你们的。

所以分封制其实也是三千年前的圈地运动，圈出一块千里或百里的地，给某个贵族。第一步先量好地皮，在四周沿着边境筑上土堆，种上树，这叫封。第二步在境内筑个城堡，这叫建。第三步平民带着钟鼓、乐器、衣饰、旌旗等等东西，以及殷人一起进去，收拾好，打扫干净。第四步才是贵族们大驾光临。住在城内的平民，被称为国人，而住在城外的殷人或原住民们，也别想走，地圈给贵族，那么地上的人，也同样圈给贵族，你们继续种你们的地，不过要记得按时进供各种衣服器物和好吃的好玩的，还要记得代耕贵族的大田，这些人被称为野人。正如后世户籍制度之下，城市户口和农村户口大不相同，周朝的国人和野人，区别也是很大很大的。国人可以把国君给赶走，而野人，想进城都得开介绍信。没办法，谁叫国人好歹是贵族的同宗，往上数个十几代，也都是一家人，而"野人"，从名字就知道，谁知道哪里来的呢？

贵族在境内，俨然是个土皇帝，要什么便是什么，甚至看见平民的漂亮美眉，都可以直接带回家，"女心伤悲，殆及公子同归"，要什么王法？

我便是王法！但贵族也不可能只在境内过日子，上流社会自然有上流社会的生活，否则就是自甘下流了。贵族还是得和贵族打交道，那么贵族之间，有没有地位的高低，身份的大小呢？

7. 诸侯的特征值

现在你终于成功地穿越到了真正的封建社会——不是中学历史教科书上的封建社会，而且经过一百零一次死法并重新投胎后，你终于成了一个贵族，加了冠礼之后，你就开始被人子啊子地叫着。

你当然很Happy，你平常说的话，都叫身边的人记录下来，好让后来的人们能看看子曾经曰过些什么。你有时还会行使一下贵族的权力，视察一下自己的封地，不过你发现你的封地只有区区三十里，而且是周朝的"里"，从这头走到那头，不过小半天，如果是四匹马拉的车，一盏茶的工夫就到头了。更要命的是，身边的人告诉你，你以后也个会是诸侯，你是国君的次子，长子才能继承君位，你只能做大夫；你的封地不能叫作国，只能叫作家，人们叫你"子"，并不是你真的是公侯伯子男中的一个，只是尊称。你的哥哥可以直接效忠于周天子，而你只能效忠于你的哥哥。你当然很失望，虽然你也是有"家"的人了，这个"家"比21世纪的任何一个"家"都要大得太多，虽然这个"大夫"比起21世纪的任何一个"大夫"也要气派得太多，你还是很失望，毕竟你是死上一百零一次才投了个好胎的呀，在这个投胎是第一生产力的时代，你容易吗你？那一百零一次死法，谁受得了啊！为什么你的双胞胎哥哥能做国君，你就不行，就因为人家比你早投胎半个时辰？你想起在21世纪，有一句骂人话叫"抢着去投胎啊"，还真的是有道理的啊，看来不仅成名要趁早，投胎也要趁早啊。

是继续一百零一次投胎以换一个更为好的出身，还是安心做你的大夫呢？你在做一个艰难的决定。但正在这时，传来一个天大的好消息，你的哥哥卒了，在还没有继承君位时就卒了，你顺理成章地有了继承权。虽然后面会有一系列的丧葬仪式，而且论礼还要守孝，但想到后来的好处，这也是值得的，单单吃饭吧，卿大夫只能吃猪肉羊肉，而诸侯则可以吃牛肉，家里的歌舞表演也可以提高一个档次。

不过做了诸侯之后，就有诸侯该做的事情啦，你得了解一下那些诸侯以及卿大夫们整天挂在嘴边的公侯伯子男啦侯甸卫啦千里百里啦是怎么一回事。

原来诸侯的特征值有三种。

一种是爵位高低。

爵位高低有五种，公，侯，伯，子，男，依次排列。被称为公的很少，一直称公的只有一个宋国，就是纣王那个早早就投降了革命党的哥哥微子启，被封作公。叫作侯的有一些，都是和周王关系密切的，像齐国、晋国、卫国、鲁国、蔡国、陈国等；其次则为伯，像曹国、郑国，还有后来的秦国等。而与周王关系很远的那些，多半都是子，比如楚国、吴国，或者男，比如许国，虽然那些国家不服，但又能怎么样呢？

爵位高低是面子，是享受的待遇，是朝聘庆吊时的身份。如果你只是一个侯或者伯，想过过公爵的瘾，有什么办法呢？第一种是把国号拿掉，人家只称你一声"公"，这是客套话，不过千万不要让别人哆嗦着喊，那样你就成了"公公"啦。还有一个办法就是赶紧自杀，而且要及时下葬，因为只有葬了才有谥，有了谥才会给你加一级待遇，如果死在军中，还会加上两级，这样你就能享受公爵待遇啦。

第二种特征值是地理位置。

地理位置有所谓五服，也有所谓九服的。不管是五服还是九服，今天看起来都有些扯淡，因为他们都是把周天子所在地画一个方千里正方形，向外依次推五百里，每五百里一服。所以这五服或九服，有点儿像现在大城市的五环或九环。自然是环越小越好，住到九环之外，你还算是这个城市的人吗？五服是《尚书》的"禹贡"，或《国语》的说法，九服是《周礼》或《逸周书》的说法，敢情是《周礼》较晚，所以那时城市规模更大，从五环扩建到了九环，也不想想如果扩建到了九环，那一环以内的房子该有多贵！

一环以内的房子有多贵咱不知道，只知道后世的儒生们为了到底是五环还是九环争了很久很久，毕竟《尚书》和《周礼》都是经书啊。不过考察一下更靠谱的刻在器物上的金文，常见似乎只有三种，侯、甸、男。离周天子最近的是侯，其次为甸，再次为男。还有一种叫作"卫"的，多半只用来称呼附庸国，即向某个诸侯称臣的更小的国家。

地理位置是底子。为什么？混过机关的都知道，离领导近不是坏事，混个脸熟了，以后啥事儿都能想起你——哦对了，那个小什么的，给我办件事吧，哦对了，调研员的人选如果还定不好，我就提一个，我看档案处的那个小什么的就很不错嘛，年轻有为，该加加担子啦。所以离周天子近的那些小诸侯，在春秋初年纷纷露了一下脸，比如郑国，甚至许国、虢国这种小国。为什么？因为周王室遇到敌人，起兵勤王的时候，他们来得比别人早；因为他们离周天子近，周朝的一些公务就会交给他们处理。他们做着自己国君，还兼任周天子的三公。

当然，好处也是相对的。混过机关的又都知道，离领导近也有不好的时候。如果领导出问题了，哪怕你与领导真的没什么关系，只要你走得近，也会被看成那一派，而遭到政敌的打压。所以那些被封到夷狄堆里的国家，在西周和春秋初年的几百年里，的确很憋屈，但只要熬过这段时间，就是他们出头的日子啦。他们在夷狄堆里，可以尽情地打拼，想占多大地方就占多大地方——如果还没有被夷狄灭掉的话，毕竟那是夷狄的地盘，占领了不用担心周天子或其他国家过来讨伐，道义上说得过去。而那些离周天子近的国家，四周全是诸夏的国家，哪一个都碰不得，分封时是多大地方，过了两百年，还是那么大地方。所以到了春秋中期以后，反而是那些边缘的国家纷纷强大，如齐国、晋国、秦国，朱熹说得好啊，"不意到后来相吞并得恁大了"。

把第一、第二种特征者加起来，就会见到"甸侯"、"伯甸"、"伯男"的称呼，如晋就是"甸侯"，而曹则为"伯甸"。

还有第三种特征值，是国土大小。

国土大小却只有三种，至少分封时是三种，所谓"列爵惟五，分土惟三"。公侯是一个档次，方百里，伯为一个档次，方七十里，子男为一个档次，方五十里。这是封地，封地上要建的国都也有三个档次，则分别为七里、五里和三里。

　　国土大小是日子，因为封建封建，封了邦，建了国，才叫封建，以后你就靠着这片国土过日子，在三千年前的黄河流域打拼。虽然你的领地比那农夫的百亩私田要大得太多，你的城堡也比农夫那三间草屋要阔得太多，但你有你的事业，你有你的风险。如果你被别的诸侯吞并了，农夫可以继续种那百亩私田，住那三间草屋，你却可能身首异处。

　　地方百里、七十里、五十里的确够寒酸，但别忘记了，这只是你的第一桶金，就连号称"普天之下，莫非王土"的周天子，这个"普天之下"，又何尝离开了黄河中下游？到了江汉平原，就要沉到汉水里了，何况周天子当年何尝不是只有方百里的地呢。有了第一桶金，你可以像齐晋楚秦一样，成为争霸天下的千乘之国，也可以成为宋卫郑鲁这样偶尔雄起然后惨淡经营的中等国家，也可以成为许国陈国蔡国这样天天给人当球踢的小国，看你怎么发展了。穿越者们是不是都在跃跃欲试，准备开始这三千年前的太阁立志传呢。

　　但是且慢，再来看看中国封建社会的另一大制度——宗法制度。

8. 婚姻法决定继承法

　　好，在开始这篇之前先做一个问答。

　　我们假设你在三十岁时下海创业，拼搏商场四十余年，现在到了风烛残年的时候，手里有一个公司，两间商店，三幢别墅，四辆跑车，五百万存款，六百万债务，七十万股股票，八十件古董，九本日记，十个QQ账号。你要把这些东西留给你的儿女们，你该怎么办？

　　对了，还没交代一下你的儿女情况。现在有三种情况。

　　第一种，你看上去洁身自好，仅有一妻，膝下仅有一女。那么很简单，只能把这所有的东西交给你的女儿，除了日记和QQ账号需要慎重外。至于是姑爷入赘，还是你女儿非要嫁过去，让你的一生经营当成嫁妆，你也是"身后是非谁管得"了。

第二种，你看上去洁身自好，仅有一妻，膝下仅有一儿一女。当然也比较简单，公司留给儿子，其他东西，大部分给女儿，一小部分给儿子。

第三种，你哪怕看上去也不算洁身自好，岂止不洁身自好，简直就是妻妾成群，风月无边，你结了三次婚，另有二奶三奶若干，留下前前妻的子女前妻的子女现任妻子的子女以及私生子女十五个起。现在你该怎么办？是不是很头痛？现在知道女人是一种麻烦了吧。结婚这种事啊，古人曾经曰过，"一之谓甚，其可再乎"。

现在你只能把公司交给一个人，也许是现任妻子的大儿子，也许干脆，是你的弟弟。剩下的，按价值平分给其他子女，当然也不可能完全平分，比如房子和跑车就无法分割。而日记和QQ账号虽然对你来说最为珍贵，里面有你真正珍爱的女人——你大学时代的女友和你的每一点回忆，里面有你们最初写的信，你们用一块钱快乐了一整天，你因为家里穷被女友父母棒打鸳鸯伤心欲绝，你发达之后和你前女友的每一次幽会，等等。但是这些，你知道没有哪一个儿女会要，他们盯着的只有钱，钱，钱。你明知道在你撒手人寰之后，他们会争得不可开交，你也是无可奈何。

所以一夫一妻制度真的是一个伟大的制度，而婚姻法决定了继承法。基督教影响之下实行严格一夫一妻制度的西欧，与中国的周朝，同为封建社会，财产继承的方法，却天差地隔，也就不奇怪了。

对于西欧的那些国君，以及公侯伯子男各级贵族来说，继承人常常不是太多了，而是太少了。所以他们不得不让女儿有同样的继承权，即使这样，还是常常会绝嗣，用中国人的话说，就是断子绝孙。

什么？人口学家说，人会越生越多？是的，从总体上来看是这样子的，但从部分来看，却有一种规律，即穷人偏于多子，而富人偏于少子。为什么？因为生物学的规律，比如很多鸟类，当种群数量很少时，生育率很高，一旦种群密度到了一定程度，生育率就会下降。穷人小孩死亡率高，生育率自然就不得不高了，一旦这穷人变成富人，一两代内生育率仍然会高，出现儿孙满堂的局面，但三五代之后，奇怪，就是生不了几个孩子。你看历代王朝到了末期，是不是皇帝经常都没小孩？由于封建社会是一个超稳定的社会，通常前后延绵会有千年，所以很多贵族都不是贵二代贵三代，而是贵十代贵二十代，他们的生育率会低到什么程度就可想而知了。

这就是为什么西欧封建社会，贵族的人口并没有增长得很过分，贵族之间的战争直到大革命之前，也还算得上费厄泼赖。而中国的封建社会，到了春秋后期，贵族已经多得到处找工作了，到春秋晚期，再到战国，贵族互相火并，一族一族被消灭，最后有产业的贵族只剩下了不到十家，然后是一家，唯一的一家——秦王嬴政家，封建社会彻底结束。

西欧封建社会还有一个有趣的现象，就是有的王朝会因为婚姻而强大。为什么？因为封地和采邑不仅可以继承，也可以做陪嫁，只有一个女儿，不做陪嫁还能怎么办？比如哈布斯堡王朝的查理五世，其领土有今天的荷兰、比利时、西班牙、法国南部、意大利南部、奥地利、阿尔萨斯、西班牙在美洲的殖民地等地方，拥有半个西欧和半个美洲。而他之所以获得这么多的土地，就是因为其祖父马克西米连安排的两次婚姻。马克西米连安排的另两次婚姻，则为日后吞并匈牙利和波希米亚打下伏笔。《孙子兵法》云，上兵伐谋，其次伐交，再次伐攻。如果听说有国家会通过结婚建立庞大帝国，不知作何感想。

不过在中国，则是另外一幅情景。

中国自古施行的就不是严格的一夫一妻制，当然也不能算一夫多妻制，而是一夫一妻制后面带了个小尾巴，叫作一夫一妻多妾制，或者叫一夫一妻多姬妾制。正妻是只有一个的，就连天子，通常也只有一个皇后（我说的是通常，娥皇女英终归传说，魏晋南北朝么，史上最混乱的朝代都在这里，夫复何言！）。而妾，或姬，却可以有多个，其中妾，又叫如夫人，是夫人的候补，而姬，则是候补的候补。

为什么会这么复杂？

现在回到前面那个问题，你有十五个子女，只有一个可以继承你的公司、你的事业，你感到很头痛。你可能会挑最大的儿子，也可能会挑你认为最能干的儿子，但问题是你儿子假如也有这么多的子女，怎么办呢？也挑最能干的儿子，你怎么能保证那些儿子的儿子不是在他面前伪装，又怎么能保证你儿子能洞若观火，毕竟他没有和你一起扛过枪，一起销过赃，他哪里知道人心险恶？如果挑最大的儿子，又会有一个问题，当几个女人同时怀上，每一个都有机会，就可能会互相暗算，最后让你什么也得不到。所以不如只留一个正式的妻子，只有她的最大的儿子才有继承权，断了别人的想头。

这就是宗法制度中最重要的一个原则——嫡长子继承制的来历。

西欧的贵族，是子女太少了，所以继承法和婚姻法紧密结合，与今天的财产继承方法，几乎别无二致。中国的贵族，则是子女太多了，而封地又是不能随便分割的（想想就知道了，一个诸侯分成五个诸侯，五个再分成二十五个，你让周天子情何以堪，而一个大国分成二十五个迷你小国，你是嫌邻国吃起来不方便还是怎的？），所以与其说是继承法，不如说是挑选法，如何在众多子女中，挑选合适的，才是需要考虑的。

那么，中国的贵族挑选继承人，又有些什么步骤呢？

9. 宗子选拔赛

儒家的第一经学教辅《春秋公羊传》里，有一段奇怪的话，"子以母贵，母以子贵"。

这段话很像绕口令，又很像程序员常见的死循环。儿子因为什么尊贵啊？因为母亲尊贵啊。那母亲因为什么尊贵啊？因为儿子尊贵啊。那儿子又因为什么尊贵啊？因为母亲尊贵啊……

真够晕的，他都晕了，你晕了没有？没有，那就继续——不是继续绕，而是告诉你为什么。圣人话不是乱说的，而第一教辅当然也不会乱解，实在解不了需要忽悠，那也绝对不会乱忽悠。《春秋公羊传》里这段话，说的其实是宗法社会挑选继承人的两个阶段。第一个阶段是嫡妻有子时，选嫡妻的长子，选中的就叫"宗子"，这叫"子以母贵"，嫡妻生的哎，乖乖不得了，哪是那帮小娘养的可比。第二阶段，是嫡妻无子，嫡妻硬是光打雷不下雨，光长苗不结穗，或者生的全是赔钱货，没一个带把的，怎么办呢？就只好从那帮小娘养的里面挑了，挑中的那个，他的母亲就比别人尊贵些。如果嫡妻还在，虽然没有名分，但也可享受同等待遇，如果嫡妻不在，那么扶正的很可能就是她，算是第一副职或常务副职吧。看见没有，这就叫"母以子贵"——乖乖不得了，人家就是了得，肚子争气啊，那么多妻妾，就她生了个儿子。

可见不仅君无戏言，圣人也无戏言哦。第一教辅里还有句话，"立嫡以长不以贤，立子以贵不以长"，说的是嫡妻有子，则别选才学通天的，只选投胎争先的，嫡妻无子，则年龄大小不是问题，领导的看法最有关系。

现在明白了没有，嗯，都明白了吗，确定？好，再考考你，第一个问题：谁是嫡妻？

那位性急的同学举了手，好，你来回答。什么？看谁先进门？先来后到？真是聪明，可惜错了。你还别说，在古代未娶妻先纳妾的比比皆是，都是像这位同学一样急性子闹的。本来嘛，一位如花似玉知书达理的妻子放在娘家，只等三媒六聘，就可以琴瑟和谐了，你偏等不及，说要先演练演练。

所以嫡妻和姬妾最大的区别，就是结婚手续的不同。姬妾进门实际上根本不能叫结婚，哪怕是纳了十个姬妾，只要没娶正妻，那都可以自称未婚青年。

地位当然也完全不同，程序正义才能保证结果正义嘛。嫡妻么，只消看看那个繁杂无比的结婚仪式，就知道绝对有地位。凡是难以得到的，多半是比较珍贵的，贵族家再阔气，也不想年年这样折腾吧。而《仪礼·士昏礼》中多次出现一种叫"雁"的鸟类，也是因为这种鸟类坚持一夫一妻制度，配偶死了，另一个要么孤寂一生，要么殉情而死，著名的《摸鱼儿·雁丘词》，"问世间情为何物，直教生死相许"就说的这个。如果单看《仪礼》这本书，再看这"雁"的象征意义，一定以为中国古代贵族是多么重情重意，坚持一夫一妻制度。如果这样想，那就被骗了，而大雁也一定会表示很冤，人家大雁可是货真价实的一夫一妻，没有二奶，没有小三，连出轨都没有，而人类呢，自称一夫一妻，后面却带了一长串小尾巴，可以纳妾，可以狎妓，叫大雁情何以堪哪，大雁就这样被代表了。

与大雁一起被代表的，还有琴瑟两种乐器。琴是古琴，瑟是古筝的前身，因为适合一起演奏，所以也用来代表夫妻，想想就觉得美好，夫弹琴，妻鼓瑟，一唱一和，多么诗意的生活哦。所以如果嫡妻亡故了，又新娶了一个，就叫续弦，也还是很重视。而姬妾就不一样了，有的是通房丫头，有的是陪嫁丫头（先秦则很多都为妻的妹妹或侄女），有的干脆是买来的，所以甚至可以送人或卖掉，进门没什么像样的仪式，哪怕是替补了嫡妻，也只能叫"填房"。

不过古代如此重视嫡妻，并不是真的有男女平等的思想，也不仅仅是宗法上的地位，而是结婚不是两个人的事，而是两个宗族的事。在三媒六聘的仪式中，只有很小的一个戏份归小两口，大部分的戏码都是双方父母在演，所以看完《仪礼·士昏礼》，很多同学都表示不解，这到底谁在结婚哪？这就引出了另一句话，"门当户对"，只有门当户对了，大雁也好，琴瑟也好，这些象征意义才能落到实处。

好啦，言归正传，宗子选拔赛的第一轮，"立宗子，找嫡妻"，完成了。

第二轮是什么呢，"先立长，莫迟疑"。嫡长子，就是天然的"宗子"。

再是第三轮，"长若亡，孙来替"。嫡长子得天独厚，却缘深分浅，有命无运，早早就去世了，该怎么办？有办法，立嫡长孙，看那个短命鬼有没有留下儿子，遗腹子也行啊。有同学问啦，嫡长孙假如还死了呢？算你狠，不过古人也想到了，就是"孙也死，曾孙立"。有更狠的同学问，假如连曾孙也没有，该怎么办？好，既然长房没出息，一个男丁都没有留下，就在二房找——谁是二房？当然是嫡妻生的第二个儿子啦。

所以第四轮，就是"长房断，次房继"。假如次房三房都无人，或嫡妻根本没有儿子呢？

那就是第五轮，"若无嫡，自庶起，贵贱分，贤愚比"。庶子肯定不是以长幼的，但根据什么，却各有说法。有的说以母亲贵贱，但是都姬妾了还有什么贵贱？有的说以贤愚，但混过机关的都知道，这世上哪里有绝对的任人唯贤？正如这世上其实也没有绝对的任人唯亲。因为贤愚只是一个主观的观感，其标准也很主观，甲领导觉得该同志性格沉稳，办事牢靠，乙领导可能就觉得该同志大奸似忠，心思太重；乙领导觉得某同志油嘴滑舌，爱出风头，丙领导可能觉得某同志头脑灵活，善于展现。所以到头来，都是根据领导的看法，在"宗子"问题上，则是父亲大人的看法。父亲大人的看法从哪里来，一个是枕边风，虽然同为姬妾，但有的姬妾就比别人得宠些，那么"立子以贵不以长"就顺理成章了，另一个是做功课，身为庶子，母亲色衰爱弛，也不是完全没有办法，如果能做足功课，好好表现，让父亲大人觉得自己是最好的最适当的继承人，觉得自己"贤"，也还是有机会。

如果连这个都确定不了，该贵族朝三暮四，优柔寡断，就是不知道立哪个，怎么办呢？还有办法，就是第六轮"比不好，看《周易》"。《周易》上有教人怎么立宗子吗？当然不是，《周易》是占卜书啊，所以如果还是不知道立哪个好，就只有由上帝来决定了。

综合起来，就是风波总结的这个三字经，"立宗子，找嫡妻；先立长，莫迟疑；长若亡，孙来替；孙也死，曾孙立；长房断，次房继；若无嫡，自庶起；贵贱分，贤愚比；比不好，看《周易》"。

宗子选好啦，那么六轮宗子选拔赛中的唯一胜出者——宗子，都有些什么权利和义务？那些宗子选拔赛中的落选者，又有些什么权利和义务？至于那些有意穿越到周朝的女同学们，的确，到一个男尊女卑的世界里，你们的勇气可嘉，但是不是也想了解一下你们的权利和义务呢？那就请听下回分解，我们将带您领略那宗法社会的光怪陆离。

10. 封建社会之宗法篇

您好！我是蔡都电视台的记者蔡鸟，有个问题想问您，作为此次宗子选拔赛的胜出者，也是唯一的胜出者，您最想说的是什么？

嗯，我最想说的是，我的心情非常激动，比当年参加"非诚勿扰"时，二十四盏灯全亮时还要激动。

那您为什么会这么激动呢？

为什么激动？为什么激动？还要问为什么？你不知道在21世纪，就是想要个一百平方米的地方，有多难？可现在我什么都有了，方圆一百里，一百里啊，都是我的，还有这土地上的一切的一切，花草树木，飞禽走兽，还有人，都是我的都是我的。你知道吗？在21世纪，土地只有70年使用权，可我现在成了宗子，这块土地就可以千秋万代，百世不迁哪，封地，采邑，国人，奴婢，这些都会世世代代归我，归我呀！

明白，我理解您此刻的心情，实不相瞒，蔡鸟我曾经也是一个穿越者，只不过穿越之前在娱乐八卦混久了，又喜欢以菜鸟自居，结果投胎做了蔡都电视台的记者。

哎呀，还是您理解我，咱们都是穿越的呀，他们都无法理解，他们都不肯相信，得到土地居然还要花钱，他们说，土地难道不是生来就有的吗？您能理解我太好啦！

好，好，好，我知道您很激动，咱们继续下一个问题，您现在最想感谢的是谁呢？

我想感谢的，是我的爸爸、妈妈——我的爸爸不是李刚，胜似李刚；我的妈妈是正宫娘娘……

只有这些吗？

对了，还要感谢国家，也就是咱们蔡国，还有列祖列宗，还有周天子，还有上帝，皇天，后土，河伯，西王母，东王公，东皇太一，大司命，少司命，湘君，湘夫人……

好啦好啦，那是楚国的神，不管咱们蔡国的事哈。那您知不知道除了刚才的权利之外，还有别的权利吗？

这个，我似乎听说死了之后，享受的待遇不一样。

是的，作为一个穿越者，您现在已经是一个初步合格的周人啦。在咱们周朝啊，不仅活着要讲等级，死了也要讲等级。作为一个宗子，您可以用八个字来概括，那就是"生有特权，死有殊荣"。

为什么说"生有特权"呢？比如您是诸侯，则您的儿子——当然只有其中一个儿子——也是诸侯，而您的兄弟，只能是大夫，他们的儿孙，要向您的儿孙效忠，所谓"嫡子庶子，祇事宗子宗妇"。您这一宗叫大宗，他们分出去，叫小宗，您是"宗子"，他们是"别子"。"宗子"一听就比较牛，因为不管提什么要求都"中"，而"别子"则不管什么要求，都是

"别价",您说算不算有特权?

那为什么说"死有殊荣"呢?因为只有宗子宗妇死了能进祖庙,活着受人尊敬,做了鬼也比别人吃得好些。"宗子"如果不幸早死,父母还得守孝三年。你别看这三年,守孝长短,那是待遇啊。三年在古代是最高待遇,通常是儿子对父亲的守孝时间,对母亲就只有一年。而你能享受最高级别的待遇,古人说得好啊,这哪是为儿子守孝,这是为列祖列宗守孝啊。

哎,哎,那边的穿越者,别擦眼泪嘛,您做了"别子",我知道您很难过。但您知不知道有句话叫"别子为祖,继别为宗"。不知道啥意思?哎呀,真笨!就是说您现在可以自立门户啦。别看您在"宗子"那里只是个小宗,但在自己的一亩三分地上,却是大宗。如果您是分出来的第一代,就是说,您父亲是个"宗子",然后被那长腿的哥哥抢先投了胎,您做了"别子",封了大夫,得了个采邑,那么在这个采邑,您就是"老祖宗"啦。您的采邑上,也会修祖庙,百年之后,在这个祖庙里,您会排在最中间最中间呢,因为您是他们的"祖",接下来,才是左昭右穆。

现在感觉好点儿了吗?什么?还是不爽?凭什么要归您哥哥管?这事儿您得这么想,别看您哥哥是个诸侯,是个大宗,可在周天子那里,他仍然是个小宗,他也是从周天子分出来的"别子"世袭下来的呀,其实大家都是一样一样的。这满天下姓姬的,只有周天子能称姓,其他的都只能称氏,您哥哥和您,其实都是一样的。而且,作为一个穿越者,您难道不知道,若干年之后,小宗做掉大宗的比比皆是,什么晋国的曲沃桓叔,什么鲁国的三桓,什么郑国的七穆,个个后来都把正主儿欺负得没脾气呀。

什么?您担心礼法问题,怕写历史的说您以下犯上?您都穿越了还怕历史?不过不用担心,宗法社会的重要原则就是"亲亲"。哎呀,这位姑娘不要脸红嘛,想到哪去啦。那位同学也不要流哈剌子,还嘀咕什么"抱抱"。都严肃一点,这是在周朝,宗法社会所谓"亲亲"不是一个动词,而是一个动宾词组,与其相对的,不是"抱抱"哦,而是"贤贤"。"亲亲"是指,谁是我最亲的亲人,我就跟谁好,"贤贤"嘛,就是谁是大好人,我就对谁好。所以在宗法社会,血缘关系决定一切关系,一点也马虎不得哦。洋鬼子就不行，七大姑八大姨还有伯母舅母婶婶等，都是一个单词，伯伯叔叔舅舅姑父姨父甚至表叔，也还是一个单词，基因学怎么学的！您看咱们中国人，谁亲一点儿谁远一点儿，哪怕是一点点，也能从称呼里听出来，舅舅明显就比姨父近。

那位同学不要急嘛，在那嘀咕"'亲亲'与以下犯上有什么关系"对不对？还真有关系，您想想啊，您哥哥的后代，与您的后代，过了五代之后，还有多少相同的基因，血缘关系还有多深？能记得就不错啦。

所以五代之后，一切权利和义务，都降到了最低，比如您哥哥去世，您还要披麻戴孝，而到了第五世，对大宗的丧事，只要戴块白布就行了，这就是"君子之泽，五世而斩"。都"五世而斩"了，所以互相打几架，也没什么说不过去的了吧。

这位姑娘也别急，马上说到您啦。作为女孩，这个时代机会并不多哦。常言道啊，男怕选错行，女怕嫁错郎；若到封建世，投胎要商量；男儿须趁早，要嫡还要长；女儿则未必，贵贱看夫方；一旦归宗子，变成金凤凰。

男的顶好的是嫡长子，这样就做稳了宗子，不论短命长命，宗庙里总有一席之地。而女儿呢，娘家宗庙里是一点儿都不会有份儿的，至于婆家宗庙里有没有呢，要看情况。看什么？看嫁的夫君是谁，还要看嫁给夫君，是当嫡妻，还是姬妾。

这位姑娘别不服气，说我娘家好歹也是个门当户对的贵族哎，怎么可能做姬妾。您还别不信，做姬妾的可能性要大于做嫡妻的可能性哦，因为咱周朝有一个惯例，就是结婚时买一送一，甚至买一送七，嫁个女儿过去，还要跟个妹妹，或侄女，或既有妹妹，也有侄女，这叫作媵。那位姑娘也别撇嘴，我知道您嘛意思，您无非是说，跟个妹妹过去也就罢了，便宜了那小子，可跟个侄女这叫什么话，这不是乱了辈分吗？这您又有所不知啦，姑娘家在娘家没有名，没有字，没有氏，也没有辈分，她的辈分由她嫁的夫君而定哦。比如陈国或蔡国，男子可以叫陈三，或蔡四，而女孩子呢，就只能叫某姬，姬是姓，前面可以是娘家的国名，夫君的谥号，或排行，比如伯姬。咱们以前读《诗经》，经常出现的大众情人，大美女孟姜，可不是她的名字哦，那只说明是一个姜姓人家——很可能是齐国人——的大闺女，至于是不是贵族，从名字里是看不出来的。常言说得好啊，氏分贵贱，姓别婚姻，男子需要根据氏来判断是哪个支脉，区别高低贵贱，而姑娘家嫁人时只要知道姓，防止同姓通婚，就够啦。

不过这位姑娘也别难过，也别羡慕那帮唐穿或清穿的，清穿的要裹小脚，还得整天看一群辫子男，唐穿的虽然可以看帅哥，但要剃眉毛哇，要把眉毛画得千奇百怪，跟个非主流似的。况且，您穿越到的，是真正的贵族社会，您不是羡慕骑士时代么，现在到了中国的骑士时代，您做了贵妇人，还有什么不满意的？

还有电视机前的朋友们，您们也别着急，您们可能运气更不济，穿越过来别说诸侯大夫，连个士都没捞着，做了农夫，那么等待您的是什么样的生活，给您准备的是什么样的制度呢？

11. 封建社会之井田篇

其实很多制度最初都是一些简单而日常的措施，随着时事推移，修改完善之时，也渐渐演化和消亡，直到没有多少人记得最初是什么样子。于是一些信而好古的乌托邦爱好者就会把它弄成十分完美的设计，被另一些信而好古的人，当成"未之逮也"的黄金时代，同时还相信完美的制度能带来完美的社会。而信而不好古的人看到这些制度如此不靠谱，干脆不相信有过那些东西。

比如《周礼》中描写的那个完美而和谐的社会，上上下下秩序井然，所有的人都有事情做，所有的事情都有人完成，所有的细节都得到处理，所有的变化都得到考虑，连内科外科营养科医生的考核制度都设计完备。这让一些儒生做起了三代之治的美梦，又让另一些义正词严之士斥之为伪书，主张扔进垃圾堆。其实秦朝以后那些在市场经济下摸爬滚打、随时都有可能下岗失业成为流民、又随时都有可能时来运转的读书人，哪里知道封建社会是什么样哟！封建社会还真是这样，所有的人都有事情做，所有的事情都有人完成，所有的人都是铁饭碗，一个萝卜一个坑，想跳槽么没有门，想出远门要开介绍信，子从父业，位置生来注定，要想出人头地，只有重新投胎做贵人。虽然没有《周礼》那么完美，但是意思却是仿佛。

再比如五服制度，本来嘛，当年姬发姬旦兄弟，虽然大战役打了好几场，文宣工作和统战工作也十分给力，但真正把在手里的只有黄河中下游一小块地方。所以派那些贵族到外围武装殖民，甜头是不少的，而风险也是很大的，前途是光明的，而道路却是根本没有的。所以顶好的，是封在离王畿近的地方，真搞不定夷人，王师也容易帮得上忙。跑到那夷狄堆里圈地皮抢女人，真以为那些地盘是好抢的啊，真当那些"野人"是好欺负的啊！所以把殖民武装分成几等，按照与周天子亲疏远近，分别配置，也在情理之中。

当然，责权利是统一的，近一点，安全系数高，还能到周王室当当卿士，但向周天子进贡的东西也多，粮食啊农副产品啊都有，碰到周王室去砍人，或是给别人砍了，还得上去助拳。距离远的呢，到那么远的夷人堆里打拼，周王室远水救不了近火，可怜见的，你也少进贡点东西吧，逢年过节，捎点土特产过来就行了。这本来是一个很正常的制度，结果被那帮乌托邦爱好者搞成五环或九环的正方形套正方形，也不想想，距离远近不是这么算的。虽然两点之间直线最短，可中间有的一马平川，有的九曲八弯，那年月又没高铁民航，虽然走的人多了也就成了路，可那年月有几个人在路上走呢？结果正方形套正方形这么一设计，让疑古派得了口实，认为五服制度根本就不存在。

还比如井田制度。咱们现在是人多地少，人均才那么一小亩，就这，还是平了山，填了湖，砍了林子得来的，有得种就不错了，还管什么形状规则不规则。但上古人少地多，每家都能分很大一块，你说是分成正方形好，还是圆形好，还是三角形好。只要智商正常，恐怕都会选正方形。一是好分，横一刀竖一刀再横一刀再竖一刀，切过蛋糕的都知道这样很容易。二是好算，正方形涉及的数学知识最少。三是好灌溉，笔直挖一条渠，一溜儿全浇上了。

横一刀竖一刀再横一刀再竖一刀，这就是九块，构成个井字，百亩是六百尺乘六百尺，也就是一百步乘以一百步，九百亩就是三百步乘三百步，方一里。然后我们好心肠的孟夫子就想啦，每家一块，收成都应该归各家所有，神圣不可侵犯。但总要留一块的收益做公用开支吧，当然是九块中间那一块最好啦。这样九块，就是八户，就成了一井。后来又有说，这八户人家住哪呢？这样吧，在中间再给各家分出两亩半作为宅基地。

再后来又有人进一步设计，一百井方十里，叫一成，一万井方百里，叫一同。多个同合起来，就成了王畿千里啦。田与田、里与里、成与成、同与同之间，又有大小不同的沟渠，叫遂、沟、洫、浍，以及道路，叫径、畛、途、道，纵横交错。沟渠道路的大小、深浅、宽窄，都有规格。而这上面的居民也按这些里啊成啊同啊来组织，打仗、服役，都是按照这个结构。比如周天子地方最大，有一百同，方千里，叫一畿，提封百万井，定出赋六十四万井。

但是这个制度太完美了，完美得让人后悔。后悔啥？后悔生错了时代啊，因为很多年后的三面红旗之一的人民公社制度，也没这么完美吧。而且还有矛盾。什么矛盾？人对不上啊。按照孟夫子的设想，一井应该是八户，而《周礼》却说是九户，看到没有，穿帮了吧？

于是朱熹朱夫子那个得意地笑啊得意地笑啊，"天下安得有个王畿千里之地，将郑康成图来安顿于上。今看古人地制，如丰镐皆在山谷之间，洛邑伊阙之地，亦多是小溪涧，不知如何措置"。这个周天子的一畿方千里，但天下有几个方千里的一马平川，而且百万井啊？就是几百万户，那年月有那么多人吗？况且依老夫看，丰镐那边都是山区，洛邑那一带，溪涧也不少，不知道那横三千刀，竖三千刀，怎么切得下去？井田制，还是别搞了，嘿嘿，还是我的义仓靠谱些。

于是一个古代普遍存在的制度，就被一帮成事不足败事有余的乌托邦爱好者给搞没了。

其实也不想想，如果根本没有井田制度，秦国的废井田开阡陌，又哪里去废，又哪里去开？阡陌不就是那方方正正的田之间的路，南北为阡，东西为陌么。而《诗经》里也有《大田》，"雨我公田，遂及我私"，也不会空穴来风吧？《左传》里经常说封给这个多少田，那个多少田，田既然作为一个计量单位,大小总是比较稳定的吧。

其实哪里有这么复杂哟!只不过是一个古代村社制度,德国的马尔克,有过这种制度,云南的西双版纳,也有过这种制度,有甚稀奇?无非是村社的年轻小伙子,到了一定年龄,就分一定的田地,到了老了做不动了,再还给村社。有的还会在半大个子的时候,先分一半。有的还会根据土地的质量,定出层次。

所以古书上说什么"一易之地"给一百亩,"再易之地"的话就会给两百亩,"三易之地"的话就给三百亩,也是有道理的。因为在那个刀耕火种的年月,有的田可以年年耕,有的却只能隔年耕一次,有的却三年才能收成,另两年只能养草烧了当肥料。

至于"大田"、"公田",显然是"私田"之外的田地,大伙儿在"大田"上集体生产,其场景岁数大的同学可以回忆当年农村的集体劳动,岁数小的同学可以参看米勒的油画。产出一开始用于公共开支,后来却变成那些贵族的收入。"大田"既然称之为"大",显然不应该比一户的"私田"小吧,要不然你让贵族怎么过日子哟?孟子等人,为了那横一刀竖一刀,没地方安置大田和房屋,把"大田"放到八户人家之间,而且还要分出若干来给农民盖房子,真是抠门,简直要成为"小田"啊。其实农民盖房子,山外河边,哪里不能盖,至于那横一刀竖一刀,地方开阔就多划几刀,地方狭窄,就少划几刀,实在划不了的,不是还有"圭田"、"畸零之地"么。

而"东亩"、"南亩"的,也能看出灌溉系统的影子,顺着水流方向,建设四通八达的灌溉系统,因为水有自北向南,或自西向东两个方向,所以这灌溉系统及与之配合的田地和道路,也有了"东亩"、"南亩"的区别。而有些缺德国家,为了攻打敌国方便,打赢了之后,签订不平等条约时,居然要求对方"尽东其亩",简直是赤裸裸地干涉别国内政,妄图操控别国建设,搞垮别国经济嘛。

当然,鉴于这一次咱是穿越成小民,所以那些国际大事,有肉食者谋之,咱小民也不好妄议啦。还是先关心关心在井田制度下,小民们是如何过日子的吧。

12. 周朝平民穿越指南

　　虽然你在看过很多穿越网文之后，信誓旦旦地希望穿越成一个古代的贵族，但由于你的人品、手气及脚气问题，你仍然只是穿越成了周朝的一个平民，那么现在等待你的，将是什么样的一生呢？

　　如果你穿越过去的时候，发现自己是个儿童，你应该庆幸，因为你还有足够的时间熟悉这个对于你来说都完全陌生的世界。你的童年大概和电视剧里演的差不多，你和你的伙伴们都把头发两边结起来，叫作总角。你们穿的是粗布衣服，不过不是棉的哦，是麻的，你们种的丝，上好的要献给贵族，只有那些下脚料，可能会留一些填在麻布里，冬天用来御寒。你只和你的平民伙伴玩耍，河边的芦苇、包茅，河里的浮萍、荇菜，路边的飞蓬、萱草，都是你童年熟悉的植物。你是几乎见不到那些贵族的公子公主的。偶然地，在你父亲劳作的田间，你会看见贵族带着家人和随从过来视察，同时送饭给你们吃，这时你才会注意到那些穿着绫罗绸缎，举止闲雅，特别注重礼节的贵族，以及他们家那些知书达理的孩子，他们让你感觉到自惭形秽。他们穿的衣服看起来是那么光鲜，最主要的是，他们的衣服很宽松，衣袖很长，系着腰带，上面还结着玉、丝绦，而一生短褐的你，只有在祭祀时，才能穿上长长的深衣。

　　吃的方面嘛，主要是饭和羹，没有后世的煎炒烹炸哦。作为一个平民，有时你也会吃点蔬菜，加点儿调料，什么酱啊、盐啊、葱啊、姜啊、桂啊……至于肉嘛，要知道这是封建社会嘛，一切都是有特供的，级别不同，待遇不同。而且死人比活人要高一级待遇，就是说，祭祀的时候，是向上看齐的。鉴于你是一个平民，所以那些太牢啊少牢啊特牲啊说了也没用，与你有关的肉类，其实只有四种，一种是狗肉，一种是猪肉，一种是鸡肉，还有一种是鱼肉：男孩从小就要学会养狗，女孩从小就要学会养猪。不过这些肉，并不是给你自己吃的，实际上，他们大多数要献给贵族。所以你背地里会称那些贵族是"吃肉长大的"，简称"肉食者"，听起来有点像肉食动物。

不过幸好还有鱼肉,因为鱼肉被贵族当成比较低级的食物,所以常常逃过一劫(我怀疑是那时的烹饪手法问题,连肉都非要煮成肉汁,或剁成肉酱吃,会把鱼做成什么样子就可想而知了)。想赵盾被晋灵君派杀手暗杀,杀手看见赵盾在家吃的只是鱼肉,感动得眼泪哗哗的,这个赵卿真是节俭哪,竟然只吃鱼肉。再看见赵大人吃完了,大清早天还没亮等着上朝,正襟危坐,表情严肃,又感动得眼泪哗哗的,自言自语说,大好人哪,我如果杀了他,就是不忠,但如果不杀他,答应国君的事没做到,就是不讲信用,我还是杀了我自己吧,于是自杀。虽然鱼肉也不是经常能吃上,理论上只有祭祀时才有,但毕竟有那么点儿指望,用孟子的话来说,就是"不可胜食"。

不过如果你是肉身穿越,过来就是个大小伙子,或美好的童年结束了,你就该出去干活啦。干啥活?当然是农活。你不仅要种私田,还要代种大田。私田是周朝的一百亩,相当于你穿越前的三十亩。我知道你在念叨什么了,"三十亩地一头牛,老婆孩子热炕头"对不对,美不死你,那是两千年以后。三十亩在两千年以后能混个小康,在这年头只能混个温饱。你得看看后世是啥技术,你这年代是啥技术,最起码你很可能就没有牛,你要用工具来翻地和锄草,比如什么耒、耜、钱、镈之类。这些工具,有的纯粹是木头的,比如一根木头,前面尖尖的,上面横绑一块木头,用脚去踩,可以用来翻地。有的包了金属边,有的镶了整块金属,但都很不好用,一个人哪里翻得动,只能两个人一左一右,喊声一二三,一起用力,这叫耦耕。第一卷里提到的农家许行,就天天拉着人做这事,然后自称环保主义者,回归自然,你说这不是犯病吗?

但不管许行犯不犯病,你都得做这事,而且得做好,因为你一家老小全指望这三十亩地了。把你的"三十亩地没有牛"搞完了,还要代耕大田,就是给贵族种的。不过是集体劳动哦,和其他农夫喊着号子,唱着反动歌曲,像什么"不稼不穑,胡取禾三百亿兮"之类。唱着反动歌曲还能做好活,那是天下奇闻,你们当然也做不好。于是贵族就要恩威并施了,首先派出监工,监视你们劳动,看谁偷懒,就报告贵族,关你们禁闭,其次，带上夫人，也许还有小贵族一起过来给你们送饭，于是在一片其乐融融之中，你们唱起了主旋律歌曲，什么"雨我公田，遂及我私"，什么"曾孙来止，以其妇子，馌彼南亩，田畯至喜"，什么"今天是个好日子啊，王孙又来送饭到田中吃啊，希望庄稼快快长啊，公田的产出更比私田强啊"。

在这里要特别提醒一下下，在21世纪喜欢睡懒觉的同学要注意了，不要以为回到了周朝，你就可以朝九晚五啦，那是绝对不容许的。作为一个农民，你每天要准时上工，如果晚了，嘿嘿，村头的父老和里正，就会把大门关起来，你就别想出去干活了，后果会怎么样，我也不知道。

除了种田之外，你还要出去打猎，有大猎物要献给贵族，小猎物才能自己留着。碰到了贵族要盖房子，要修城墙，或者要修路，你当然要义务帮忙。如果你是住在六乡的国人，祝贺你，你是贵族的同姓，你根正苗红，你是阶级兄弟，你可以当兵了，你可以自备兵器跟着贵族的兵车一通乱跑了。如果你是住在六遂的野人，很不幸，你是黑八类出身，没有当兵的资格，你要额外献上很多东西，承担更多的义务劳动，以便对你进行思想改造，至于改造到什么时候结束，很不幸，下辈子重新投胎吧。

说到这里，是不是有点后悔啦，别担心，快乐的事在后头呢。

比如每年春天的社祭，全村男女老少都来到乡校，杀牛杀羊祭祀（这是给社主的而不是祖宗的，所以规格更高），奏乐唱歌跳舞玩游戏聚餐。单身的男女同学请注意，眼睛不要那么直，口水不要流出来，你看上了那位是不是？看上了就直接上去搭讪嘛，还犹豫个啥呀！摘一朵美丽的鲜花一根美丽的香草送给她，对她说，花儿草儿哪有你漂亮（彤管有炜，说怿女美）。向他倾诉你的思念，你这个坏小孩，我与你说话，干吗不理我呀，害得我吃不好睡不香的（彼狡童兮，不与我言兮。维子之故，使我不能餐兮）。约她在城门下面见面，这位美丽的姑娘，咱们晚上戌时到城门口见面吧，不见不散哦（挑兮达兮，在城阙兮。一日不见，如三月兮）。哎呀，真讨厌，规矩点，别掀我的裙子嘛，你看狗狗都在叫了（舒而脱脱兮，无感我帨兮，无使尨也吠）。

每年冬天的腊祭，也是很Happy的日子，不单单是唱歌跳舞聚餐谈恋爱，还因为腊祭之后，可以休息好几天啦，喜欢睡懒觉的同学也可以睡个懒觉啦。

至于平时，除了出门要开介绍信，早晚要准时上工，男同学要种田做建筑工人，女同学要养蚕要做纺织工人以外，也不是没有其他娱乐活动，像什么"尝新"节，除了聚餐还可以在一起玩玩投壶啦六博啦的游戏。便是平常，工作得了闲了，也可以到乡校去看看最新的热帖，像什么卫国的国君把儿媳妇娶啦、陈国的国君被国人赶走啦之类，顺便再编几首歌唱唱对现实的不满。除了周厉王这种人神共愤的家伙，一般都会对乡校里那些牢骚怪话睁一只眼闭一只眼的。

至于那些嫌种田不好玩的同学，作为一个平民，你也不是完全没有其他的选择，士农工商么，虽然可选项不多，与宋朝的三百六十行完全不能相提并论，但也不是没有其他事可做。那么其他职业其他阶级，都在做些什么事呢？

13. 人人都是铁饭碗

两千年前封建社会解体的时候，曾经有很多人摇头叹息，他们诅咒万恶的市场经济，怀念那个人人都是铁饭碗的时代，他们认为那是一个理想的时代。这个理想后来由一个书呆子王莽加以复现，遭到彻底失败后，那些人才算死了这条心。

市场经济有什么不好呢？首先，"富者地连阡陌，贫者无立锥之地"，贫富分化太厉害，太厉害，社会太不公平，太不公平。其次，市场经济下会失业啊，工作难找啊，在农村失去土地，城市没有足够的就业机会，只能东打一天工西打一天工，饱一顿饿一顿，变成所谓的"流民"，运气不好呢，还会饿死。想那人人都是铁饭碗的封建社会，穷是穷点，但生活有保障啊。最后，市场经济下什么都是谈钱，土地用钱计算，劳动用钱计算，连官职都可以用钱买，除了皇位，就没有钱买不到的，什么世道嘛这是！

但封建社会真的公平吗？封建社会是真正的阶级社会，一个人生下来是什么阶级，那他这辈子就一直是这个阶级，他的儿子还是这个阶级，还有比这更不公平的吗？贵族吃肉，平民只能吃菜，贵族穿的是绫罗绸缎，平民穿的是麻布衣服，而且永远永远，还有比这贫富分化更厉害的吗？但是不一样啊，人的幸福感来源于比较，人的不幸感也来源于比较。市场经济下，看着前几年还跟自己一同当伙计的阿三，下海才两年，居然当上了掌柜的，开了四五家铺子，心里如何好受？看着长得不如自己做女红不如自己家世也不如自己的隔壁阿红，嫁了个好人家，俨然一个贵妇人，根本不把自己放在眼里，心里如何能够好受？但是在阶级社会，根本不会有这些问题，因为你根本不会跟别的阶级比较，正如奴隶主不会去跟奴隶比较以寻找幸福感，他只会跟别的奴隶主比较。平民他所比较的对象，也只能是平民。但既然人人都是铁饭碗了，同一个阶级，差别又能大到哪里去呢？

有同学要问了，为什么人人都是铁饭碗的封建社会会是阶级社会呢？这个问题问得好。你想想啊，虽然人人都是铁饭碗，一个萝卜一个坑，但是这些饭碗这些坑能一模一样么？比如大田上集体劳动吧，做领导的肯定比田里劳动的要轻松一点儿吧，如果他们在一起比较，不服气，闹，怎么办？顶好的办法，是把他们分开，互相之间几乎没有交往，做工的永远做工，务农的永远务农，当领导的永远当领导。

还有同学问了，在原始社会里，这些贵族和平民的先辈们很平等的，为什么后来差距有这样大呢？这个问题问得更好。因为原始社会条件差，一起打个猎，分吃了就完了，但是后来条件好了，东西除了分给大家之外，还颇有富足。这些富足东西该给谁呢，部落首领当然想据为己有，但是怕人家不服啊，所以顶好的，是乘着在战争中建立的威信和武力还在，把阶级固定下来，贵族保护平民，平民依附并效忠于贵族，世世代代。绝对平等这种东西，只有在共同贫穷的时候才有可能，均贫可以，均富却难。既然无法均富，那么顶好的，是按级别给予不同待遇，而且把他们隔离起来，互相没有想头，这样才是长治久安之道啊。

是的，阶级社会必定伴随着阶级隔离，很难逾越。

那么在周朝，互相隔离的阶级有哪些呢？

最高的当然是周天子，就是号称"普天之下，莫非王土，率土之滨，莫非王臣"的那帮小姬姬，啊不，那帮姓姬的小子们。理论上，他们要什么就是什么，只有上帝能管住他们，实际上，他们也未必真能管住谁，周武王的曾孙昭王姬瑕，不就被楚人弄没了么？所谓的"普天之下"，其实也就黄河中下游那一块地方，不过靠着姬昌姬发和姬旦的威风八面，倒也在几百年时间里，坐稳了华夏阵营的带头大哥。

下面的就是诸侯了。按照三种特征值，他们有所区别，但总的来说，还是一伙的，因为诸侯多半只与诸侯通婚。之所以是多半，是因为其周天子只此一家别无分号，所以只能与诸侯通婚，同时卿大夫偶尔也会与诸侯通婚一下。从理论上说，诸侯应该每年去见见周天子，带上贡品，再喊点带头大哥千秋万载一统江湖的话，这叫"朝"，考虑到路途遥远，也可以让小弟马仔们，就是卿大夫们代劳，这叫"聘"。理论上说，如果哪个诸侯不把周天子放在眼里，周天子还会带着其他小弟去兴师问罪，比如郑国就被围攻过，但楚国好像也没把周天子放在眼里过，而周天子也没有多少有效的办法。理论上说，周天子想维护世界秩序，或遇到危险的时候，其他各国都应该出兵，毕竟这是华夏阵营的事，不过自从被周幽王那个情种毁了信誉之后，这事也做得不利落了。

再下是卿大夫。具体分为上卿或正卿、下卿或副卿、上大夫、下大夫几个级别。不过要看具体的国家，如周天子的卿，就跟诸侯一个级别，这就好比市局级单位的处长，相当于县处级单位的局长。而根据诸侯的大小，它们的卿大夫，级别也不一样，所谓"列国之卿，当小国之君"。不过县官不如县管，等到齐晋楚秦这四个大国起来之后，周天子的卿也算得了什么呢？等到韩赵魏灭智伯之后，晋君又算得了什么呢？

再下是士。士是一个夹心层，相当于后世的中产阶级，有元士、上士、中士、下士几等，有一定职位，虽然没有土地，却有官禄，算是公务员。为什么要说是夹心层呢，因为在封建社会，"刑不上大夫，礼不下庶人"，对于卿大夫及以上的阶级，是不会用刑的，而对于庶人及以下的阶级，是不会用礼的。士正好在两者之间，即可以刑，也可以礼。后世人们不理解那些士们，动不动就寻死觅活的，两桃杀三士的故事更是搞怪，为了两个桃子三个人不好分，居然三个人都自己抹了脖子。其实如果与"刑不上大夫，礼不下庶人"联系起来，就会明白了。因为他们是一个既可以刑，也可以礼的阶级，他们不甘心哪。他们需要用行动来证明自己是一个贵族，真正的贵族，他们只可以礼，不可以刑，所谓"士可杀不可辱"，真正的贵族，原是不需要用刑，他们天生的高贵品格注定了他们在背负耻辱时，宁愿死，也不会苟且地活着。他们要维护贵族才有的高贵品格，哪怕用生命作为代价，所以子路才会宁愿死，也要把帽子扶正。

士之下为庶人。又分为士农工商四种。这个士和前面讲的士有点儿不一样，一般叫"士民"，是没当公务员的"士"，他们一般读了点书，更重要的，懂得"礼"，是公务员的后备人选。农就是"三十亩地没有牛"的农民啦，又有国人野人的区别。工，是工匠，一般住在城里某个地方，在国营工厂里做事，做出来的东西，并不会拿到市场上卖，而是统一调配。商，也是属于官府的，并不是私自经商，实际上相当于国家采购员，拿着本国有的东西出售，交换或购买本国没有的东西，回来后献给贵族。

最后为奴隶。一般是三个来源：俘虏，犯罪，自卖为奴。考虑到犯罪和自卖为奴的数量有限，所以俘虏是奴隶的重要来源。不过这些奴隶却无法支撑起一个所谓的奴隶社会。奴隶社会必备的两个条件：其一是发达的市场经济，因为用奴隶进行粮食生产是危险而低效的，其二是大量而长期的异族俘虏来源，把一个宗族的同姓庶人当奴隶那会遭到集体鄙视的。希腊和罗马是通过长期战争俘虏异族奴隶，美国南部则是黑奴，而且都是进行非粮食生产，用于出售。周朝显然哪条都不够格，这些奴隶一般用于养蚕、杂役，或干脆是所谓的家奴。

好，在这个人人都是铁饭碗的时代，除了拿起锄头之外，还有哪些职业可以选择呢？

天子、诸侯或卿大夫当然是首选，但假如你的手气一直不够好或脚气一直够好呢，又或你是肉身穿越，天子、诸侯或卿大夫的身份证弄不到呢？

奴隶当然不能选，"世代为奴"，那是一个多么叫人绝望的诅咒啊。

剩下的就是士农工商了。尽量也不要选工人，虽然号称"百工"，有选择空间，但是比农民还没有前途，农民好歹工作地方大啊，哪像工人两点一线，只有那一块地方，还不发工钱，还哪都去不了。

最有前途的，就是士人和商人了。如果你能言善辩，建议选择后者，如果你能写会念，建议选择前者。实际上，这两个职业，成了封建社会解体的两个重要推动力。这不，东周初期，齐国的管仲就开始了重商主义改革。

第二章　齐霸于东　富民强兵

14. 大国崛起之齐国篇

　　公元前7世纪，当亚述人在美索不达米亚兴起和败亡，当雅典人在亚欧大陆的西边废除君主、建立共和国，当死海岸边的犹太人信奉耶和华、排除异教徒的时候，在亚欧大陆东部，黄河的下游，胶东半岛向西，淄水岸边有一座百货凑集，车马填咽的城市，它起初的名字叫作营丘，后来因为淄水改名临淄。千百年来，淄水静静地流淌着，见证着爽鸠氏、季𦶑氏、逢伯陵，还有最后来到这里的齐人，他们的征服、生产、战斗和生活。

　　这里地近东夷集团的中心，在周武王那场革命之后，也许是周公东征之后，它迎来了新的主人，那个来自西方的姜姓部族。姜尚，或名吕尚，或称太公望，或称姜子牙，首封于齐，在周公东征之后，再加封数地，成为东方"五侯九伯，实得征之"的大国。

　　几百年间，齐人承太公望之遗泽，吞灭莱夷，扩张领土，发展渔盐工商，国力渐盛。到了公元前7世纪，齐国国内人口滋生，土地不足，原有的井田制渐渐不堪敷用。国际上周王室地位衰落，各诸侯国厉兵秣马，山雨欲来，一场大变革呼之欲出。到了齐襄公在一场政变中薨逝，竞争者在宫廷争斗中相继败亡之后，这场大变革的主角终于登上舞台。他们是两个人，一个是春秋时代第一位霸主，齐桓公，名姜小白，或名吕小白；另一个是后世的诸葛亮经常自比管仲乐毅的那个管仲管夷吾。

有同学要问了，齐桓公的名字好恶啊，叫啥不好，偏要叫小白，天天被人小白小白地叫着，正常人也变成小白了，难道是因为贱名好养，难道是因为他实在长得太白，何郎敷粉？这位同学有所不知，齐桓公名小白并不是因为他长得白，也不是贱名好养，更不是因为他经常知识不够用，而是周朝旗帜尚白，天子用大白之旗，诸侯用小白之旗，所以这是一个很尊贵的名字哦。所以穿越人士一定要记住，穿越到周朝时，说人小白不一定是骂人，更可能是吹捧，举着白旗的也不一定是投降，更可能是进攻。

话说在齐桓公还叫公子小白时，其父亲姜诸儿——果然是一个"猪儿"——是位性解放主义者兼行为艺术家，与妹妹私通，然后还杀死了妹夫鲁桓公，搞得人心惶惶，公子们纷纷申请政治避难。公子纠的妈妈是鲁国人，所以公子纠去了鲁国，而公子小白的妈妈是卫国人，也不知道是因为卫国太远，还是因为卫国的性解放运动更加如火如荼，姜小白去了莒国，跟从他的是鲍叔牙。再后来齐襄公被性保守主义者公孙无知杀死，公孙无知又被其他不知性价值观如何的人杀死，两个政治流亡者公子小白和公子纠，就分别在莒国和鲁国的护卫下向齐国进发，而陪伴者分别是鲍叔牙和他的同学管仲。

鲍叔牙和管仲听说是一起同过窗、一起经过商、一起扛过枪的，有没有一起做过别的事就不知道了，总之是交情特好，关系特铁，被称为"管鲍之交"。不过如果有哪位穿越人士见到了当年他们同学或经商的场景，恐怕无论如何也想不到他们的关系会一直么好那么好，因为管仲老是占鲍叔牙的便宜，经商时老是拿得多一些。街坊四邻很看不惯这种现象，每次去问鲍叔牙时，鲍叔牙都要说，管仲比我有才华嘛，或者说，管仲家里很穷的，我家庭条件好一点儿嘛，应该的，应该的。总之就是这样。可见但凡好得跟什么似的两个男人，要想一直好下去，总得一个是攻，一个是受，比如鲁达之于林冲。如果两个都攻，总不能长久，比如后来那个号称能为朋友两肋插刀断头割脑的"刎颈之交"的张耳和陈馀，闹到最后反目成仇互相插刀。这个管仲明显是攻，而鲍叔牙也心甘情愿地受。

这鲍叔牙和管仲分别辅佐两位公子，而管仲显然更有商业头脑，知道风险分担，一边策划鲁兵护卫公子纠的同时，一边带人在路上伏击公子小白，然后还亲手一箭射中公子小白，公子小白应声而倒啊，接下来就是公子小白的护卫者哭声震天。嘿嘿，搞定收工，鲍叔牙果然嫩点儿，管仲心想。

却谁知人家鲍叔牙嫩，公子小白可是一点也不小白，人家听到羽箭破空之声，说时迟，那时快，应声向后而倒，箭堪堪在肋下穿过，小白忍着剧痛，将计就计，佯装死去。搞得那壁厢管仲啊公子纠啊鲁国卫队啊，都觉得大局已定，一路走一路玩，慢慢玩到乾时这地方，却发现公子小白已经变成齐侯小白啦。公子纠，这下纠结了吧？管仲，这下不中了吧？鲁国，这下路过吧！但鲁国的兵也不是吃干饭的啊，而齐国的兵更不是吃素的啊，于是一场好打，打得鲁国签了丧权辱国的不平等条约，鲁国把纠结的公子纠杀了，一个辅佐者召忽来到这世上没多少年就忽然被召唤回去了，另一个辅佐者管仲被关起来了。公子小白恨得牙痒痒，一箭之仇，不报我还是男人吗？但如果真杀了，鲍叔牙不愿意啊，他果断地劝小白，君如果只想当齐侯嘛，有我老鲍就够了，但君想想啊，当今天下，周王室东迁之后就是王小二过年，一年不如一年，晋国、楚国，都想当天下霸主啊，君上如果想做这天下的霸主嘛，还非得管仲不可，不是臣愚昧，臣长这么大，还没见过管仲这么霸气的人。小白也闻弦歌而知雅意，真的么？那寡人还真得见识见识。于是超级无敌的管仲管夷吾，就遇到了超级无敌的姜小白。

管夷吾和姜小白是一见倾心，相谈甚欢，在Happy之余，制定出了齐国的改革总路线图。

哪些路线？分田到户，工商立国，招商引资，拉动内需，扩大出口，发展国企，货币控制，军事整顿。

这些路线的每一条，都能让今天的人目瞪口呆，管夷吾啊管夷吾，您不会是穿越的吧？至于答案如何，穿越人士在凯旋之时，还请告知一二。而现在，还是先看看管夷吾这些超越时代的改革方案吧。

15. 治国之道必先富民

提起管仲的改革，就不能不提一本叫作《管子》的书。这本书内容非常之多，政治、经济、思想、军事、外交，无所不包，简直就是一部加强版的《治国方略》，所以毫无疑问，这是一部伪书。那是什么年代？那是封建制度还很强大，民族国家刚刚兴起的年代，根本没有什么私学，更不会有那么大部头的私人著述。要知道，最早搞私人教育的孔子也要到一百多年以后才会出世呢。

但这部书伪而不劣，正如《老子》这部书未必是老聃所著，但并不代表这本书不好啊。那年头总有那么多的学术活雷锋，宁愿让自己的名字永远没有人知道，也要让思想流传下去，所以才有了我们今天看见的《黄帝内经》、《神农本草经》、《太公兵法》等。想想这些，现代人都该感到脸红，现在人哪怕只有一个极为狗血的观点，也要隆而重之堂而皇之地展现出来，署上大名、网名、贴上照片、婚姻状况，等等。好像自己是根葱似的，其实不知道自己只是猪鼻子上插的葱。

这本《管子》也是本伪而不劣的书，有人说是汉朝王莽时候的，也有人说是战国人写的，但不管怎么说，书中的思想，与管仲这个人本身的思想，多多少少还是比较接近的，事迹相符，性格也相符，书里类似的话，管仲也未必就没说过。这也同井田制分封制那些东西一样，时间久了，原来的东西走了样也是有的，但尽信书固然不如无书，尽疑书则必定无书。

管仲是一个商人，商人最大的特点就是了解人性。哪怕是菜市场一个小商贩，每天也要与上百个人打交道，要从这些人的衣着、举止、谈吐判断这个人的性格、身份、需求。这一点，文人书生们是不会理解的，文人书生们不是把世界想得太复杂，就是把世界想得太简单。他们要不就是认为，"中国人素质太差，就是该管"，也不想想，那个管中国人的，素质就会好到哪里去么？要不就是认为，如果"文官不爱钱，武官不怕死，天下自然太平"，也不想想，不爱钱，又不怕死，这样基因的人，在生存竞争中能有多大优势？他们还喜欢谈什么道德、国家、民族等，却没有想过，人首先是要吃饱饭，其次是要谈恋爱，结婚，再其次才是理想啊追求啊艺术啊人生啊。他们羞于谈钱，好像一谈就变俗了似的，所以连经济学也有点瞧不起，他们不了解人性，也不了解自己，他们不知道为什么自己刚刚还在慷慨陈词，振臂高呼，一回头看见漂亮姑娘就会心跳加快血压升高两腿发软骨头发酥。

管仲当然不是那样的书生，他就是一个商人，他知道自己需要什么，也知道别人需要什么。所以在他还在和鲍叔牙一起经商时，他就理直气壮地多拿走一些利润，而在和鲍叔牙一起扛枪时，他也理直气壮地先行撤退，让鲍叔牙在后面掩护。所以在他和齐桓公一起合作，把齐桓公推上霸主宝座的同时，他也让自己过起了最为阔气的大夫的日子，富可敌国，生活奢侈，连八佾这种天子级别的乐队也照请不误。他了解自己的需要，推己及人，也明白别人的需要。他不会像后世的墨家一样，认为人民就应该空着肚子闹革命，致力于世界和平；也不会像后世的法家一样，认为人民就应该顺从，像颗螺丝钉一样，除了战斗就是生产；也不会像后世的某些儒家一样，认为不应该谈钱，只应该谈义，你别问做了有什么好处，你就应该这么做，你就应该。管仲认为人的需要就是趋利避害，好生恶死，好逸恶劳。他们当然喜欢名，喜欢面子，也想做好人，但是他们喜欢钱啊，他们最想要的，还是逍遥快活的日子，然后还有亲情友情和爱情。管仲说得好啊，"政之所兴，在顺民心；政之所废，在逆民心。民恶忧劳，我佚乐之；民恶贫贱，我富贵之；民恶危坠，我存安之；民恶灭绝，我生育之"。所以管仲治国方略的第一条就是"富民"。

管子说得好啊，"凡治国之道，必先富民；民富则易治也，民贫则难治也"，"仓廪实，则知礼节；衣食足，则知荣辱"。人家小日子过得舒舒服服的，喝香喝辣的，你叫他去闹革命，你叫他去抢钱庄，他也不愿意啊，他愿意，他的父母妻儿也不愿意啊。要是人家饭都吃不上，要饿死了，再重的刑罚，又能吓得了谁呢？伸头也是一刀，缩头也是一刀，横竖就是一死嘛。管仲还说，"王者藏于民，霸者藏于大夫，残国亡家藏于箧"，"民富君无与贫，民贫君无与富"，少跟我说那套大河涨水小河满的道理，地球人都知道，所有的大河，都是小河汇聚成的，如果所有山上的泉水都断了，大河的水也不会太多。你们老是说，官府要多办实事，也不想想，办实事要钱啊，不是开会喊喊口号，开空头支票就行了。钱哪里来？只能从百姓那里来，但百姓的钱也来之不易啊。如果百姓的钱本来就不多，你拿走了，人家可能日子就过不下去，你还没办实事，就已经失势了。如果百姓钱多了，你拿些许钱过去，啥事不好办？比如人家本来一百文钱，你拿走十文，人家本来一百文刚够吃饭，你这一拿，人家就得饿几天肚子，谁稀罕你去办那些中看不中用的实事啊？人家现在有一千文了，你拿走两百文，人家剩下八百文不光吃饭，还可以吃肉，还可以买辆马车，没事去城外兜兜风。你这边拿走两百文，用其中一百文修修路，铺铺桥，上元节再放放烟火，人家高兴啊，说你好啊。所以这蛋糕还得做大，才好切，好分，要不然，打架都来不及，还怎么下刀？

那么管仲是用什么办法富民的呢？答曰，本末并重，第一第二第三产业并头发展，无农不稳，无工不富，无商不活，无服务业则不能拉动内需。为此，管仲制定了一揽子政策。

16. 联产承包与盐铁专卖

虽然管仲是个商人，也知道制造业和对外贸易最能增加财富，但他并没有忘记农业。这固然是因为农业人口多，但最主要还是因为粮食生产是稳定的保证。从后来的几次国内经济调节，和几次国际经济战争中可以看出，粮食始终是管仲的一个重要经济杠杆。这种国家利益优先，国家和个人利益兼顾的立场，在管仲的盐铁专卖、尊王攘夷等政策中都能体现出来。

但农业生产力的提高，一直是个国际难题，因为农业很难进行精细的分工、进行流水线作业，你让播种的只管播种，收割的只管收割，那除了春天之外播种的去干什么呢，除了秋天之外收割又去干什么呢？比较有效的办法无非是增加耕地面积，提高耕作水平，提高单产，种植高产作物。但耕作水平在特定条件下，提高空间不大，高产的占城稻还要等到一千七百年后的北宋，更高产的玉米土豆还要等到两千多年后的明朝才由欧洲人从美洲带入，而杂交水稻则要等到两千六百多年后由袁隆平研究出来。所以管仲的办法只有两个，一个是增加耕地面积，第二个是提高劳动积极性。

增加耕地面积就是鼓励开荒，以及将井田制时代那些宽阔的田间道路也变成田地，与后来秦国的"开阡陌"有点儿像。

但劳动积极性还有什么好法子不成？管仲管夷吾还能给每个农民都打上兴奋剂，从而让他们永不疲倦地工作？其实不用那么复杂，把大田分给个人即可。

因为在井田制下，每户农民，除了自己的周亩一百亩今亩三十亩的私田外，还要义务种大田，还要义务修桥修路，搞水利建设，筑城，打仗，还要打猎让贵族换口味。女人也没好日子过，白天采桑养蚕摘野菜，晚上还要做针线活，义务给贵族做衣服，为了省灯火，村里的女人全聚在一起做事情，因为聚在一起做事，还被后世某专家说成奴隶制的证据。

但虽然他们不是奴隶，而且还是国人，据说还是能当家做主的，但这并不会让他们的日子过得好一点儿。年复一年的劳动，始终在生存和温饱之间徘徊，多余的产品都被贵族拿走了。在这种情况下，积极性就大可怀疑。大田，或曰公田，本来是贵族把最好的田地留给自己的，结果收成比农民那劣质的私田还差了很多，修桥修路修渠修城，出工不出力的也很多，反正干多干少一个样嘛。所以要派监工，又要送饭到田头，一边打一边哄，又是洗脑又是恐吓，但效果似乎总是不够好。

所以管仲的办法是，把大田也分掉，"均地分力"，人民公社改成家庭联产责任承包，修桥修路修渠修城这些事情，也不用义务劳动了，花钱请，你们交交税就可以了。农民除了当兵之外，就是伺候自己那点地，交够国家的，留足集体的，剩下全是自己的。所以积极性提高了呀，虽然在经济学上有边际收益递减的规律，以前把40%的时间花在私田，现在把80%的时间花在私田，产量只提高了三分之一，但人家乐意啊。人家即使交税交费交别的什么交掉那三分之一，人家都是高兴的，因为80%的时间都是为自己工作，而不是那干多干少一个样的大田，多有成就感啊，最起码，没人管了吧，没有监工了吧。"与之分货，则民知得正矣，审其分，则民尽力矣，是故不使而父子兄弟不忘其功"，看见了吧，根本不要派监工，搞考核，他自然就把田种好了，而且种得比你想象的还要好。

况且，管仲也不会把多收的粮食都拿掉啊，管仲的理想是农业上根本不用收多少税，如果一个国家财政要以粮食上的税赋作为大头，那也未免太落后了。至于如何保证财政收入，管仲自有绝招。不仅税收不太多，而且还会根据土地好坏，"相地而衰征"，有点儿像现在的累进税制。

这是农业的经济改革。那么工业怎么样呢？

齐国的工业，在太公望时代，就已经定好基调，农业要搞，工商业更要重视。齐国的盐碱地多，粮食产量上不去，但是有一种树不怕盐碱，那就是桑树。所以太公望时代就鼓励大量种植桑树，养蚕，然后以此为基础，发展齐国的纺织业。再加上齐国近海，渔业和盐业又成了另两个龙头产业。

到了管仲的时候，进一步加强了工业的地位，在临淄城中，有工商之乡六个，一乡两千户，六乡就是一万两千户，这一万两千户是专门从事制造业或商业的，世代相传，精益求精。而以纺织业为龙头的制造产业链，成了齐国出口创汇的重要产业。

至于盐业，以及随着铁器发明之后日益扩大的冶金业，管仲的办法是国家统购统销，国家定价的模式。这种模式，当时叫作"官山海"，意思就是山里的矿，海里的盐，所有权是属于国家的，不是属于资本家，更不是属于那些随随便便就过来开采的外国人的。既然所有权属于国家，那么即使允许私人开采，收购价格也得由国家定，然后由国家来统一经销，而不能让你们随随便便开采了拿来卖，那和到别人家里拿东西到外面卖有什么区别？

这是我们第一次在国家经济政策中见到盐和铁，这次盐铁专卖和七百年后汉朝的盐铁专卖有点儿渊源。当然也和很多年后那次盐铁专卖一样，被乙方认为是一种"与民争利"的行为，同时又被甲方认为是一种"民不益赋而国用饶"的大好事。

究竟是坏事还是好事,在很多年以后那场被称为盐铁论的大辩论中,有更详尽的分析,但是目前,或者也可以看看这种政策带来了什么。

好的方面。首先,"官山海"让管仲在免除农民大量劳役的同时,并没有收取大量的税收,同时还让国库充盈,可以用来招徕人才,调节市场,对外发动经济战争,以及提高军事实力。农民的收入提高了,国家收入也增加了。其次,盐和铁在当时是关系到国计民生的东西,有很多国家不产这个,就像很多年后的石油一样,根本就是个战略资源,如果由私人所有,谁知会不会卖给外国人,甚至卖给那个一直和齐国闹得很不愉快的鲁国,而且说不定还会贱卖。

坏的方面呢。首先,"官山海"是一种垄断,而垄断,是不利于技术改进的,是会提高社会总成本的,总之,对经济发展不算有利。其次,它实际上增加了人民的负担,根据管仲的计算,每升盐加上一钱,齐国能多收六千万钱,铁也是一样,一根针上加一钱,三十根针,就多花了三十钱。所以农民们会发现,收入是增加了,但开销也增加了,因为物价涨了啊,该月光族的还是月光族,想买的东西还是没钱买。

这也是一种拉动内需吧,就像赵本山大叔卖拐一样,虽然让你口袋里多出了那么几百块钱,但是别急,总得想办法把你那几百块钱再掏出来才甘心。

如果齐国是一个封闭的国家,与世隔绝,在短期内就有点儿零和博弈了,财富不是藏之于民,就是藏之于官,这里多了那里就少了,虽然比起直接征税来说,群众意见少一点儿,但是人民生活水平却不能得到提高。而且这些高利润垄断行业把老百姓口袋掏空了,老百姓就没有钱进行其他消费,其他行业就会出现需求不足,得不到发展,造成了高利润垄断行业对国家经济的绑架。

但齐国是一个开放的国家,咱也不能总从老百姓那里拔毛吧,咱更要赚外国人的钱。所以管仲又推出了一系列的办法来招商引资,扩大外贸。

不过在结束本篇之前,再问一个小小的常识性问题:为什么是盐和铁?答对者,有机会获得神奇穿越齐国临淄七日游一次,先来先得哦。

17. 为什么是盐和铁

先说一下为什么是盐和铁。这问题其实有两个方面，第一个方面是为什么要选择盐和铁，第二个方面是为什么能选择盐和铁。前一个方面是主观意愿的问题，要不要谋事的问题，后一个方面是客观条件的问题，能不能成事的问题。

为什么要选择盐和铁呢？

首先因为盐和铁为战略物资。虽然这两样东西在现在看起来不算个啥，但那是两三千年前啊。那年月，齐国是产盐，因为齐国靠海啊，但齐国靠海，鲁国可不靠海，宋国可不靠海，郑国更不靠海，还有晋国卫国陈国蔡国等等，那么多国家都不靠海，都得巴巴地从齐国进口盐巴巴，所以别小看了这盐巴巴，这玩意简直就是后世的石油啊。有这东西在手，那些小国就得巴巴地过来搞好关系啊。铁呢当时刚刚学会用，算是高科技，像是后世的信息产业，直到六百年后，汉武帝打匈奴的时候，还靠着铁的禁运，让匈奴陷入困境。这么重要的战略物资，在那个列国林立，纷纷进行军备竞赛的年代，怎么能不控制在国家手里呢？

其次盐和铁的利润大。因为天下产盐的地方不多，大部分国家都得从齐国进口盐，算是齐国出口创汇的拳头产品。铁是当时的高科技，并不是每个国家都会炼的，而且高科技的东西，附加值就比较高，价格不便宜。管仲既然在农业上让利于民，在商业上也减轻税负，这个利润自然希望能由政府拿大头，所谓"利出一孔"。

最后盐和铁进行垄断的管理成本低。盐只要管好重要的海滩，铁只要管好矿山就可以了。粮食也是战略物资，纺织业也是齐国出口创汇的拳头产品，但不好垄断呀，管理起来难呀。

那为什么又能选择盐和铁呢？选择某样东西进行垄断，可不是那么容易的，比如我垄断牛肉，抬高价格，然后发现人家都改吃鸡肉了。我垄断珍珠，抬高价格，然后发现珍珠的销量锐减，价格是抬上去了，总收入却没有增加。

所以如果某样东西能够被垄断，顶好的是——不怕涨价，涨再贵人家也只能买，而且买的数量还不能减少太多，顶好的是人家宁愿少买别的，也要买这个涨价了的东西。

有同学要问，什么东西这么神奇呢？赶明儿我也去弄一点卖卖，大赚不赔嘛！

在这里，风波要劝你一句，如果有什么东西大赚不赔，涨再贵人家也只能买，要不就是只能进口，要不就早被官府专营了，很少能够例外。你想做这类生意，只有两个办法，第一个是打通官府关节，做一个红顶商人，顶好的是个皇商，第二个是穿越到那个短暂的汉朝文景时代，那是一个自由主义经济大行其道的时代，商人什么都可以经营，甚至可以自行铸币。

不过不管你是准备学习西门大官人，打通官府关节，还是准备赌那百分之一的机会穿越到汉朝文景时代，再赌那万分之一的机会，做先富起来的一批，我们都得先探讨一下这些大赚不赔的东西，究竟有些什么特殊性质。

什么东西能大赚不赔，什么东西涨价还不怕没人买，这就和我们经常听一些经济学人士说的价格弹性有关了。弹性，压一下，缩一半，压得越重，缩得越多，就是这种感觉，你价格低，我就多买，你一涨价，我就少买，你漫天要价，我还就不要了，就是这种感觉。而铁器就缺乏这种感觉，涨价了也还得照样买，总得耕地吧，总得切菜吧，这就叫缺乏需求价格弹性；而盐，则几乎没有弹性，可以不吃糖，可以不吃醋，还真不能不吃盐。

你可以想象一下，几乎没有弹性的东西是什么，排球有弹性，篮球就差一点，而铅球你把手拍肿了也压不下去，很硬。对，就是这个感觉，所以我们又经常听另一些经济学专家说什么"刚需"。如果当日有经济学专家，则必定会说，盐和铁呀，都是"刚需"，"刚需"你懂吗？"刚需"就是涨价是合理的，我看不是涨得太多，而是涨得太少。专家通常喜欢这么忽悠，搞得大家都觉得买不起不是价格贵，而是自己太不能挣钱，简直就是活该。其实撕下这些个名词的面纱，就会发现，其实"刚需"什么的都是浮云，垄断才是根本，没有垄断，"刚需"也就那么回事。粮食刚不刚需？为什么不能可劲儿吹泡泡？因为很难垄断嘛，丰收年价格低，灾荒年价格高，市场反应很灵敏嘛。所以"刚需"就是一副强盗逻辑，就是我吃定你了，我就涨价了我就涨了，有本事别买，有本事你去别家买呀，有本事你去买别的呀，告诉你，你口袋里带了多少钱，我就能把价格标多少，你还只能乖乖掏钱，你信不信？

所以一旦垄断，"刚需"不"刚需"的，就比较重要啦。那么什么样的东西垄断起来后，可以放心涨价，不担心没人买呢？只有两种，一种是必需品，另一种是上瘾品，而且有一个共同的前提条件就是不可替代。

盐就是前者。盐不能不吃，再贵也得吃，而且对于广大劳动人民来说，少吃都不行。风波少年时候，在家务农，挥汗如雨，半天后就会觉得肚疼难忍，喝一碗盐水就好了，这就是缺少氯化钠的反应。所以城里的小白领们，公务员们，即所谓"士"们也许还可以忍住两天不吃盐，乡间的农民，作坊里的工人，不吃盐，甚至食物过于清淡，可能连干活都没力气。这也是我们翻古书，发现古人日常消耗的盐比我们要多得多的缘故，不是人家口味重，实在是人家活儿多。所以盐是必需品。更重要的是，还不可替代，氯化钠涨价了，总不能吃亚硝酸盐或碳酸钙去，虽然亚硝酸盐也有咸味，而碳酸钙也能补骨头，长力气。而福寿膏则属于后者。一旦上瘾，再贵，他砸锅卖铁也得去吃，而且在当时不可替代，大清国没有任何东西可以代替那玩意。所以两千年前，刘野猪用盐打败匈奴，两千年后，洋鬼子用福寿膏打败大清国。

与盐相似的，还有土地。如果把土地收归官府，进行垄断，盖个房子先交一大笔钱，住上房子还年年交钱，既是必需品，也无可替代，也是能成为所谓"刚需"的。不过在管仲的时代却不现实，因为这和盐的专卖不一样，盐涨上一倍，对日常生活影响也不算太大，而一旦土地被垄断，价格翻一番，小康就会变成温饱，而温饱则变成赤贫，整个下降一阶层，这就不是"与民争利"，简直是"劫民之财"了。人家嘴上不说啥，总可以用脚来说吧，当时天下也不只有一个齐国，那么多的国家可以去，还都是免签的。再说那年月，交通又不方便，人口又少，人家即使不移民，跑到深山里，你还真没什么好办法。

与福寿膏相似的，则为烟草。烟瘾危害远没有福寿膏大，但也极难戒除，涨价了，人家可以抽得档次低一点，可以少下几次馆子，少买几件衣服，也必定要照顾烟草的生意。不过在管仲那年月，烟草还在美洲土地上生长着，等到两千年后，才被一伙欧洲人发现，然后再到中国。但由于烟草的"刚需"性质，所以很多年后，烟草也和盐一样，很轻松、很固执地成为首选垄断产品。

现在回过头来说管仲。管仲从纯指令经济的封建社会里把生产力释放出来，大搞市场经济改革后，顺便搞了一手"官山海"、"利出一孔"，并开了盐铁专卖的先河。种植业和制造业都有了长足进展，农民固然丰收了，而官府也赚得盆满钵满，接下来在商业和服务业上，管仲又有些什么举措呢？

措施主要有四样，减少税收，吸引外资，提倡消费，货币杠杆。具体如何，且听下回分解。

18. 赚富人的钱

兴许有同学留心过洋鬼子的选举，兴许还有同学注意到那些信誓旦旦的政客们通常都有些固定的口号，比如福利计划啦，经济振兴计划啦，一揽子减税计划啦，在国际关系上采取更积极行动的计划啦，等等。如果能把自己代入到各种社会群体中，就能想象出政客们喊这些口号，都有些什么目的啦，因为它们都是针对不同社会群体利益量身定制的。这正如一个高明的情场老手，自然知道针对不同女性，应采取不同的策略。从小娇生惯养的富室千金，适合忧郁而又沧桑的浪子；清寒人家出身的女小资，最爱幻想年少多金的翩翩浊世佳公子；风尘女见惯了巧言令色，适当地笨嘴拙舌一下效果更佳，笨嘴拙舌里说出的恭维话，更容易叫人相信；而萝莉们则永远对于那些浪漫招数缺乏抵抗力。

所以仅能温饱者，更憧憬从摇篮到坟墓的福利，中产及以上人群，更欢迎减税，而那些刚刚拥有选举权，尚处于青春后期的小毛头们，常常会表现出与军火商同样的极右倾向，渴望对外国人全面强硬。当然，不管是巧言令色的政客，还是老成谋国的政治家，都不可能同时满足这些目的。福利多了，政府赤字就要增加，为了削平赤字，就要加税，否则政府会破产；而为了振兴经济，又要减税，这一方面是为了让资本家多一些投资，另一方面又能让中产或小资们多消费些东西，拉动内需；而一减税，又要削减福利。这根本是左右为难嘛。对于这种左右为难的要求，反而是巧言令色的政客更能信誓旦旦，反而是老成谋国的政治家更为吞吞吐吐。所以正如很多女孩子年少时候，更容易被花言巧语所诱惑，而只有在铅华洗净之后，才认识到真爱原来是身边不起眼的那一个一样，在多数国家，竞争中的胜出者都是那些巧言令色的政客，只有那些极为成熟的公民社会，老成谋国者才有更多的胜机。

两千多年前的管仲，也推出了一系列的减税计划，目的又是什么呢？比如"征于关者，勿征于市；征于市者，勿征于关。虚车勿索，徒负勿入"，就是说如果收了过路费，就不用收交易税啦，如果收了交易税，就不收过路费，如果车里空空如也，则啥都不收。税率也很低，有百分之二，"五十而取一"，有百分之一，"关赋百取一"，还有免税的，"关几而不征，市廛而不税"。简直就是向商人，包括很多外国商人挥泪大派送啊，难道是被商人收买，替富人说话？当然，也不怪你这么想，管仲这么做，连姜小白看着都揪心。你问揪心啥？换了你不揪心？你开了个店，请了个店员，结果店员来个全场五折，引来一城的人都来抢购，你不揪心？

但管仲说，还不够还不够，"请以令为诸侯之商贾立客舍。一乘者有食，三乘者有刍菽，五乘者有伍养"。外国商人一入齐境，发现齐国的道路都不一样，修得比周天子的王道还要好，那拉车的马儿都莫名地高兴，撒欢儿跑。更妙的是，隔几十里路就有一个驿站，驿站的官员满脸堆笑，忙前忙后，拉一车货，会供应免费的伙食，拉三车，马儿的草粮也免费送上，拉五车货呢，再配一个伙计。乖乖不得了，到了鲁国知道啥叫真正的礼貌，到了楚国知道自己国家太小，到了郑国知道结婚太早，到了齐国知道做个商人真好。

这下姜小白更揪心啦，仲父啊，你这套灵不灵啊，农民那里咱已经让利了，现在好不容易挣点盐铁钱，这下可又要给花光啦。管仲说，相信我，没错的，谁叫我是穿越……啊不，谁叫我是穿越访吴过秦走燕的国际投资家管仲呢？以管某的经验，花的都是小钱，后面咱能挣大钱。姜小白说，哪有什么钱啊，人家还会把钱还回来不成？管仲说，君等着瞧好啦，咱这样一操作，全天下的商人都愿意把钱带到齐国来做生意，把货物贩到齐国来卖，天下的商人，天下的钱，你想想吧。姜小白说，好像是这么个道理，天下的钱如果都在齐国转上一圈，哪怕一圈，咱拔根小毛，也是乖乖不得了啦，但你税率那么低，咱挣得是不是有点儿少了？管仲说，没关系，咱还有绝招，咱发展服务业，咱鼓励高消费，知道啥叫服务业吗？啥叫高消费吗？姜小白摇摇头说，不知道。管仲说，还真是个小白啊。姜小白说，寡人本来就叫小白嘛，小白是仅次于天子大白的旗帜，有何不妥？管仲说，妥妥妥，非常妥，看在君叫小白这么拉风的名字的份儿上，我也得解释一下，为吗要说服务业能把钱留在齐国呢？君想想，假如君带着金子去一个农民家过夜，农民说，你过夜了，所以你的金子要分我一半，君会不会很生气？小白说，当然很生气，钱是寡人的，不过住了一晚，凭什么要分一半，凭什么？管仲说，假如农民用最好的美味招待呢？姜小白说，虽然感觉会好点，但还是不愿意。管仲又说，假如再安排一名美女相陪呢？再安排一场歌舞表演呢？再搓几圈麻将呢？姜小白说，节目这么丰富，又都是寡人喜欢的，勉强可以接受，不过分一半金子是不是有点儿多？管仲说，现在明白服务业的妙处了吧？服务业就是把别人的钱，特别是把有钱人的钱，让他心甘情愿地掏出来，同时创造一些就业机会的行业。知道为什么要鼓励高消费吗？姜小白说，不知道，你再讲讲。管仲说，你想想看，一个贫民，有一顿饱饭吃就觉着很幸福，但对于您，齐侯，一顿饱饭会觉得幸福么？姜小白说，切，寡人岂会只有这点小志向！管仲说，不说志向的事撒，就是仅仅作为一个大国诸侯，如果君每天吃饱饭之后就没别的事可做，会觉得所有的愿望都得到满足了吗？姜小白说，肯定不是，那也未免太无聊了，如果没有成为霸主这个事业，每天只是吃顿饱饭，也未免太无聊了。管仲说，如果真是那样，推荐君看一本书，叫《生命不能承受之轻》，这是一个不愁吃穿生活没有目标的人写的，让另一个国家另一帮不愁吃穿生活没有目标的人奉为经典，在一个很多人都感觉生命不能承受之重的国度，大谈生命不能承受之轻，不过咱俩都有大目标，这本书就没有咱们什么事了，但君有没有想过，为什么贫民只有一顿饭的小目标，而君却有做天下霸主的大目标呢？姜小白说，那是因为他们地位低呗。管仲说，是极，因为财富地位不一样，消费的愿望也不可能一样，一个贫民想做天下霸主，只能去起点看小说，你让一个富可敌国的人天天吃肉糜，人家还嫌腻呢，所以高端人士，就要有高消费，就要有那些花钱如流水却只对他们开放的行业，让他们图个乐子，把鸡蛋画上美图再吃掉，把柴火雕成艺术品再来烧火，人家高兴啊，只有这样，他们才愿意花比别人多出几十倍的钱来买鸡蛋和柴火，咱们才能除农民和樵夫之外，再用富人的钱多养几个鸡蛋美术家和柴火雕刻匠。你同样的产品，卖给富人贵上几十倍，他们愿意吗？他们也不傻，真是傻子也挣不了那么多钱啦。姜小白说，你说得很有道理，但有些大臣对寡人说，那样不好，太浪费民力，太败坏风气。管仲说，误国之谈，什么叫浪费民力？如果让人们都找不到工作，闲在那里，才叫浪费民力呢！让他们工作，让富人给他们钱，比普通人挣得还要多点，叫啥子浪费民力！什么叫败坏风气？每个人都在生产，生产出来的东西不是用来消费的吗，如果都不消费，那么生产出来的东西都没有人买，产品就卖不出去，就会有人失业，就会有人饿肚子，这就叫好风气了吗？世间之清谈误国，莫过于此，总以为只要提倡美德，就能天下太平，却不知世间又岂有饿着肚子还能长久太平的道理，他们被直肠控制的大脑总以为让富人把钱掏出来，只要多收税，甚至直接没收就行了，却不知道你收得狠了，人家长了脚会跑的，君上别听他们的，相信我，没错的！姜小白这下如醍醐灌顶，闻所未闻啊，感叹地说，真是听卿一席话，省我十车书——喏，就这么操作吧。

  于是在管仲的招商引资政策下，不出几年，"天下之商贾归齐若流水"，而这些国际国内的行商坐贾们，也大力繁荣了齐国的服务业，给齐国带来了惊人的财富。不过如果以为管仲只会通过扩大消费来创造就业机会，通过"雕卵然后瀹之，雕橑然后爨之"实现"富者靡之，贫者为之"，那就错了。管仲还有更多的举措，包括尊王攘夷的外交政策，积极主动的货币政策，另外，还有那个毁誉参半的叫作女闾的制度。

19. 从女闾七百到春秋霸业

正如很多人知道苏东坡是因为东坡肉一样，也有很多人知道管仲，不是因为他的经济政策，也不是因为他的外交政策，而是因为女闾。

女字大家都认识，如果不认识，上几次公共厕所，受过几次刺激再刺激几次别人，也就知道了。闾呢，古代二十五家为一闾。传说管仲时候，设了女闾七百，乖乖不得了，七百闾，就是一万七千五百户，全是女闾。管仲是为了建立女儿国吗？当然不是，管仲是齐国的大管家，是为了挣钱的，这女闾七百，里面全是失足妇女。所以管仲，相传也是失足妇女的祖宗，是某种交易合法化的先行者。不过与论坛上那些鼓吹某种交易合法化的后行者不同，管仲没有把自己打扮成正人君子，说什么为了解决失足妇女的地位，为了解决民工的生理问题。也不想想，解决失足妇女的地位应该挽救她们的失足而不是找个合法的地方让她们继续失足，而民工那点儿钱，会不会去捐赠官方挂牌的失足妇女已经很难说了，真有正人君子所猜想的生理问题，显然站街的不合法的失足妇女更具价格优势。对于管仲来说，反正这是人性的一部分，干脆承认它，然后把它当成齐国服务业的一部分，增加财政收入，拉动内需。毕竟，那些国内外的大商人们，除了画过颜色的鸡蛋，雕过花的柴火，对于失足妇女，也多少会有那么点关心吧。在管仲看来，"饥寒生盗心，饱暖思淫欲"，对于大多数人，是很难避免的，比如管仲自己，还有姜小白，英明神武不？深见洞察不？都是如此，何况普通人？当然，鲍叔牙不是这样的人，但鲍叔牙那样的人又有几个？而鲍叔牙那样的人又能对付得了谁，对人性又有多少洞见？所以"饥寒生盗心"和"饱暖思淫欲"这两项如果必须选一个的话，管仲宁愿选后者，因为前者你无法满足，而后者，只要设女闾七百就够了。

因为这个女闾,管仲被很多人称为失足妇人的祖宗。也有人不同意,因为管仲之前,已经有失足妇女的存在了,但他们也不得不同意,直到管仲时代,才有正式官方挂牌的失足妇女,而且其劳动所得,有很大一部分,是要作"军国之资"的,也算是曲线爱国呢。还有人认为,女闾七百,实在是姜小白搞出来的,目的是为了那些荒唐恶心的目的,什么鬼畜攻啊女王受啊的,管仲为了遮掩那些恶心的事,搞了个三归台。这个剧情有点狗血,虽然出自大名鼎鼎的《战国策》,但《战国策》很像武侠小说,不是吗?如果管仲真的有那么崇高,女闾七百出自管仲,是为了给贤明无比的管仲脸上抹黑,那么管仲年轻时欺负鲍叔牙,还有"八佾舞于庭"那些事,岂不都是脸上抹黑了。他们不知道,管仲这么做,才不失商人本色,他们以为只有圣人能开天下太平,而商人只会搞坏社会风气,却不知,商人的本领,有时并不在圣人之下,而且常常在一些所谓君子之上。因为君子希望你做一件事,只会告诉你,你这样做才是对的,你不这样做就是错的,你就应该这样做,否则我就会鄙视你;而商人希望你做一件事,会首先告诉你,你会付出什么,你会得到什么,或者你虽然会付出而暂时得不到,但后面一定会让你得到什么,由什么什么加以保证。

好的人际关系来源于互惠,管仲不仅把这条原则用于国内,也用于国际,比如齐国和周天子的关系。所以管仲推出了"尊王攘夷"的外交政策。

在管仲之前,春秋初期,也有一个国家曾经牛气哄哄,让周天子都有点儿吃不消,那就是郑国。郑伯因为在周王室被西戎逼得东迁时有拥立之功,而长期做周天子的卿士,执掌国政,结果弄得周平王暗暗忌讳,又请虢叔来牵制郑伯,郑伯去质问周平王,周平王不敢承认,于是两人把儿子互相交换做人质。这叫什么话?!

更不叫话的还在后头。周平王崩了之后,周王室彻底撕下面皮,任用虢叔,而郑伯一气之下,先后两次派人去割周王室的庄稼,最后竟与周王室大打出手,最后郑国居然打赢了。这又叫什么话?!

想当年,带头大哥带领大伙把那么厉害的东夷集团打得东逃西窜,让整个黄河中下游,都是华夏集团的地盘,一呼百应,带头大哥一声令下,小弟们纷纷带上人手跟着去砍人，何等威风。现在竟然被一个不起眼的小弟欺负得毫无脾气。

有内忧则必有外患。看到华夏集团的带头大哥不行了，北方的狄人乘虚而入，到处砸场子，让卫国几乎亡国。南方的楚人，把周围许多个小国都给吃了，正一步步逼近陈蔡宋许这些华夏文化圈最核心的国家。西方的戎人，也在与秦人死磕，虽然让秦人付出了几代秦君战死沙场的代价，好歹没有进一步到崤山以东闹事情，但看着秦人打得那么惨烈，谁又知道华夏的"大白"旗能打多久呢？

在这种国际大背景下，管仲与姜小白一合计，本着最小投入最大回报的思想，推出了"尊王攘夷"的促销方案。

"尊王"，尊敬周天子也，号召大家都继续向周天子朝拜，听周天子号令，帮周天子砍人，向周天子进贡。"攘夷"者，重点打击那些异族人也。为什么周天子连个郑国都打不过，连被郑国欺负，都没有人帮的情况下，管仲还要带头尊敬周天子，而不是取而代之呢？那是因为带头大哥虽然功力大耗，武艺不济，但江湖地位尚在，徒然掀翻取而代之，大家不服，势必会被群起而攻之，反而搞得天下大乱，被魔教占了便宜。不如用周天子的地位，加上齐国的国力，来个强强联合，反倒能号令天下，莫敢不从。

"攘夷"的要义有两个，一个是去打夷狄，另一个是存亡续绝。前者，齐桓公曾带着多国部队，去楚国兴师问罪，质问他们为什么不向周天子进贡茅草，在一番外交辞令外加联合军演之后，双方达成共识，签订了和平条约。后者，齐国曾带着多国劳工帮助卫国营建新国都。

像帮带头大哥讨还公道，帮小弟们出气这种事，据说做了九次，所以叫"九合诸侯，一匡天下"。但是也未必，因为上古时候，九有时就代表很多次，仅仅是很多次而已。

但不管是多少次，总之管仲的"尊王攘夷"非常有成效，这就好比把周天子捧作武林盟主而自己自然就成了副盟主一样，姜小白也被各国称之为"霸"。更要紧的是，这个"霸"联合着那个"王"，召开了各国政府首脑大会，在会上通过了一项公约，内容有，有水灾时，不能把邻国当成泄洪区，邻国有灾荒时，不能拒绝邻国的借粮，不能把妾当成妻，等等。

在周郑交质交恶交战之后，经过管仲"尊王攘夷"这么一搞，国际新秩序又建立起来了，而华夏集团又焕发了新的生机，所以尽管眼睛向天的孟轲不大愿意提齐桓晋文，孔子却是对管仲评价甚高，他说，"微管仲，吾其被发左衽矣"。要是没有管仲，你我现在都是披头散发，衣服穿得不成个样子的野蛮人了。

那位同学，说你呢，披头散发，衣服穿得不成个样子，想想管仲吧，想想吧。什么？你更关心女间的问题？唉唉，吾未闻好德如好色者也！算了，文化复兴这种高级命题还是不和你说了，下节咱们继续谈论关于钱的话题，谈谈管夷吾打的那几场货币战争。

20. 两千年前的货币战争

钱是个好东西。

所以如果有人不停地告诉我们"钱不是个好东西"的时候，一定要警惕。"钱财如粪土，仁义值千金"，这句话是废话，前面已经把钱财等同于粪土了，后面又说仁义可以换一千金的钱财，推算下来就成了，仁义的价值等于一千斤的粪土。如果仁义啊道德啊真理啊艺术啊爱情啊的追求和坚守，非得建立在藐视钱财的基础上，那这些东西的地位也就岌岌可危了，它们终有一天会在金钱的冲击之下如大厦之倾，道德沦丧，艺术失守，真情难觅。其实，想做君子自去做你的君子，想做情痴自去做你的情痴，何苦与钱财为敌呢？

不过两千多年前的管仲是不会告诉我们"钱不是个好东西"的，而且多半会语重心长地说，"钱是个好东西，因为它可以实现你大部分的愿望，如果不是绝大部分愿望的话"。钱的好处在于它可以实现交换，付出的是时间，而换回的是愿望，所以当自己在金钱的诱惑下有些把持不住的时候，应该做的，不是去诅咒金钱，而更应该弄清楚自己要的是什么，又将付出什么样的代价。你把白玉葫芦当葫芦卖，那只能怪你自己不长眼，不长心，又怎么怪得了金钱呢？

所以钱仍然是个好东西，它让两千多年前的齐国人过上相对富庶的生活，经济富足，文化繁荣，社会稳定，吃饱喝足了，再要耍贫嘴，此之谓"齐东野语"。

但对于管仲来说，钱的作用远不止此，钱不仅关乎"治国之道必先富民"，而且可以用来打仗，钱也可以成为一种武器。

有同学要说啦，钱怎么能作为武器呢？难道管仲会十二金钱镖？还是常言说得好，"看我不用钱砸死你"？

这些都不是。管仲要做的，是打几场货币战争。管仲说得好，经济无非就是个"轻重"问题，市面上有一定数量的钱，也有一定数量的商品，这头轻了，那头就重了，这头重了，那头就轻了。收成不足，粮价飞涨，奸商大发横财，怎么办？限购？那只能逼着人们地下渠道购买，数量下来了，价格却还会一再向上。限价？只会让奸商停止供应，屯着，供应进一步不足，只会进一步拉升价格，还买不到。把奸商抓起来，东西没收？那只会把奸商和良商都逼跑，以后就没有人敢在齐国做生意了，奸商当然没了，但齐国经济也就那么回事了。最好的办法就是增加供给，官府将库存粮食投入市场，从国外购买粮食来卖，放开关税让外国商人运来粮食，直到市场上的粮食比平常年份还要多，奸商无利可图，只好低价出售。农民多收了三五斗，因为供给过多，价格大面积下滑，农民收入还下降了，怎么办？对于这种"丰收悖论"，国外比较普遍的做法是给农民以农业补贴，这是最符合"小政府"的办法，政府最低限度地干预市场。但也有别的办法，同样是官府出面大量收购粮食，买得多了，价格就上来了，而且这个粮食还能在荒年用于出售。这套办法后来被发展成"平籴法"，历千年而不衰。

《管子》有很多篇都在谈这个"轻重"问题，如何处理轻重，如何利用轻重，如何统计，如何理财，等等。那个真是说来话长，一言难尽啊，还是从几个经典案例着手，看看管仲如何驾轻驭重的吧。

比如御神用宝案例。话说有一天管仲对姜小白说，机会来了，咱们打孤竹国的军费有着落啦，不用向百姓收税啦。姜小白说，有啥着落，虽然你曾经说过，后世能把一些废物做成一种叫作纸的东西，还能用那东西印成钱，但是咱们不还在周朝么？管仲对姜小白说，你想哪去啦，虽然纸可以印成钱，但那玩意又不是万能的，纸再怎么印成钱也还是纸，印少点儿那才叫钱，印多了只能叫纸钱，我说的有着落，是想让那个富可敌国的丁大财主替咱们齐国分分忧。姜小白说，你想打劫？管仲说，打什么劫！动点儿脑子好不好，不要以为叫小白就可以不动脑子了，山人自有妙计。姜小白说，啥妙计？管仲说，所以我说机会来了嘛，听到没有，北郭有人挖地，挖出一只大乌龟。姜小白说，不就是一只乌龟么，难道你想搞搞祥瑞，就像咱们以前给尧的五个功臣立庙，发展祭祀业和古文化旅游业圈钱一样吗？但那要等好些年才能搞来足够的军费，远水救不了近火啊。管仲说，切，要是没几把刷子，我当初也不会夸下海口啦，告诉君上吧，这叫御神用宝之计，君上赶快派人去把那大乌龟请来，赐给发现者黄金百两，封他个大夫，记住，迎接的队伍一定要万分隆重，让路上所有的人都来围观，这事就成了一半啦，然后还得声称，这不是乌龟，它是东海海神的后代，长得有点像乌龟而已。姜小白说，靠，你想让大家笑话我不认识东西吗？管仲说，谎话重复一千遍也就成了真理，你可是国君呀，那一百两金子和大夫的职位可都是真的，用真金白银换来假货，假货也成了真货，你用百万钱换个假珍珠，放在华贵的盒子里，不会有几个人会怀疑的。姜小白说，好像有那么点道理，这样丁大财主就会相信了吗？管仲说，不行，这一套骗骗一般的小民还可以，骗丁大财主还不够，人家能发那么大财，脑子自然比一般人好使一些，所以我说才成功一半。接下来，君上还得把这东海海神供上，每天杀四头牛来祭祀它，供上几年。姜小白说，每天四头牛，还几年，我看你是疯了。管仲说，所以国君叫小白嘛，这四头牛献给东海海神，海神它老人家吃得了吗？牛肉还不是拿出去卖啦，在牛肉市场里杀，和在东海海神那里杀，有区别吗？姜小白说，好像没有区别。管仲说，靠，还是小白，怎么可能没有区别呢？分明有区别嘛，区别大了，牛肉卖的一样，可在东海海神那里摆上一天，东海海神的价值就涨了，一天四头牛，牛肉卖上万钱，这万钱到手了，可东海海神的价值也每天涨上万钱哪，这叫钱生钱。姜小白说，我明白了，几年以后，就把这个涨到千万钱的东海海神卖给丁大财主。管仲说，卖什么卖！人家都是海神了，你卖得动么？你卖了，丁大财主不后悔吗？千万不要说卖，君上要向丁大财主借五个月的军费，说手头紧周转不开，把东海海神先送到府上，千叮咛万嘱咐，千千万万不要怠慢，一定要隆重，要郑重，要慎重，要依依不舍，要默默无语两眼泪。姜小白说，听君一席话，又省了我一车书啊，像你这样搞法，换了寡人是丁大财主，恐怕也要上当，不仅上当，还会心甘情愿地上当，受宠若惊地上当呀。

这个御神用宝案例像是商战中的设局，运用了社会心理学的一些原理，其他案例则多涉及供求规律了。

21. 商场与战场

算计完国内的大财主，接着算计国外的生意人，让他们也为齐国的军备出出力。

再比如高桥案例。话说还有一年，齐国要增加军备，结果皮、干、筋、角四种制造兵器的材料就非常吃香，一吃香，价格就比平常贵上几倍，国家买吧买不起，直接征收吧，摆明了要增加人民负担，更要命的是，还根本凑不齐。所以管仲又想了个主意，就是把国内的河都挖深点儿，桥都修得高起来，拱起来，桥这边的望不见桥那边的。桥高了有什么好，是为了制造些"汉有游女，不可求思"的爱情故事吗？当然不是。桥高起来拱起来，背东西的想过桥就比较吃力，天雨路滑，则几乎没有办法，所以只能用马车牛车来拉。这样马车牛车的销路就好啦，马牛的价格就上去了，那些外国人就纷纷赶着牛马来齐国卖，直到价格平衡。而马牛拉东西累死了，那皮、干、筋、角就不求而得，加之马牛数量暴增，所以这些材料到处都是，价格就不会那么贵，更不会有钱没地方买。

还比如石璧案例。这回是利用齐国和周天子的搭档关系。首先在齐国秘密生产很多石璧，就是把石头抛光，刻上花纹和文字，大小多种规格。管仲是想制造假文物吗？当然不是，那年月也没多少人去炒文物，也没多少文物可炒。管仲是让齐国秘密生产了大量石璧之后，向周天子建议，咱们齐国啊打算率诸侯来朝拜天子，再祭拜先王宗庙，武王和周公分封后都几百年了，很多诸侯都数典忘祖，寡君很心痛啊，建议这次一定要隆重，诸侯如果来，一定要带上彤弓和石破天惊璧，没有的，就别来了，自己看着办吧。周天子本来给郑国欺负得没有脾气，一下子又被齐国捧得那么高，现在又想法子给自己长脸，那还不是一个劲儿点头。结果呢，各国一听，啥，石破天惊璧？这一时半会儿，哪里找得到那么多呀！什么，齐国有得卖？什么？一尺的一万，八寸的八千？抢钱啊！不就是块破石头花点儿时间凿凿吗！算了，时间太急，买了，齐国，你这个万恶的资本主义！

又比如服帛降鲁梁案例。话说齐国的纺织业做大做强之后，山寨能力比较强的鲁国和梁国也有样学样，比如鲁缟就是出了名的又薄又柔，大有出乎齐纨之上的趋势。这让姜小白很头痛，为了齐国利益，决不能坐视鲁、梁强大。怎么办？管仲有办法。管仲建议姜小白，下令让齐国的贵族都穿上鲁、梁产的"绨"，这个"绨"嘛据说是用一种线做经，另一种线做纬的东西，需要的劳动力不少，算是典型的"劳动密集型产业"。大臣贵族都穿上了，那些喜欢出风头的国人还不有样学样，一起"服绨"啦，虽然齐国比鲁梁两国发达，但搁不住物美价廉又时尚。鲁、梁两国一听，那个高兴啊，听见没有，现在整个齐国都在穿咱们"鲁梁制造"呢！管仲再一放风，什么经济一体化，出口导向型，出口工业品比种粮食能致富的言论充斥鲁、梁两国上下，由不得鲁、梁两国国君不心动。于是鲁、梁两国纷纷改谷为桑，出口退税，贸易顺差日渐扩大，一天天地用物美价廉的绨向齐国倾销。过了几年，管仲派人去两国考察，发现两国几乎没有什么人种田，都在做民工呢，种桑，养蚕，抽丝，纺布，织染，连两国的牛车马车么如果不是用来运绨到齐国，就是从齐国运粮回来，那个一片繁荣啊。管仲说，是时候了，建议姜小白再次下令，齐国的贵族改穿齐国本地产的帛，顺便再下令，停止对鲁梁两国的粮食出口。贵族都改穿帛了，国人当然也不会再傻傻地穿什么绨啦，虽然东西便宜，但未免太老土了吧，听说没有，贵族都不穿啦。鲁、梁产的"绨"天天积压，卖不出去，而粮食又运不进来，经济崩溃，眼看要坐困而亡，只好派人向齐国示好，接下来自然是谈判，条约，认齐国做大哥，年年进贡。

商场无情，管夷吾在做一笔很大的生意，翻手为云，覆手为雨，充分实现了让齐国利益最大化的意图。但如果以为管仲只会用钱来摆平一切，那就错了，管仲在军事上，也是很有一套的。

管仲在军事上最重要的原则就是寓兵于农。为什么要寓兵于农，而不是寓兵于知识分子，寓兵于商？管仲自己就是个商人，知道商人当逃兵的概率比谁都大，而知识分子整天怀疑这怀疑那，想法太多，没办法忽悠，说的永远比做的多，口号喊得比山响，做起事来就你推我让，而且不会感恩，不像农民，一月给的钱，比种田要多上一倍，为你流血流汗那都是心甘情愿。所以选兵啊还得用农夫。

管仲的办法是，把国都划为二十一个乡，工商之乡六，士之乡十五。这些"士"都是所谓"国人"，和外面那些"野人"相对，一边种地，一边当兵。五家为一轨，每轨一个轨长，十轨为一里，每里一个里有司，四里为一连，每连一个连长，十连为一乡，每乡一个——不是乡长，是乡良人。这是平时务农，打仗时怎么办？结构完全不变，每家出一个人，每五人为一伍，由轨长带领，五十人为一小戎，由里有司带领，两百人为一卒，由连长带领，两千人为一旅，由乡良人带领。接下来是五乡为一军，立一个元帅。这样全国共三个元帅，姜小白自领中军，姜姓大贵族国氏和高氏分领左右军。

这一套寓兵于农的办法很是厉害，农忙时务农，农闲时一起操练，无论是务农还是操练，都是街坊邻居在一起厮混。最后到了战场上，夜里开战，听到声音，就知道是谁，白天看战，远远望一眼，也知道是谁，根本不会乱。

有同学要问了，管仲这一套寓兵于农的办法，效果怎么样呢？在这里，我要负责任地告诉你，效果很好，好到了你如果是个齐国人，根本感觉不到齐国打过仗。有同学要说了，都不打仗还能叫效果好啊？真是笨，第一卷才说过《孙子兵法》，《孙子兵法》最重要最重要的原则是什么？是不战而屈人之兵。管仲做齐相那么多年，为齐国利益四处圈钱，为什么没有国家做对？九合诸侯，跑到楚国门口，楚国为什么不横扫齐兵？还不是因为实力。偶尔有郑国宋国这种死对头会互相咬一下，齐国大兵带过去摆个POSE，那也是乖乖听话不再闹了，共同团结在周天子和齐桓公周围啦。至于对付孤竹、令支或是山戎这种化外小国，根本就是兵不血刃。产生的些许小军费，管夷吾自有办法，根本用不着齐国百姓掏腰包，齐国人又怎么会有大战临头的感觉呢？

总而言之，管仲管夷吾一手打造的历时三十多年的齐桓公姜小白姜氏霸业，是一个充满着商战气息商场传奇色彩的霸业，没有那些让荷尔蒙过剩血气上涌的网上意淫爱好者看得津津有味的"大打，早打，打核战争"的精彩桥段，未免有些美中不足。不过好在不久之后，就开始了晋楚百年战争，让这些意淫爱好者有了想象的空间，那一百多年的争霸战，让另一个，也许是两个，也许是三个，也许是四个霸主，横空出世。

当然，本着有始有终的原则，在这之前，还是先看一下，在管仲管夷吾不知是操劳过度，还是享受过度英年早逝之后，姜小白是如何一天天地暴露出其小白本质的。

22. 离开管仲的日子

总有那么一些君主，在打天下时雄才大略，礼贤下士，虚怀若谷，四海归心，手下猛将如云，谋臣如雨，指挥若定，攻取天下如卷席，敌国闻风而丧胆，治天下时却辗转反侧，敌视功臣，仇视官吏，忌视知识分子，屡兴大狱，功臣诛除殆尽，一副风雨飘摇之势，比如明太祖朱元璋。

也总有那么一些君主，承宫廷变乱之后，因根基甚浅，于功臣集团无害，以外藩入承大宝，对外忍气吞声，韬光养晦，对内与民休息，垂拱而治，虽然贫富差距拉大，豪商巨贾交通王侯权贵，但经济却蒸蒸日上，一派繁荣，比如汉文帝刘恒。

还总有那么一些君主，用着某个猛人为相，一时间英明神武，文才武略，天下归心，千古明君之气象俨然，可等到这个猛人去世，却像个窃居大位的庸人，屡出昏招，弄得身死国破，比如前秦宣昭帝苻坚，还比如齐桓公姜小白。

很多年后，姜小白在高墙里饿得快要死去的时候，一定还在心里呼唤，仲父，仲父，你为什么要先我而去啊？

传说，在管仲弥留之际，姜小白曾经执着仲父的手，轻轻地问他，仲父，你好狠心，你这就要舍我而去了吗？管仲惨然一笑，说，大约是天帝要和地府打经济战，喊我去了吧，咱们君臣一场，天下终没有不散的筵席，我走了，最不放心的就是你了，小白。姜小白说，我理会的，我理会的，横竖我雕个木像，以后只守着你，我再也不任第二个为相罢了。管仲说，别，千万不要，国不可一日无君，君不可一日无相，我希望你不仅在过去三十年是天下霸主，以后也应该是，小白，你本该成为传奇的。姜小白说，我不要传奇，我只要你。管仲说，小白，别使性子，这是我最大的心愿，你明白吗？姜小白说，我理会的，我会尽力的，但以后没有你在身边，我该相信谁呢，竖貂虽然聪明，也对我忠心，可他是个残疾人。

谁知歪在榻上，病容满面的管仲一听这话，马上挣扎着坐起来，正色地说，小白，你还真是我的小白啊，可你一定要听我一劝，千万不要用竖貂，而且要赶走，越远越好，以后也别让他回来。姜小白说，仲父，我知道你在吃醋，可你放心，我的心里只有你一个。管仲说，小白，你如果说这话，那我的心就白用了，连平日里那些心思也都白用了，说句狂话，那个竖貂还不配让我吃醋，小白，你要记住一句话，无事献殷勤，非奸即盗，竖貂能把自己变成永远也不会有后代的残疾人，只为接近你，小白你说这正常吗？你有没有想过，他付出断子绝孙的代价，图的是什么？姜小白说，他大概是因为崇拜我吧。管仲说，世上有为了崇拜不娶不嫁的，但你见过为了崇拜下手把自己弄成残疾人的吗？姜小白说，是有点不合理，可是……管仲说，可是他的确在讨你的欢心对不对？小白，别被耳边的甜言蜜语迷失了心智，这世上最可怕的人，就是不近人情的人，一个不把自己当人看的人，也不会把别人当人看的。姜小白说，我明白了，那易牙怎么样，他不是残疾人。

谁知听完这话，管仲一下子大惊失色，额上全是豆大的汗珠，管仲一下子抓紧姜小白的手，急促地说，小白，使不得，使不得！易牙为了让你吃你没吃过的美味，把自己儿子都给煮了，这岂止是不近人情，连兽情都不近啊，虎毒还不食子呢。姜小白说，他大概也是为了让我高兴吧，而且还很容易当真，我有一次开玩笑说没吃过人肉，他就想弄来人肉给我尝尝。管仲说，还是那句话，无事献殷勤，非奸即盗，世上没有一个人是天生就要对你好的，除了你的亲生父母，易牙连自己儿子都下得了手，还有什么事是做不出来的？姜小白说，仲父把人想得太可怕了吧。管仲说，不是想得可怕，而是事实如此，能杀了自己儿子，煮给外人吃，能想象这个人的心是用什么做的吗，小白，永远也不要相信"大义灭亲"之类的鬼话，一个人如果连亲人都不爱，还能指望他爱谁呢，他爱的只有他自己，那些正义啊国家啊理想啊，都是有意或无意的借口。姜小白说，仲父，我相信你，我不用他们，我用开方吧，他是卫国的公子，也算是贵族了。管仲说，小白，我该怎么说你好呢，一个公子，离开自己的国家去别的国家也就罢了，为了表示忠心，十五年不回国看自己的父母，生他养他的父母，那是多大的恩情，他都不知道回报，他还会记得谁的恩呢？姜小白说，仲父，你放心，我也不用他们，我只利用他们。管仲说，也别利用，要赶出宫去，离他们远远的，他们现在很老实，那是因为我在，等到我不在了，他们的本领就会全使出来，小白，你心肠太软，搞不过他们的。姜小白说，好，我都听你的，我赶他们出宫，那我用鲍叔牙吧，他可是仲父的知己，是个难得的君子。管仲说，鲍叔牙也不可大用，虽然他是我的知己，而且也因为他，我对人性多了那么点儿信心，但仍然不能大用，鲍叔牙好是好，但是和小白你一样，把人想得太好了，玩儿不过那些小人的，而且他太君子了，只愿意和君子交往，为一国之相，应该有点藏污纳垢之量，他做不到的，可惜宁戚死得早啊，剩下的人才太少啦，我看还是用隰朋吧，也只有他，能勉强维持现在的形势了。姜小白哭着说，仲父，你放心，我都听你的。

管仲交代完这些后事，就离开了那个总叫人不放心的春秋第一霸主姜小白，去向上帝报到了，满以为这下可以放心了。可世上有一句话叫作"形势比人强"，姜小白固然是任命隰朋为相，可谁知隰朋才高福浅，做了一个月的相，也跟着管仲去了。姜小白只好请来鲍叔牙，鲍叔牙说，君上啊，管夷吾走的时候怎么说的？那三个人你得赶走，可现在还没见动身，他们不走，这个相我是不会做的，我可没管夷吾那么好的涵养，与那班小人立于同一个宫中，我没有面目存世。姜小白只好赶走那二个不近人情之徒，请来鲍叔牙。可谁知鲍叔牙也是没这个福，没做多久，也去世了。而姜小白赶走那三人之后，没有人在耳边尽捡好听的说，也没有人千方百计弄来各种美味给姜小白吃，还没有人想出一些千奇百怪的主意让姜小白开心，心里那个难受，那个失落啊，就像沾了毒瘾一样难受，如是者过了三年，终于忍不住把三人召回宫中，酿来一场大祸。这场大祸，与姜小白的继承人有关。

却说姜小白娶过三位夫人，一个儿子没留下，另有姬妾若干，却生了六个儿子。根据封建社会的宗子选拔制度，"立嫡以长不以贤，立子以贵不以长"，这六个儿子都非嫡出，自然都有资格，但谁能成为继承人，却由姜小白说了算。于是管仲生前就和姜小白商量好，立郑姬生的公子昭为太子，并托付给宋襄公。宋国也是春秋前期一个大国，算是所托有人了。谁知易牙竖貂那班人想着姜小白年事已高，总得找个新的靠山，可喜卫姬很喜欢他们几个，就勾搭起来，密谋让卫姬生的公子无亏做太子。其他几个公子及其党羽，也在挑唆之下蠢蠢欲动。一番宫廷内乱之后，公子昭逃到宋国。宋国也咽不下这口气，联合曹国卫国邾国一起攻打齐国，齐国的国人看宋卫联军来势很猛，又杀了公子无亏，迎公子昭，另外四个公子又从中作梗，与宋人交战，被宋人打败，鲁和狄再来救齐。然后是宋国图谋代齐而霸，被楚国搞得很惨，郑国叛齐朝楚，周王室发生内乱，襄王引狄人攻击政敌，楚人很嚣张，攻陈伐宋，把曹、卫都收作小弟，这次第，怎一个乱字了得！可怜齐桓公好不容易建立起来的国际新秩序，竟然顷刻间土崩瓦解。

你问齐桓公去哪儿了，我也不知道他去哪儿了。据消息灵通人士透露，自从把那三个不近人情之徒召回不久，他就生病了，然后被那几个人关在高墙里，不许出来，每天由人从一个小洞里送饭进去，再把签好字的诏书传出来。等到齐国内乱大起，没有人记得去送饭，姜小白就在里面活活饿死，直到死了之后六十七天，尸体上长的虫子爬出来，才被人发现。

据说姜小白临死时，是用衣袖覆住脸的，因为他没有面目去见他的仲父。可怜春秋第一霸主，竟然被活活饿死，也真是叫人唏嘘。

与他同样值得唏嘘的还有他的霸业，因为自他死后，神州大地似乎又恢复到春秋初期"南夷与北狄交侵，中国不绝如缕"的局面。既然齐国内乱不止，短期内复兴无望，则扭转这个局面的希望，就只能落在另一个正在崛起的大国——晋国身上了。

第三章　晋兴于北　成败六卿

23. 大国崛起之晋国篇

晋国，这个地处黄河以北，河套以东，太行山以西，蒙古高原以南的国家，这个黄河九曲八弯，到了这里终于一心一意向东流去的国家，这个汾水、晋水、少水纷纷流经此地的国家，这个多山而少田的国家，这个据说因为一片桐叶被周成王封给他弟弟唐叔而立国的国家，这个在整个春秋时期，前半段因为公族内争了一百年，后半段因为卿族又内争了一百年，在两者之间的短暂百年里，却成了春秋最强大最无可争议的霸主的国家，这个春秋大国里唯一一个四面都是强敌又四面战胜强敌的国家，这是一个伟大的国家，因为这个国家，曾经是楚人的天敌，齐人的克星，秦人的难题，狄人的噩梦。

当姜姓的齐人在夷人堆里摸爬滚打时，姬姓的晋人，也在狄人堆里渐渐长大。受惊吓的孩子容易早熟，所以当徐偃王还在做着仁者无敌的美梦，宋国还在想着复兴成汤江山，郑国还在为周王室的位置争风吃醋，卫国的国君们还在情歌热舞流行小调里陶醉流连时，晋人们已经在与那些北方狄人的战斗中，清醒地认识到了世界的真相，认识到了维系国家与国家之间关系的基本准则。对晋人来说，那个真相就是国家与国家之间，没有永恒的朋友，只有永恒的利益；那个准则就是丛林准则，优胜劣汰，所谓和平只是力量达到了平衡，和平只是战争的前奏。这也是为什么齐桓晋文相比，晋文攘夷事业远胜齐桓，而尊王事业却不及之的原因。这也是为什么后日晋国有灾荒，秦国借米，而秦国有灾荒，晋国却不借米的原因。这也是为什么后世因为内部卿族问题，与楚国签订和平条约之后，仍派人扶持吴国，帮吴国与楚国作对的原因。这也是为什么晋国会利用同姓虞国的信任，假途伐虢，并且灭了这两个同姓国家的原因。

与晋国相似的是出身东夷别支祝融集团的楚国，而且楚国做得比晋国更彻底，更绝情。晋国假途伐虢，楚国则假邓袭申，邓国的国君是楚王的亲舅舅，他没想到那个被他好酒好菜好生招待的亲外甥，会给他带来亡国之祸。

所以那时候只有晋国能对付楚国，他们互相清楚对方的优点和缺点，他们的战争打了一百多年，他们就像两个混世魔王把淮泗之间的那些传统华夏国家像皮球一样踢来踢去，直到双方都筋疲力尽。所以这两个国家，还是那些传统华夏国家的梦魇。

所以虽然晋国拯救了华夏集团，让肆虐北方数百年的狄人一蹶不振再也没有兴起，让在黄河南岸灭国数十，如旋风袭来的楚人势力不能再进中原一步，但某种意义上说，也成了"礼坏乐崩"的重要帮凶，如果还不是罪魁祸首的话。

但如果晋国不是这么一个极为实际的国家，不是这么一个国家利益至上的国家，谁又能相信他们真能对付得了狄人和楚人呢。正如晋国凭着六卿制度称霸，又最终因为六卿制度而分崩离析，晋国三分，被司马光认为是春秋时代结束的标志。

不过在晋国东成西就南征北战之前，还有一个难题需要解决，那个难题就是曲沃。

曲沃难题是西周末年，穆侯的两个儿子引起的。那两个儿子，大儿子是世子，叫作仇，小儿子是别宗，叫作成师。据说当时的人都在议论，晋侯给儿子取名真是奇怪啊，该继承祖业的，叫作仇，不该继承祖业的，叫成师,"庶名反逆",恐怕晋国有难啊。仇是啥意思,虽然那年月还没有简化字,"雠人相见分外眼红"还不会写成"仇人相见分外眼红",但发音都是一样一样的,所以就像现在"四"字多半不吉利的道理一样,这么不吉利的字居然被晋侯用做名字,而且是世子。成师呢,分明是想"成事"啊,成啥事?一个别宗,以后是做大夫的命,还想成啥事?肯定是更进一步啦,就像对一个科级干部说"祝你步步高升",显然是告诉他,愿你早日混成处级。

不过这个世子虽然没被爹妈取上好名字,倒也颇为争气。因为老爸穆侯死了之后,他的叔叔殇叔自立为君,他在外面流亡了三年,到第四年居然整备人马杀将回来,夺回了君位。后来周王室内乱,出现两个自称天子的,太子宜臼和王子余臣,前者后来被称为周平王,后者被称为周携王,又是这个姬仇杀了周携王,获得平王的赏识。

可见姬仇虽然名字不好,却端的是个狠角色,《无极》中谢无欢说得好:"王,当然是可以杀的,你永远比我想得高,做得绝,只要你活着,我永远是个二流货色。"小儿子虽然名叫"成师",但只要大哥姬仇在,什么事也成不了。所以姬仇有个非常好的谥号,叫作文侯。

可姬仇再记仇,也是要死的。他死了之后,儿子昭侯刚一登基,就把叔叔成师封到了曲沃。封到曲沃也就罢了,要命的是,曲沃的城池比国都翼还要大。更要命的是,五十八岁的曲沃桓叔虽然比不上那个死鬼哥哥,但也是个狠角色,到了曲沃之后,礼贤下士,怜老济贫,好德胜过好色,搞得晋国人都在说这个曲沃桓叔的好,而不说都城里那个晋昭侯的好。于是民间地摊小报境外八卦歪报都在那语出惊人,什么《心系人民的曲沃桓叔啊,晋国人民支持您》,什么《晋国政治格局八大猜测,未来国运在桓叔?》之类,搞得民心惶惶不安,官心蠢蠢欲动。

官心蠢蠢欲动了七年,果然有大臣潘父作乱,杀了昭侯,迎接桓叔登基。可谁知姬仇虽然死了,余威尚在,也或者是嫡长子继承制度神圣不可侵犯,桓叔带领部队走到半路上,居然被晋人的另一支军队打败,悻悻然回到曲沃。成师终于不能"成事",而姬仇的粉丝们则杀了潘父,立昭侯的儿子子平为君,成了孝侯。

此后，桓叔的子孙继承祖志，以"成事"为己任。桓叔的儿子曲沃庄伯攻进都城翼，杀了晋孝侯，又被晋人打败，回到曲沃。后来听说孝侯的儿子鄂侯也死了，主少国疑，又发兵进攻，这回却是被周平王派虢公打败，又退回曲沃。

等到庄伯的儿子曲沃武公即位，又攻打晋人，把鄂侯的儿子哀侯抓住，接着杀了。然后又诱杀了哀侯的儿子小子侯。周天子再一次看不下去，表示很生气，又让虢仲去攻打曲沃武公，奈何那个曲沃池深城固，一时攻它不下，只好立了哀侯的弟弟缗做了晋侯。

可谁知过了些年，大约就是齐桓公开始称霸的时候，曲沃武公又派兵把晋侯缗灭了。曲沃武公这时想了个办法，把晋都里的许多宝贝献给当时的周厘王。周厘王显然没有前几任周天子那么公道，当然也许是得到的好处太多，居然批准曲沃武公作为新的晋侯，曲沃武公就成了晋武公。这样，从姬仇死，昭侯封桓叔于曲沃，到取代姬仇那一支，真正的"成事"，前后六十七年。所谓坚持就是胜利，曲沃那帮人的办法很简单，把曲沃修得更高更大些作为基础，时机成熟，就去攻晋都，杀晋侯，打了败仗就退回去，父亲搞不成儿子搞，儿子搞不成孙子接着搞，总有一天能"成事"。

不过好事多磨，曲沃那帮人，代代是狠角色，终于苦尽甘来，可到晋武公的儿子献公的时候，又出了个骊姬乱晋的大事。这件大事，造成了晋文公的霸业，也造成了公族彻底淡出晋国政治舞台。

24. 老实人重耳流亡记

重耳本不是个胸怀大志的人。

他最希望过的生活，其实是守着位娇妻，生几个孩子，再有几个要好的铁哥们，有房有车，过着那平平安安的公子哥儿日子。也许直到他五十岁知天命的年纪，他也不知道自己的天命会是天下的霸主，他一定以为他这辈子大概要在狄人那里度过了，他多半以为，即使晋国真能称霸，那霸主也只会是他弟弟,或侄子,而不是他。也许直到他六十岁耳顺的年纪,他也不知道自己有一天会离开这个让他乐不思晋、耳朵越来越顺的齐国,六十岁了啊,一生还有多久能活呢,他大概不知道,他那几个铁哥们,还有那位齐国的娇妻,不久之后会合伙把他再一次送上流亡之途。

命运就是一圈麻将,要的那张牌总在把相关的牌打掉之后到来。年轻时想出门远行,千山万水走遍,可要不就是有时间没钱,要不就是有钱没时间,等到有一天有时间又有钱了,却哪里也走不动,市区公园那么点路走要蹒跚一个早晨。很多年前你心里有爱,恨不得把心都掏出来给她,她却毫不在乎。很多年后你已心中无爱,桃花运却一个接一个地来。重耳很珍惜当下的生活,他知道自己想要什么,但他不知道那几个铁哥们想要什么,他猜到了前头,却猜不到结局。命运就是那荒诞派的影片,你永远不知道下一幕是什么。

很多年后,一个叫刘秀的人,守着良田美宅,最大的志向就是"做官当做执金吾,娶妻当娶阴丽华",也不知道自己有一天会成为汉朝的光武帝。直到更始帝登基的时候,他大概还以为,他以后的生命,无非是位列公卿。

再过了很多年,一个叫李渊的人,做着隋朝的高官,大概也没有想到,有一天他的儿子会告诉他:招兵买马的事,儿子都为您做好了,您老人家就等着登基吧。此情此景,李渊只好长叹一声,事到如今还能说啥呢,成也由你,败也由你罢了。

世界上总是有那么多胸怀大志的人,又总是有那么多才冠当世的人,还总是有那么多不肯籍籍无名的人。总是有太多的鸿鹄,拿着最低的收入,过着最卑微的生活,却整天幻想着国际形势。可最后得了大名,成了大事的,常常却是那些只有燕雀之志的人,真是叫人情何以堪!

重耳在曲沃一门中,实在是个另类。曲沃一门有着难以想象的执着,难以想象的志向高远,难以想象的心狠手辣。且不说那前仆后继子子孙孙无穷尽也地攻打晋都,人家立一个咱就杀一个杀到对方立无可立的桓叔、庄伯、武公,只说重耳的父亲晋献公和重耳的弟弟晋惠公。

晋献公姬诡诸继位第八年,命人尽杀晋国的群公子,就是桓叔庄伯那些与自己不是亲兄弟的后代，什么堂兄弟，堂叔伯的，统统地杀掉，宁可我负天下人，不可天下人负我。晋献公二十二年，假途伐虢，灭了这个两次三番被周天子派来主持公道，后来又收留那些逃走的群公子的同姓之国，我叫你装好人，我看你还怎么装好人？其后又灭了那个贪小便宜，又相信同姓之国晋国不会打自己主意，借了道给晋国的同姓国虞国，此外还有霍，魏，耿，等等。晋献公二十二年，派人攻打重耳所在的蒲城，二十三年攻打夷吾所在的屈城，二十五年攻打重耳所在的狄国。

晋惠公姬夷吾呢，在秦国信誓旦旦地用河西之地换取秦国支持，等秦国发兵帮助他登上君位，马上翻脸不认。晋惠公元年，逼死了迎接他登基的里克。晋惠公四年，晋国有灾荒，秦国给了粮食，五年，秦国有灾荒，向晋国借粮食，晋国不给，反而说，以前上天把晋国赐给秦国，秦国不知道抓住机会，现在上天把机会给了晋国，晋国可不会让机会溜走，然后发兵攻打秦国。晋惠公七年，派人去狄人那里杀重耳，重耳逃到了齐国。

看看重耳的高祖，曾祖，祖父，父亲，弟弟，哪个不是如狼似虎？如果重耳的兄弟里面还有和他能合得来的，大约只有太子申生了。太子申生和重耳一样，也是个厚道人，所不同的，是比较死心眼儿，最后把自己害死，而重耳总能在关键时候走为上计，虽然他的每一次出走都是被逼的。

重耳二十一岁的时候，他的父亲刚刚登基，那个时候各国像他这样的公子哥儿很多，大家一辈子也都这样过了，如果外公家力量强大一点，在某些特别的时候，可能还有丁点儿机会，可重耳的外公家是狄人。与之相同的是他的弟弟夷吾，他们俩的母亲是狄人狐氏的两姐妹。论理，根本没有他俩的份，太子申生是什么家世？人家是天下现任霸主齐桓公的外孙，西方霸主秦穆公的大舅子。

可等到那个雄才大略到处攻伐的父亲在继位第五年攻伐骊戎之后，一切都变了。因为父亲在骊戎那里抢来了两个美女，其中一个就是庄子讲的"骊姬悔泣"故事的主人公，另一个美女就是她的妹妹。那年，重耳二十六岁。

再后来骊姬生了儿子，叫奚齐。就在奚齐生下的第二年，晋献公把重耳，当然还有夷吾，申生，都赶出了京城，住在一个叫蒲的边境小城。那年，重耳三十三岁。

等到奚齐长到九岁时，骊姬设计陷害了申生，死心眼的申生认为君父沉于美色不可能听自己的，而且背了恶名，也没有国家会接纳，就自杀了。脚底抹油的重耳和夷吾当时正好年底到京城朝拜，听到消息赶紧跑回各自的边境小城，然后被父亲派人追杀。重耳外公家虽然是狄人，好歹也是个国家呀，重耳翻墙逃到了狄国，衣袖被追兵砍断，幸而那时的人袖子长，要不还不连手臂都给砍了。那年，重耳四十三岁，第一次流亡国外。与他一起的，有几十人，最铁的哥们有五个，赵衰，狐偃，贾佗，先轸，魏武子，而狐偃是重耳的舅舅。

重耳流亡的第二年献公又派兵攻打夷吾，夷吾逃到梁国。第四年骊戎的另一个美女生下个儿子，取名悼子。叫作悼子，不知是不是因为献公对申生之死还有那么点后悔。这一点永远无从知道了，因为接下来那一年，献公就死了。

献公死的那一年发生了件大事，那年姜小白最后一次召开联合国大会，制定联合国宣言，什么不能向邻居家门口倒垃圾，不能让小三转正之类。献公因为病重半路上就回来了，然后向荀息托孤。可等到献公死了没几月，一个叫里克的大臣先后杀了奚齐和悼子，以及荀息，派人迎接重耳。那一年，重耳四十八岁。

重耳是个老实人，如果富贵一定要险中求的话，他宁愿不冒险，对他来说，能在狄人这里安度余生已经够了。狄人对他多好啊，狄人攻打咎如的时候，抢了一对姐妹花，姐姐就嫁给重耳，妹妹就嫁给了铁哥们赵衰，都生了儿子。有娇妻，有爱子，多好啊，何必去蹚晋国的浑水，谁知道还有多少血雨腥风？重耳就果断拒绝了，于是里克又去接夷吾。夷吾担心梁国力量不够，就向秦国许下河西之地，借秦国的威力回国，然后背弃秦国，做掉里克和七舆大夫，是为晋惠公。

里克和七舆大夫也就罢了，秦国可不是好惹的，晋惠公背信弃义不给地也就罢了，后来居然不借粮还攻打秦国，而且前一年秦国还借了粮给晋国。所以终于被穆公很生气后果很严重的秦国打败，连自己也被秦国抓起来又放掉，直到把亲儿子送到秦国做人质，才算解决危机。但晋惠公仍然不思悔改，又把当初劝他借粮食给秦国的庆郑杀掉，把重耳视为假想敌，到第七年，又派人刺杀重耳。重耳只好再次逃走，目标是齐国，重耳的铁哥们曾经告诉重耳，如果狄国住不下去，就去齐国，姜小白这个人讲义气，有人气，够大气。这年，重耳五十五岁。

重耳离开狄国的时候非常婆婆妈妈，拉着咎如国妻子的手说，我舍不得你，我一定会回来接你的，你等我吧，你就等我二十年，不，你等我二十五年吧，如果我二十五年后还不回来，你就嫁了吧。那位咎如国妻子一听这话就笑了，瞧你那没出息的样，二十五年后，我还在不在人世都不知道哩，只怕你到了齐国，娶个齐女，早就把我忘到耳朵背后啦，不过我还是会等你二十五年的。

正如重耳的铁哥们所料，姜小白听说重耳来了，非常高兴。虽然管仲那个死鬼已经先走了一步，自己也没几年好活，但还是把重耳和他的朋友们招待得非常好。超值大礼，名车豪宅来即送，意外惊喜，送名车二十辆起，齐国不差钱，送房又送田，临淄大都会，美女排成队。所以有了香车豪宅又娶了齐女之后，居狄而不思晋的重耳，似乎又有点居齐而不思狄了。

25. 老实人重耳转进记

重耳到齐国的第二年，齐桓公姜小白薨了，说是薨，更像是瘐毙。啥是瘐毙，就是把人囚禁，有一天就莫名其妙地死了，死亡原因只有想不出，没有说不出。所以姜小白其实是被薨了。

论理，重耳的大恩公大靠山姜小白都被薨了，而且齐国也进入了乱纪元，重耳和他的团队该走了吧。但重耳不走，为什么？原因很简单，走哪里去呢？重耳是晋惠公的假想敌，申请政治避难容易，但能冒着得罪晋国的风险窝藏政治犯的国家却实在不多，比方来齐国前路过的卫国，对重耳就非常地不客气。而在齐国虽然靠山没了，但人家也没赶重耳走啊，名车豪宅继续保留，齐国虽然政治上比较乱点，经济上根基都在，不差钱。还有那么年轻美貌的齐国妻子齐姜，五十六岁的人啦，还图个啥呢？

况且重耳离开故乡晋国都已经十三年了，离开晋都绛城则有二十三年了，故乡的模样早就记不大清楚。小时候，晋国是东北边那个陌生的城市，曲沃在这头，翼城在那头。长大后，晋国是那个高高长长几乎总是深锁着的宫门，我们在外头，骊姬在里头。后来呵，晋国是东南边遥远的京城，蒲城在这头，君父在那头。而现在，晋国是三千里外那午夜梦回时模糊的影子，我在东头，弟弟在西头。也许，在某个连绵阴雨而潮湿的日子，还会想起狄国那个美丽的咎如国妻子，但又能怎么样呢？狄国离晋国太近，兴许哪一天自己就被弟弟的人杀死于乱军之中。

但让重耳想不到的是，重耳甘于命运的安排，重耳的铁哥们，还有铁哥们领导的那支政治避难团队却不甘心。所以在重耳住到齐国第五年时，发生了一件大事。

根据官方的说法，那件事是这样子的。某一天，齐姜的侍女正好在桑林采桑，远远望见几个男人走过来，就爬到桑树之上，然后就见那几个男人准确地停在了她伏身的桑树之下。走近看时，发现那几个男人居然是重耳的铁哥们，他们居然是来密谋怎样才能顺利地带着重耳离开，声音还特别大，布拉布拉布拉的。侍女当然要为自己的女主子着想啦，所以等他们离开之后，赶紧向齐姜汇报。结果没想到啊没想到，自己跟了那么多年的女主子居然一刀把自己杀了。接下来就是齐姜劝重耳不要重色轻友，你的铁哥们为你亡命天涯十几年，你不为自己着想也得为他们着想吧，布拉布拉布拉的。但重耳死活就是不听，声称只想在这里老死啦，我舍不得你啦，我哪也不想去啦，也是布拉布拉布拉的。再接下来就是齐姜和赵衰他们几个人密谋把重耳灌得烂醉，扶上车，快马加鞭。等重耳终于醒来时，临淄已经在几百里之外啦。重耳当然很生气，要杀他舅舅狐偃，他舅舅说，你杀了我吧，如果你能反攻复国的话。重耳更生气啦，反攻反攻，复国复国，你们几个在我耳朵边吵了十几年了，还不死心？告诉你，要是当不成，我吃你的肉！狐偃说，真要当不成，我的肉又臭又腥，有什么好吃的！

这个官方版本情节很狗血，细节很标准，名节很正确。比如齐姜这样的女子一定是深明大义的，一定是大义灭亲的，为了成全重耳，连跟随自己多年的侍女，都能不眨眼睛就杀掉，而且更为狗血的是，和重耳缠绵了五年，都没有大义灭亲，有一天听到侍女向自己打小报告，然后忽然就搭对神经，大义灭亲起来啦。再比如经常被采摘桑叶的桑树一定可以藏下一个大活人并且不被发现，而那些被偷听到的谈话者一定可以准确地来到那棵藏身的桑树之下，而且更为狗血的是，那几个人跑到桑间密谋也就罢了，居然不是低声说，居然能让很高很大能藏下一个大活人的大树之上的那个大活人听得一清二楚。

真实情况是什么样，永远无从知道啦，兴许，齐姜的侍女是那几个铁哥们下的手，也兴许，老实人重耳虽然随遇而安，却洞察世事，扮猪吃老虎。因为历史总是由胜利者书写的，所以史书里的李世民与其父李渊相比，简直是鸡窝里飞出的金凤凰，但真是那样吗？重耳政治避难团队的最终胜利者是重耳吗？也未必。重耳铁哥们里有一个叫赵衰的，算是重耳的连襟，因为在狄国时他们一起娶了咎如国的姐妹花，那个咎如国的妹妹为赵衰生了个儿子，就是大名鼎鼎的赵盾。而另一个铁哥们魏武子，他的孙子是另一个大名鼎鼎的魏绛。他们两个的子孙，就是多年后瓜分晋国的三大家族中的两个，赵氏和魏氏。

不管怎么说，在六十岁的时候，重耳又一次踏上了流亡之途，这一次的终点是晋国。有同学要问，晋国不是有他弟弟么，他们那几十个人，恐怕不够杀吧。这位同学担心得很对，但那是多余的。重耳不傻，他的铁哥们也不傻，他们的终点虽是晋国，却需要在列国周游一圈，为什么？为了拉赞助啊。赞助什么？赞助他们的政变啊。报酬是什么？当然是晋国的利益，或与晋国的合作机会。

这样的买卖当时有很多国家都会去做，派一支军队，护送某国的某公子即位，本钱不大，收益不小。但问题是投资有风险，政变须谨慎，比如秦国投资夷吾，可人家翻脸就不认，比如鲁国投资公子纠，结果被姜小白的粉丝团击败。所以政治投资也是要有实力的，特别是投资于大国的公子。

所以重耳一行有个特点，小国对他们非常不友好，而大国反而都不错。比如曹国的曹共公，居然要重耳脱了衣服给他看肋骨，你说变态不变态？郑国的郑文公，也好不到哪里去。而伪霸主宋襄公，就以对待国君的礼节对待重耳，只不过宋襄公虽然也被称为霸主，水分却很严重，被楚国一打，就现出原形，这时正好被楚国欺负，自然帮不上什么忙。再比如楚国，也是用对待诸侯的礼节，让重耳很感动，不过楚成王却说，咱们楚国虽然弟兄们不少，也愿意帮你们砍人，可跟晋国离得实在太远，到晋国嘛中间要经过好几个国家，这事啊，难。

虽然楚国也帮不上什么忙，看看南国风情也不错，重耳就在楚国一住几个月。期间楚成王还问，以后做了晋君打算怎么报答寡人哪，重耳是老实人，不像弟弟夷吾那样信誓旦旦，于是很老实地说，咱晋国有的，楚国都有，你们啥都不缺，这样吧，假若有一天晋楚不幸在战场上遇到，我后退三舍之地。这话让楚将子玉很生气，这就好比你和某女孩热恋，人家说，我对你这么好，将来怎么报答我啊，你不赶紧就坡下驴说愿以身相许也就罢了，居然说，这样吧，假如有一天不幸分手了，我再等你三个月，话虽然不是坏话，可怎能叫人不生气？但世间的事有利也有弊，轻易许诺者也容易背信，信誓旦旦者也许很容易打开局面，占得先机，但不利于持久，也缺少长情。重耳的承诺虽然难听，但数年之后，还真的兑现了他的诺言。

闲话休提，且说重耳一行在楚国考察南国风情时，机会终于到来了，那个机会算是他的侄子送给他的。这个机会，让重耳的称霸之路就成功了一半。

26. 老实人重耳称霸记

那天重耳还在湘歌楚舞里流连，一副既来之则安之的态度，那天赵衰几个还在悄悄议论楚国的优势和劣势，以及对付楚将子玉的办法，忽然一个消息传来，重耳那做了十四年国君的弟弟姬夷吾，终于结束了背信弃义的一生。

有人对重耳说，机会来了，重耳笑笑。有人对重耳说，重哥，我们动手吧，重耳仍是笑笑。还有人对重耳说，你是担心姬夷吾的儿子子圉么，秦国不会帮助他的，重耳还是笑笑。重耳说，听歌，听歌，看舞，看舞，你看这楚国的细腰，你看这楚国的巫鬼，你看这楚国的美人香草，你看这神话一般的国度，真担心哪天看不到了。

接下来，就听说那个在秦国做人质，还娶了秦国宗室女子的子圉逃回了晋国。听说，子圉走之前对秦女说，我妈妈是梁国公主，可秦国居然灭了梁国，秦国又一向讨厌我父亲，指望秦国帮我是不可能了，咱们一起逃回去吧，我当国君，你当夫人，而那个秦女显然没有齐姜深明大义，居然严辞拒绝，表示我是不会告发你的，但也不会跟你一起回去。世界上总有那么多两个人的私密谈话，没有一个泄密者，最后居然人人皆知，叫人不由得不相信，世上真的没有不透风的墙。

再过了若干时候，又收到一个晋国送来的红头文件，《关于要求跟随重耳潜逃者限期回国的通知》：

"各卿，各大夫，各家族：（换行，空两格）根据晋国第三十一届御前会议精神，根据晋君九月二十九日'批重耳，兴晋国'讲话指示，根据晋国《反分裂晋国法》《晋国公共安全法》规定，公子重耳犯有反革命罪，分裂国家罪，危害国家安全罪，罪大恶极，已由有关部门严加通缉。目前该犯已畏罪潜逃十八年整，请各卿，各大夫，各家族坚决与该犯划清界限，切实做好'批重耳，兴晋国'工作，并检查族内子弟，有跟随重耳潜逃者，务必令其于十月三十日前回国，坦白罪行，争取宽大处理。请遵照执行，违期不至者，抄没家产采邑，以族长抵没子弟所犯罪行。（换行，空两格）特此通知。（换页）此页无正文（若干个换行）主题词：跟随重耳 限期回国 通知（换行，加一条横线）抄报：周天子（换行）抄送：齐国 楚国 秦国 宋国 郑国 卫国 鲁国 陈国 蔡国 曹国 燕国（空格至行尾）十月初三日印发"

后来又听说，红头文件传到了大臣狐突那里，狐突很有意见，他有两个儿子跟随重耳，但他表示儿孙辈的事情，长辈不好干涉，强扭的瓜不甜，而他居然被子圉杀了。

再接下来，就来了一个秦国的使者。他说，子圉逃走后，秦穆公很生气，秦穆公说，父亲背信弃义，儿子寡廉鲜耻，而且居然不打一个招呼就走，给脸不要脸，我看他们是活得不耐烦了。秦穆公说啦，你们不是要找政治赞助商么，放着我来。

秦穆公离晋国近，又是西方霸主，他一出手，这事儿就成了。

接下来就是秦穆公一口气嫁了五个宗室女子给重耳，嫁四送一，送的那个是以前和子圉在一起的。一听是和子圉相好过的，重耳就扭扭捏捏地老大不愿意，弟兄们就劝他，子圉的女人又怎么啦，连他的江山咱们都要夺，夺个女人算啥，况且秦穆公一世豪杰，最重面子，现在愿意帮忙，岂能为了些小事弄得他下不来台，于是重耳就高高兴兴地笑纳。秦穆公当然很哈皮，都说重耳最贤，果然够痛快，连子圉的女人都照收不误，痛快，我喜欢你，来，喝酒，用大爵，赵衰，你也喝一爵，听说你很会唱诗，来，唱一首。于是赵衰就唱了首《黍苗》，什么"我任我辇，我车我牛。我行既集，盖云归哉"之类。秦穆公又是哈哈大笑，说你们这些中原人真是够酸，一句话非得说半句留半句，幸好寡人也算是个文化人，换成那帮西戎人，谁知道你们想说啥，寡人知道你们想家啦，放心吧，寡人一定完成你们的心愿。

接下来就是秦国派兵护送，而晋国国内呢，一帮有子孙跟着重耳乱跑，被红头文件吓住的大臣做起了内应，于是公子重耳顺理成章地做了晋文公。在秦穆公的帮助下，还顺利地粉碎了子圉余党吕省、却芮的反革命政变。

回国成功，接下来就是称霸。重耳的称霸之路，可以分为四步，第一步是三赏功臣，第二步是入王尊周，第三步是三军六卿，第四步是报施定霸。

什么叫三赏功臣呢？据重耳说，他要赏三种人。第一种是劝自己讲仁义，讲道德，做人要厚道的那些人，这些人要受上赏。第二种是帮助自己做事，让我的成功不可复制的那些人，这些人要受次赏。第三种是能冒着危险，冲锋陷阵的那些人，这些人应该受又次赏。这三赏都赏遍了，才能轮到其他。实际上，这是一个安内的过程，这让自曲沃代翼以来，人人自危的晋国政局变得比较稳定。跟随重耳的政治避难团队，都得到了赏赐，而没有跟随重耳的人，如果是晋国的功臣，也有赏赐，赏得厚的，直接给城堡采邑，赏得轻的，也有官职或相应级别的待遇。

但仍然有没赏到的，比如介之推，这件事据说是寒食节的来历。又有人说，之所以没有赏遍，是因为周天子那边出事了。但不管怎么说，虽然从骊姬乱晋以来，晋国形成了公子必须住在外国的传统，但自从重耳定下这三赏的制度，晋国有了新的竞争力来源。此后的城濮之战，仍以此为标准赏罚，比如劝重耳"泱泱大国，当以诚信为本，说退三舍，就一定要退三舍，决不向楚国开第一枪"的狐偃，就得了上赏，而劝重耳"军事胜为右"，连出奇计让晋国大胜的先轸却只有次赏。重耳英明地指出，狐偃是万世之功，先轸只是一时之利。

入王尊周又是怎么回事呢？原来周襄王有个弟弟姬带当上了带路党，领着狄人攻打哥哥，周襄王逃到了郑国，又向晋国求救。赵衰说，入王要趁早，要是等秦国人把这事先办了，霸主就是秦穆公啦。于是晋国发兵送周襄王回国，杀了姬带，周襄王一感动，把河内阳樊这块地方给了晋国。

什么是三军六卿呢？本来只有周天子才有三军，诸侯只能搞两军，算是限制军备。可现在晋国论实力远在周天子之上，不搞三军，实在是与国家实力不相称，况且，齐国的管仲不是也搞了三军么。六卿则是把晋国的各大家族，选拔六个人，作为卿士，排定座次，平时在一起商议国事，打仗时，三军不是共有正副统帅六个么，一人占一个，中军统帅通常是正卿。六卿制有点像内阁制，六卿人选根据功绩、才干和资历，同时兼顾各家族利益，在当时，算是个优越的制度，所以成了晋国长期霸业的基础之一。不过晋国先后出来的家族有十几个，六卿才六个，这就是一个问题，政治老人和政治新贵，也是一个问题，跟随重耳流亡的海乌龟，与留在国内的土鳖，这也是一个问题。好在重耳虽然凡事很少拿主意，由着底下人商量，倒也一生唯谨慎，大事不糊涂，也不知是大智若愚，还是才大志疏，倒也人人服气。但后任就没这么好的运气了，为了这六卿的位置，也不知将有多少血雨腥风闹将出来。

报施定霸就更好理解了，无非是有恩的报恩，有仇的报仇，恩仇俱泯，霸业遂成。那么哪些有恩，哪些有仇呢？

27. 老实人重耳复仇记

重耳是个恩仇必复的人，不光对国内，也对国外。国内的可以打赏，国外的呢，有仇的就去攻打，有恩的就去结盟。

那么哪些有恩呢？有齐国，尤其是姜小白时代，姜小白，祝你在天国和管仲相会，永不分离。有宋国，宋襄公是个厚道人，古道热肠，不多见哪，如果宋国有难，咱一定帮。有秦国，咱就不说了，秦晋之好秦晋之好，咱都做了秦穆公的姑爷了嘛。有楚国，现在有实力争夺中原的大国只有楚国，晋要称霸，绕不过楚国，楚要称霸，也绕不过晋国，难办，但三舍之地，寡人一定会让的。

哪些有仇呢？卫国，郑国，曹国，特别是曹共公，简直就是个猥琐男嘛，居然要寡人脱衣服，搞性骚扰，奇耻大辱啊！

恩仇必复是好的，但也有为难的时候，比如现在吧，一个消息传来，可把晋国君臣为难死了。啥消息？楚成王攻打宋国，宋国求救，帮宋国吧，楚国打不得，帮楚国吧，宋国有大恩于文公。你说难办不难办？最后重耳的舅舅狐偃出了个主意，楚国不是刚刚和曹国结盟，又娶了个卫国公主么，我们不如攻打曹国和卫国，主打曹国那个猥琐男，借道于卫，不借也一块儿打。一打曹卫，楚国自然要来救，不管咱们与楚国交不交战，宋国之围总是解了。于是晋国发动三军，直攻猥琐男。

楚成王见识过人才济济的重耳团队，所以听到重耳的人来了，心已下沉，再一听带军的那几个，泪已夺眶。听说每一个周游列国的公子，都是折翼的天使，这样的公子你伤不起，能不打就不打吧，一辈子也没那么长，想开，看开，放开，会好起来。听说，像我这样宫廷政变中上台的国君缺乏安全感，可不可以有一个人，能看出我的逞强，好想停下来，抱一抱我自己，有人告诉我，难过时，回到家就好了。

于是楚成王让一部分继续攻宋，自己去救曹卫，还走得极慢，就是不愿意直接交手。楚成王等得，宋国可等不得，又是求救。先轸就出了个主意，把曹卫的地方拿来分给宋国，这样即使宋国真败了，也有所补偿，但一旦曹卫给分了，楚国就太没面子了。可楚成王就是忍得住，居然带兵回国，楚将子玉看不下去，请求去打晋国，楚王把火都撒在子玉身上，只给他很少的兵。

这可真是正中晋国下怀。子玉派人过来说，这样吧，我放了宋国，你放了曹、卫。先轸对重耳说，这样不好，如果答应了，这三个国家都会感谢楚国，因为是楚国一句话放的，没咱们什么事儿。如果不答应，更不好，显得咱们太缺德。不如这样，偷偷地答应把曹、卫的地方还给他们，只要他们脱离楚国联盟，再找人把子玉的使者暴打一顿，子玉脾气大，肯定要过来打咱们，一仗打下来，咱们就有戏了。

后来果然如先轸所料，子玉非常生气，主动进攻晋军，哪怕在晋军退了三舍之地后，仍然不肯放过，接下来就是城濮之战，晋国大胜。

晋楚城濮之战是个大事件，是晋国称霸的关键一战。这不仅仅是因为晋国大胜，也不仅仅是因为晋国献俘于周天子，被周天子赏了大辂啦彤弓啦珪瓒啦虎贲啦还发布了《晋文侯命》的诏书，更因为楚成王一开始就不愿意与晋国交战，所谓人争一口气，佛争一炷香，这一仗楚成王从一开始就败了。

接下来，就是恢复曹、卫的国土，反正自己都是大哥啦。又打算带领诸侯朝拜周天子，考虑到才打了一场胜仗，威风还不够，于是请周天子到河阳，带领诸侯去河阳朝拜。

此外还有郑国的仇没有报，于是晋国联合秦国一起攻打郑国，这一攻打，却在秦晋之好上，钉上了一枚楔子。因为郑国的烛之武私自对秦人说，晋国从来就是个贪得无厌背信弃义的国家，以前做的那些坏事你们忘了吗？把郑国灭了，对秦国什么好处都没有，因为郑国离秦国远，离晋国近啊，还不是便宜了晋国，等晋国力量越来越强，秦国的河西之地只怕就保不住啦，不如你们放过郑国，郑国和秦国保持友谊，将来秦国到东边做事情，郑国还能提供点帮助。秦国人一想有道理啊，于是不光不围郑国，还留点人帮助郑国守城。于是晋国也走了。可见国家之间做朋友是很难的，大国之间做朋友则几乎不可能，因为他们的利益多半是冲突的，除非他们遇到更强的敌人需要共同对付。

从文公继位，到烛之武退秦师，只有七年。传说中的"秦晋之好"，只维持了短短七年，也算是七年之痒了。至于秦晋的交恶，却要等到重耳去世之后。

那是重耳的儿子晋襄公新继位的时候，郑国恰好也刚刚死了国君。于是秦国留在郑国的那个将领传口信回去说，郑国人真傻啊，现在居然让我看守郑国都城的北门呢，好机会啊，你们派兵悄悄过来，郑国就到手啦。人傻，国乱，速来！但也不想想秦国到郑国有千里之遥，有车有徒，花上一个月，能没点动静么？到郑国时，那北城门还会在秦国将领的手里么？所以一个人千万不要把别人都当傻子，因为你到最后会发现其实傻的是自己，玩人者必被玩。所以就在秦军向东而来的时候，周天子的王孙已经在评论秦兵必败了，而晋国的探子也回去说，秦兵真傻，居然以为可以拿下郑国，好机会啊，如果在崤那个地方打上一仗，秦军就完了。秦军以为可以神不知鬼不觉地拿下郑国，结果不光周人看见了，晋人看见了，实际上，全天下都知道了，连郑国的大商人弦高也知道了。弦高是个非常爱国的民族资本家，于是一边派人送了很多牛马给秦军，说这是咱们国君送给你们的，你们辛苦啦，一边派人回去报信儿。

这么一折腾，秦军再笨，也知道郑国拿不下来了，只好雷公打豆腐，找软的捏，随手灭了个叫滑的小国，班师回国。然后果然在崤那个地方被晋国打败，几个将领全部被活捉。所幸的是战场上失去的，宫廷里总算找了回来，晋襄公挨不住重耳的夫人，就是秦穆公的女儿的唠叨，居然把那几个将领放了。

然后就是和秦国打来打去，冤冤相报，直到襄公继位第七年薨逝。

七年之间，晋国接连送走了两位国君，因为六卿制度，朝中总有一班老成谋国的卿士，所以并没有出现类似于齐国的因宦竖小人造成霸业中衰的事情。但也因为六卿制度，在新即位的太子夷皋年幼的形势下，让卿族掌握国柄的时代提前到来。而卿族时代一旦来临，便如附骨之蛆一般，随着晋国的壮大而壮大，让晋国方生方死，方死方生，直到分崩离析，从历史中消失。

28. 赵氏孤儿的罗生门

现在读过几年正经史书的，谈起古装剧，往往痛心疾首：看到没有，又在戏说了吧？看到没有，又穿越了吧？哎哎，真是人心不古啊人心不古，鄙视一万遍啊一万遍！其实真把他们放在那人心皆古的时代，听几回存亡兴废的评话，看几出生旦净丑的传奇，一定会把那人心皆古的年代再往前推，直到人神不分的传说时代。但人神不分的传说时代，就一定是信史么？

中国人是最重视历史的民族，一年不落的编年史可以上溯到西周末年，修史也一向是第一等的大事。而戏台上电视里，古装剧简直可以占半壁江山，和美利坚人民对科幻片的痴迷可以相提并论。但你若以为这是因为中国人热爱寻找事实的真相，那就错了。中国人对历史的着迷，不如说是因为一种信仰。如果以前有过文景之治，开元盛世，那么以后也会有，只消等到明主登基，贤良当道。如果以前中国文明灿烂辉煌，那么以后也一定可以，只消等到盛世来临，文化昌盛。如果自古以来就是统一的多民族国家，那么以后也一定会统一，只消王师出动，自能海晏河清。如果以前人都这么做，那么以后也一定可以这么做，在历史中，你能知道怎么做官，怎么做吏，怎么做商，怎么做民，怎么世事洞明，怎么人情练达，怎么安身立命。从某种意义上说，中国人之所以成为中国人，正是因为中国的历史，历史里有中国人的根，历史让中国人觉得安心，中国人只有在传统中国里，才感到得心应手，游刃有余，放到美国科幻片那种时间尽头星海深处机器世界外星背景，很容易茫然无措。

既然历史的用处并不在于真相，那么"好读史，不求甚解"也就可以理解了。所以不管什么朝代，通行的货币一定是银两，并且还有银票；不管什么朝代，男女都可以随意同行，大呼小叫。古人也好不到哪里去，所以孟丽君居然可以在一个没有恢复科举的元成宗时代进京赶考，所以晋代的梁山伯居然可以穿越到唐代才会出现的书院里读书，所以杨文广从杨延昭的儿子变成了他的孙子。而可怜的蔡邕啊，可怜的蔡文姬那可怜的父亲啊，不仅参加了一个在汉代做梦也梦不到的，要到四百年后才会出现的科举，还当了回嫌贫爱富抛妻弃子的陈世美，在千年之后被千人咒骂万人唾弃，真所谓"斜阳古柳赵家庄，负鼓盲翁正作场，身后是非谁管得，满村争说蔡中郎"。

与此类似的还有大名鼎鼎的"赵氏孤儿"。它有一个元杂剧的标准剧情：有听信谗言的昏君，有当道的权臣，有忠肝义胆却被满门抄斩的贤良，有顾大义而不惜身家的义士，有善恶得报，有平反昭雪。怎么看怎么像秦以后的社会，与那贵族等级森严的春秋时代简直是风马牛不相及。

当然，这也怪不得元杂剧，因为主要情节还是来自《史记》。但我们也不必对司马迁要求过高，五百年前的事了，问人吧，还有谁能记得；看书吧，晋国的史书被赵国人改了，赵国人的史书被秦国人烧了，秦国人的史书被项羽烧了，从所剩无几的坊间传说去伪存真整理出来的东西，偶有几件不靠谱的事情，也无可厚非。不过所幸还能读到《左传》，一本很可能由离晋国历史最近的人写的书，读到另一个完全不同的"赵氏孤儿"版本。真是不说不知道，一说吓一跳啊。

比如"赵氏孤儿"中那个宠臣权臣奸臣三位一体的屠岸贾，那两个义士公孙杵臼和程婴，在《左传》中居然不存在，"赵氏孤儿"中那个深明大义临危不惧处变不惊的庄姬公主，在《左传》里根本是个通奸乱伦的荡妇，而且是赵氏大难的始作俑者。

《左传》版"赵氏孤儿"是这样子的。话说赵衰那个衰人和重耳做了连襟，又一同流浪十九年回国后，终于扬眉吐气，做了晋国的重臣。更奇妙的是，重耳又把女儿赵姬嫁给了他，让他和重耳既是连襟又是翁婿，怎一个乱字了得！奇事还在后头，赵姬为他生了赵同、赵括、赵婴齐三个儿子,又是晋国公主,应该是嫡妻了吧,该让自己儿子做宗子了吧,可她深明大义,硬是把赵衰在狄人那里娶的妻子叔隗和儿子赵盾接回来,让叔隗做嫡妻,自己只做庶的。

接下来赵衰归西,赵盾继位。等到权倾天下如日中天的赵盾也驾鹤归西之后,投桃报李,让弟弟赵括继承赵宗,而自己的儿子赵朔反倒成了庶出了。再接下来,赵盾的儿媳妇,庄姬公主出场。

首先上演的是伦理戏。这时赵朔可能已经不在了,她与叔父赵婴齐通奸,然后被赵括、赵同知道。春秋是一个礼字当头的贵族时代,赵氏是上流社会的精英,霸主之国的卿族,这种事传出去是很丢人的。但庄姬毕竟是公主,赵括、赵同没什么办法,只能拿弟弟赵婴齐下手,于是赵婴齐被赶到了齐国。

接下来上演的是密谋戏。愤怒中的女人是可怕的,庄姬的情郎被赶走,她当然把怒火发泄到了赵括、赵同身上,于是向晋景公告密,说赵括、赵同想造反。晋景公向其他人求证,可能是因为赵氏权势太大,得罪的人太多,也可能是眼红赵氏的地盘,居然栾氏、郤氏都证明有这回事。这还了得,于是晋景公一声令下,诸卿都发兵攻打赵氏的下宫,赵括、赵同被族灭。

最后是平反戏,当初作为孤儿被赵氏收养过的韩厥为赵氏求情,这才把赵武立为赵氏宗子,恢复原来的地位,成为后来赵国的祖先。由于没有大反派屠岸贾,最佳配角公孙杵臼和程婴出场,复仇戏也就没有了。

《左传》的说法可能更近乎真相,不仅因为年代近,更因为合乎事理。其一呢,那是一个真正的贵族时代,平民出身的人,想跻身上流社会,比登天还难,更别说用名不见经传的什么屠岸贾来做什么权臣啦。其二呢,那也是一个君权还没有大盛的时代,国君被国人废立的事情到处都是,国君一声令下就能把国家最重要的一个贵族满门抄斩,那是做梦,晋景公之前有一个据说很坏很坏的晋灵公,也只敢派个小刺客去刺杀大臣,结果人没杀掉,自己倒被贵族带兵做了,想诛除赵氏,唯一的办法是借助于别的贵族。其三呢,赵武也不是赵氏唯一的幸存者,比如赵盾的堂弟,那个带兵做了晋灵公的赵穿,就有个后人叫赵午,可见"下宫之难",波及的只是赵同、赵括的家族。

《左传》的来源是鲁国人编的"世界史"，在这本历史中，鲁国国君多半比较守礼，而外国则不同了，齐国，乱，楚国，乱，晋国，也乱，郑国，别提有多乱了，卫国，怎一个乱字了得。《史记》的来源很可能是赵国人讲述的祖先历史，庄姬作为赵国先祖赵武的母亲，自然不能不深明大义不能不处变不惊啦，韩氏作为赵氏最可靠的政治盟友，自然不能不伟大到不行啦，至于乱伦通奸，那是从来没有的事，不管你信不信，反正我信了。如果还能看到楚国讲述的这段历史，恐怕又会是另一番模样，毕竟赵盾也是楚庄王最强劲的对手，没有之一，所以如果看到赵氏后人倒霉，鬼晓得他们会怎么写。如果还能看到晋国国君讲述的历史，又不知道是什么样子，晋灵公是不是还是那么坏那么没有出息。

但不管怎么说，作为宠臣权臣奸臣三位一体而出现的屠岸贾，恐怕真的是一个夸大的、甚至虚拟的人物，因为在那个时候，一个毫无家族背景的人，是没有那么大的力量的，哪怕国君再喜欢他。晋国的政治版图，在晋文晋襄之后，始终没有逃离那几个大家族的掌控，没有任何意外。如果真有所谓权臣，也不会是屠岸贾，只可能是那几个大家族的人物，比如晋国第一家族赵氏的第一位权臣赵盾。

29. 卿族时代之赵氏当国

春秋时代的几个大国，差不多各有各的难言之隐，各有各的内部斗争，比如鲁国的三桓，郑国的七穆，楚国的斗、芳、屈氏，齐国的国、高、崔、庆、田氏，宋国的华、乐、皇、鱼氏，但没有一国的内部斗争有晋国那样激烈而又惨烈，生猛而又凶猛，悲壮而又悲哀。晋文公之后，二百年间，有十几个家族遭灭族之祸，有四位国君被臣下杀害，生生地把一个超级大国变成了三个超级大国。

为什么会这样？因为三个人。

第一位，是重耳的老爸姬诡诸。

自从那个杀千刀的姬诡诸挟曲沃代翼之余威，尽杀群公子之后，晋国这个超级大国的政坛就形成了一片权力真空。这片真空没有一个公子能够染指，只能留给卿族。姬诡诸真是又急又鬼又猪。急呢是灭了这国灭那国，没个闲的，女人娶了这个娶那个，没个空的，儿子生了这个生那个，没个断的。鬼呢是下手真狠，本家不当本家，兄弟不当兄弟，连亲生儿子都不当亲生儿子。猪呢是也不想想，狠过之后怎么办，事情谁来做。自家的公司，把兄弟叔伯还有庶子都赶走了，固然不用担心遗产留不到宗子手里，可外面请的那些总经理副总经理们，真的就能一直忠心耿耿？

第二位，是那个不知是真聪明还是假老实的重耳。

重耳的十九年流亡生涯，凡事就从来没有独断专行过，都是几个铁哥们一合计，请他定夺，他说行，那就做，他说不行，那就瞒着他做。所以六卿制度也不知道是惯性使然，还是深谋远虑。

六卿制度的好处是显然的，但坏处也是可以预料的。可以说，有了六卿，晋国有了领导核心，有了管理团队。六卿有点儿像元老院，或政治局或内阁，那六个人相当于元老，或常委或内阁大臣，而六卿里地位最尊的中军将，相当于国防部长兼内阁总理。而且六卿制度有个特点，不出意外，六卿都是终身制，死了才会补充新人，一把手中军将死了，二把手中军佐换上去，接着是三把手上军将，等等。结果就是六卿都是以世世代代玩政治的老人为主，经验丰富。这样一群人玩政治，显然比谨守旧制的宋卫郑鲁，或是制度不稳定的齐楚秦，要强得多。但面对这样一群人，那生于深宫之中，长于妇人之手的后代晋君，能对付得了吗？这不，重耳死了才七年，尸骨寒没寒不知道，至少还没烂，晋国就出了问题。

所以第三位，就是晋国第一位权臣，因六卿中的前四卿同一年归西，从而迅速上位的赵盾。

赵盾按照史书的说法，那是真好啊，公忠体国，老成谋国，一心利国，好到连杀他的杀手都感动得自杀了。他胜秦击齐伐楚，让楚庄王无功而返。他召开武林大会，伸张正义，领袖群雄。他做的事情，件件都是好事，什么制事典啦本秩礼啦正法罪啦辟狱刑啦治旧污啦，听名字就知道是鞠躬尽瘁日理万机的那种。他好到了连孔子都很同情他，可为什么那个不识趣的董狐非得在史书上写道"赵盾弑其君"呢？

因为赵盾实在地、也做了好几件有损晋国，至少是有损晋君的事情。人在做，天在不在看不知道，但天下人总能看到，看到的人多了，史书上难免会写上一笔两笔。你也别喊冤，董狐说得好啊，谁不知道在晋国，你赵盾说了算，晋灵公做得了的事，你赵盾能做，晋灵公做不了的事，你赵盾也能做，这些事情你不负责谁负责？

那么有哪些事呢？

第一件，驱逐狐氏，独掌大权。狐氏也算是晋国一个大家族，在重耳的舅舅狐偃时代达到了顶峰，狐赵二族并立。于是在襄公死的那年，狐氏的贾季，和赵氏的赵盾，对于立新君问题展开了斗争。不过贾季在政治上明显嫩得不是一星半点，首先是犯了左倾盲动主义错误，要立陈国公主生的公子乐，陈国一个小国，哪有能耐护送公子乐躲过一干杀手顺利回国，你看赵盾要立的公子雍，就有秦国背景，是秦康公的表兄弟，结果赵盾派人把公子乐一行在回国路上做了，再也回不到祖国怀抱。接着贾季又犯了左倾冒险主义错误，迁怒于人，派本家的狐鞠居刺杀阳处父，为啥要杀阳处父呢？因为赵衰、栾枝、先且居、胥臣同一年去世，那年，本是贾季做一把手，赵盾做二把手，可阳处父非说赵氏功劳更大，贾季一把手没做几天，又让给了赵盾。赵盾当然毫不客气，又把狐鞠居做了。最后贾季犯了右倾逃亡主义错误，逃到狄人那里，赵盾二话没说，派人把贾季的家人家产都送到狄国，叫作出得容易回来难。从此显赫一时的狐氏彻底退出晋国历史舞台。狐氏一走，晋国就再没有人公开跟赵盾叫板了。

第二件，出尔反尔，让秦晋之好彻底成为泡影。事情是这样子的，襄公不是英年早逝么，太子夷皋年纪不是很小么，赵盾不是一片好心么，想这晋国主少国疑，还是应该有个年纪大的国君的，于是派士会去秦国迎接太子的叔叔公子雍。结果太子夷皋的母亲在朝廷上一顿撒泼，一哭二闹三上吊，赵盾不知是不是在家里也给婆娘闹怕了，居然又改了主意。而秦国呢，因为秦晋之好在文公末年襄公初年遭遇七年之痒，吵过几次架，但总还想着能和好，就派了很多的军队护送公子雍回国，指望这个外孙继位后，能和好如初。结果赵盾不仅出尔反尔，还强词夺理，说什么秦国送的人如果是咱要的，那就是朋友，如果不是咱们要的，那就是敌人。敌人怎么办？打呀！在令狐这个地方，把秦国军队一顿好打，让秦国彻底看清了晋国真的不是什么好东西，晋国真的是天底下最无情无耻无理取闹的国家。从此后，伤透了心的秦国跟晋国一刀两断，跟楚国相好。从此后，算了吧列国东周，天长地久，不过是背信弃义寡廉鲜耻的年头，我的爱对你来说如果是颗毒瘤，残局我来收。算了吧秦晋之述，忘了吧曾经拥有，也忘了要牵要放要分都是你的手，从今后死了一个伤透了心的娘舅，多一个列国杀手。若干年后，那个拼命希望融入华夏大家庭的秦国，那个拼命学习华夏礼法的秦国，那个在别国灾荒时主动借粮的秦国，消逝不见，取代它的，将是一个虎狼之秦，很多年后，人们不再说，"晋人，虎狼也"，而改说，"秦，虎狼之国"了。

第三件，是设公族大夫。因为晋国的公子都终生留洋，运气好并且娘家又有力量的，还有一线机会回国继位——当然前提是保证能跟国内的政治元老们合作；运气不好的，或娘家没有力量的，只好一辈子在海外当寓公。所以公族这种事，在晋国，只是个笑话。但别国有公族啊，齐国有，秦国有，楚国有，郑国卫国宋国鲁国都有，单晋国没有，也不是个事儿啊。于是赵盾就出了个主意，让卿族做公族大夫，比如他弟弟赵括就是第一任公族大夫。这叫什么话，这不是逗你玩嘛，不是挂羊头卖狗肉嘛。而且比逗你玩还严重，这就好比大清国把爱新觉罗氏的子孙都发配到暹罗国缅甸国苏禄国，然后把什么瓜尔佳氏钮钴禄氏叶赫氏富察氏甚至汉军旗蒙古旗的都称为皇族，掌管宗人府，并且封成亲王贝勒，你看看会有什么效果？

第四件，以大夫身份主持盟会。晋国在赵盾打理之下，继续称霸，这是好事。可召集诸侯开会，怎么也得让晋国国君主持，让晋国国君当盟主吧。是的，晋灵公是有点顽皮，有点不听话，可你一个大夫，让那么多国君听你的指挥，有点说不过去吧？可赵盾还是做了，他算是开了风气之先。什么风气？大夫主政的风气，从此后，经常有一群大夫四处活跃，开会，结盟，鼓动战争，或呼吁和平。

第五件，对赵穿听任纵容。赵穿是赵盾的堂弟，晋襄公的驸马爷，很骄傲很神气，一个典型的高干、官二代，动不动就是"我哥是赵盾，我叔是赵衰"。当然也和所有骄傲的官二代一样，喜欢闯祸，天不怕地不怕，老子天下第一。比如和秦国打仗，就不听中军将号令，造成战争劳而无功，可回国后赵盾把从犯胥甲赶出六卿，而主犯驸马爷赵穿只是在国外逛了一圈回来继续重用。驸马爷赵穿当然继续闯祸，一定要把天捅下来，才对得起这泼天的富贵，果然又闯出滔天大祸，把晋灵公给弑了。可连弑君这样的大罪，赵盾都能姑息，只是派赵穿去周天子那里迎接新君，就算是戴罪立功了。这叫什么话，难怪董狐气愤地在史书上写道"赵盾弑其君"了。

可见赵盾也许算个贤臣，能臣，但的确也是个权臣，也许的确为晋国的霸业操碎了心，劳苦功高，可也为赵氏的祖业操碎了心，劳苦功高。在赵盾之后，赵盾的弟弟赵括、赵同，赵穿的儿子赵旃曾经同为卿士，无怪乎遭到其他家族的敌视，惨遭灭门之祸了。

有同学要问了，那么晋国都有哪些其他家族呢？这些家族又是以什么方式来争权夺利的呢？好，下回一一道来。

30. 卿族时代之家族攻略

现在人张口则曰日本战国时代，闭口则曰日本战国时代，可翻上一翻，不过百年，出风头的不过几家势力，慢说跟中国的战国相比，实在是连春秋列国中之一国——晋国，连晋国的一个时代都有所不及。晋国从重耳设六卿，到三家分晋，历时两百年，大家族十余个，那规模，那场面，那英雄辈出，那钩心斗角，那山重水复，峰回路转，千奇百怪，起死回生，简直能让英雄落泪，书生落笔，美女落眉，听书客落钱。

好，假如你现在成了晋国的一个封建领主，你是某个家族的一个贵族，该怎么办？

你得分四步走。

第一步，做家族的一把手。

有的同学就说啦，那还不简单，投胎呗。但是我要郑重地告诉你，这是晋国，不是郑国卫国宋国，更不是鲁国，在晋国，一切都有可能。

哪怕你是一个嫡子，也不见得就是家族的一把手，在家族斗争那么激烈的情况下，只要能让家族强大，完全可以不按常理出牌，比如赵盾就把家族让给弟弟赵括打理，而不是儿子赵朔，后来赵鞅也传给庶子赵无恤，而不是嫡子伯鲁。反过来也一样，不是嫡子，也不见得没有机会，曲沃代翼就像那永远演不烂的励志片，激励着一代又一代的庶子们。

第二步，做好家族的一把手。

一字之差，重点在这个"好"字，不要以为一把手好当。你的对手很多，有族内的其他支派，有国内的其他家族，还有外国。

有同学问啦，为什么除了其他家族和外国，还有族内其他支派呢，难道你是族长，他们不应该听你的吗？这都不明白？他们为什么一定要听你的？论才能，论学识，论政治经验，论人缘，论威望，他们就一定比你差？他们凭什么就一定要听你的？他们凭什么就相信你能让家族兴旺起来？

况且，家族内部，也有竞争。对于晋国这种超级大国，每个家族的力量也不会仅限于一城一池，所以每个家族下面，都可能有多个势力，各占一城或数城，成为新的支派，比如范氏之于士氏，知氏和中行氏之于荀氏，邯郸氏之于赵氏，令狐氏之于魏氏。发展得好，别子也能超过大宗。人家比你厉害，为什么要听你指挥？所以你要拿出成绩。

第三步就是，做大家族的一把手。

不仅要好，还要大。你要打拼，要团结好友好待我之家族，要打击敌视待我之家族，要扩大势力，但也尽量不要做出头鸟，不要招致嫉恨，但也不要软弱被欺。但最主要的，是要争夺资源。哪些资源呢？一是地盘。地盘，就是城池，采邑，人口，当然了，还有人才。最初的来源是国君分封，后来封无可封了，就得去外国抢，灭了其他国家，国君就会分封给他们一些，或者干脆据为己有，你看魏氏，就跑到黄河以西抢了秦国老大一片。如果外国抢不了多少怎么办，那就互相抢，灭了别的家族，就把这个家族的地盘瓜分了。所以士会那句话，"晋人，虎狼也"，还真不是白说，这哪里是六卿，简直是六匹狼嘛，加上晋国国君，正好七匹狼。我们是七匹来自北方的狼，撕咬在晋国的大地上，风从北方吹过，黄河在南方流过，我们只有咬着冷冷的牙，报以两声长啸，不为别的，只为这两百年的大赌局。

二是六卿数目。有段时间晋国扩成六军，就成了十二卿，再后来改成四军八卿，以及五军十卿，再后来又回到六卿。不管是几卿，这个六卿所占的份额，始终是一个重要指标。因为进了六卿，才算是第一等的家族，在六卿里如果占得名额不止一个，那就一定能权倾一时了。但是物极必反，出头的椽子先烂，那些在六卿或十二卿或八卿里占得名额超过三个的家族，往往很快就有灭门之祸。比如赵氏在占据三卿没多久，就招来了下宫之难，靠着个赵氏孤儿赵武，才起死回生，大难不死终有后福。还比如郤锜郤犨郤至占据八卿中的三个席位，也很快被灭门，彻底消失。倒是在前期不显山不露水的韩魏二氏，居然笑到了最后。

三是正卿归属。正卿是一把手，带兵的时候是元帅，不带兵的时候是执政，自然也是群狼们眼红的对象。面对群狼，坐了正卿之位的，也是各显神通，有以德服人的郤克、士会，有公私兼顾铁腕强权的赵盾、栾书，有不谋晋国一心壮大家族的韩起、士鞅，有厚道却不能驭下的荀林父，有化家为国的赵鞅，等等。该怎么做，该怎么玩，学着点吧。

光做大还不够，两百年哪，两百年的接力赛，速度啊力量啊等等等等，都会很快成为浮云，你权倾朝野又怎么样？你一门三卿又怎么样？信不信过几年就给灭门？七匹狼，一个猎物，先出手的那个，更可能先输。你不仅要有狼的凶狠，也要有狐狸的狡猾，还要有骆驼的坚韧和乌龟的耐心。

所以第四步，你要做久家族的一把手。你要把家族做得足够久。所以还要两件事，一定要做好。

第一件是搞好策略。不要与晋君为敌，但也不要太忠心，与晋君为敌没有好下场，比如攻打晋定公的邯郸氏范氏中行氏就给灭掉，但太忠心的郤氏，也给灭了族，因为他们受国君怀疑了都不知道，他们被国君派的人攻打了还不反抗。要找个好盟友，但不可尽指望盟友，比如韩氏投桃报李，让赵家起死回生，郤氏却忘恩负义对大恩人胥臣的后代很不客气，比如同样作为赵氏的死党，韩氏终成大业，先氏却遭灭族之祸。

第二件是教育好后代。一个不成器的后代，能让家业毁于一旦，最典型的是先氏，狐氏，胥氏和知氏。狐偃和先轸，多么厉害，多大功劳啊，可贾季呢，先縠呢？胥臣多有本领，可后代要不是没出息，要不是太有出息，出息到疯狂报复，遭到杀身亡家之祸。智罃多厉害啊，晋悼公霸业第一功臣，楚共王的克星，但儿子智瑶自作聪明，却造成了家族覆亡。

也许这样都不重要，两百年的事，谁又能说得准、谁又能算得准呢？世事吊诡，形势比人强。史书上说毕万初封时，人们就说其后代会有出息，恐怕也是后世魏人给祖先脸上贴金，当狐氏赵氏栾氏荀氏郤氏都相继风光，过了百年的时候，魏氏还没有执过一次政呢。

两百年，又像一个旷日持久的排行榜，地盘和势力就是那粉丝数目，六卿的位置就是上榜。那么，两百年间，上榜的家族又有哪些？他们的总排名是什么样的呢？

31. 卿族时代之家族榜单

晋国卿族时代两百年，国君十七位，正卿二十三位，入了阁而未执政的又有数十位，搞一个总排行榜实在是有些困难，不过好在虽然晋国政坛人才辈出，六卿的位置，几乎都在十个家族之内。所以榜单前十名，也只能是这十大家族。

榜单第一位，赵氏。嬴姓，与秦国国君算是远亲。赵衰与重耳关系非常，也很受重用，赵盾，赵武，赵鞅，赵无恤都先后执政。最为显赫的时代，前为赵盾，后为赵鞅，赵盾执政二十年，赵鞅执政十七年，如果加上赵武执政七年，赵无恤执政二十八年，则为总执政时间最久的家族。赵氏还有一样绝活儿，就是总能大难不死，符合主角不死定律。比如下宫之难，留下个赵氏孤儿赵武，被韩厥推荐，最后成了执政；比如曾被邯郸氏范氏中行氏一起围攻，最后与其余三家联合灭了这三氏；再比如差点被智伯灭族，又是联合韩魏反灭了智伯。

上榜理由：在晋国风光得最长，也笑到了最后，多次死里逃生。推荐终身成就奖，最佳主角奖。

榜单第二位，荀氏。据说是姬姓，但荀吴娶过姬姓的郑女，同姓不婚，所以又颇为可疑。以武公时的大夫，献公时的重臣荀息而发迹，后来分化出知氏和中行氏，与荀氏大宗并称荀氏三家，执政人物有中行一支的荀林父、荀偃，知氏一支的荀罃、荀跞、荀瑶，以大家族计算，执政次数最多。而且多次一族三卿，一族两卿却未被灭族，直到春秋末年智伯被灭，才退出历史舞台。

上榜理由：执政次数最多。推荐最强阵容奖，最佳配角奖。

榜单第三位，士氏。祁姓，后来分化出范氏，执政者有士会、士匄、士鞅。士会人不错，士匄也算是悼公霸业的功臣之一，但士鞅却是晋国的一大祸殃。士鞅居卿位近五十年，执政时纵容中行氏向诸侯敲诈勒索，促成反晋联盟诞生，晋国霸业彻底崩溃。在后来的晋国八年内战中，范氏中行氏被赵氏联合知氏韩氏魏氏一起攻灭。上榜理由：士会在秦国政治避难时，曾经不愿意回国，他说过一句话，"晋人，虎狼也"，不过没想到后来他的子孙也在证明他这句话是多么的正确。推荐最佳台词奖。

榜单第四位，郤氏。姬姓，算是晋国公族的旁支。执政者有郤縠、郤缺、郤克，晋国的传统家族，势力雄厚，不过一直忠于晋国国君，也不太高调。直到厉公时代，与栾氏联合，促成了赵氏灭门，一时势力大盛，一门三卿，结果被栾书陷害，被胥童攻打，遭灭门之祸。但哪怕在遭栾书陷害胥童攻打时，也没有起兵反叛。

上榜理由：忠诚，生是公室的人，死是公室的死人。推荐最佳事业奖，最忠诚员工奖。

榜单第五位，狐氏。出于狄人的狐姓，也有人说是姬姓，反正狄人和晋人一边打架一边通婚，也弄不太清楚了。狐氏的功臣，首推狐突，他生了两个女儿，分别生了两个晋国未来的国君，两个儿子狐毛和狐偃则跟随重耳，狐偃更是重耳的五个铁哥们儿之一。晋文公第一次组阁，狐氏占了六卿的两席，与郤氏相当。可惜到他儿子狐射姑，也就是那个不成器的贾季时期，彻底败在了赵氏之手，虽然也做了几天执政。

上榜理由：最先发迹，最先出局，执政时间最短。推荐最佳体验奖。

榜单第六位，先氏。姬姓，先轸、先且居父子先后执政。先氏为赵氏的死党，先轸、先且居被赵衰举荐，先克为了赵盾被杀，先且居死时，赵盾为了给未成年的先縠留个位置，让先氏的家臣臾骈进了内阁。到晋景公时，先氏因邲之战的失败，以及遭赤狄攻打晋国而被灭族。先轸在城濮之战与崤之战中为晋国赢得的霸业，为先氏赢得的家族地位，都因为先縠的刚愎自用，不听将令，引狼入室而失去。邲之战后，晋国的霸业拱手让给楚庄王，先氏的基业毁于一旦。

上榜理由：不争气的后代害死人，教育学的反面典型。推荐最佳教育片奖。

榜单第七位，栾氏。姬姓，与郤氏一样，曾经是晋国公族的旁支，而且曾经与郤氏结盟，对抗赵氏，但在赵氏灭门之后，却对郤氏陷害，与胥氏一起造成郤氏的灭族。栾氏长期占据卿位，但最风光的时代，还是栾书执政时代，栾氏内阁历时十五年，权倾天下。但在栾书弑了晋厉公，迎立晋悼公后，也迎来了栾氏的末路，二十三年后，栾氏灭族。

上榜理由：有栾书一个就够了，前有赵盾，后有栾书，维护晋国霸业有功，诛除异己有罪，从此后，弑君，逐君，在晋国不再是新鲜事，更为难得的是，赵氏灭门案，栾书是导演之一，郤氏灭门案，栾书是总导演，厉公暴死案，栾书也是总策划。推荐最佳策划奖，最佳导演奖。

榜单第八位，韩氏。姬姓，出自曲沃一系的晋国公族，曲沃政权的积极拥护者，在晋文公之前，有相当的势力，不过重耳归国后，一直很受打压，低调，低调，低到尘埃里，竟沦为赵氏的家臣，连韩厥也从小被赵氏收养。到晋悼公诛除栾氏后，在齐晋鞌之战中立下大功的韩厥执政，从此乘风破浪。韩厥之子韩起为卿五十余年，执政二十七年，执政期间，奠定韩氏三分晋国的基础。韩起执政期间，六卿对晋国的资源进行疯狂瓜分，晋国公室再也无力对抗卿族。韩氏之所以在两百年的拉力赛中最终胜出，主要是因为在革命低潮期，始终搞好和赵氏的关系，关键时候帮赵氏说话，次要原因是在前期没有站到风口浪尖，跟对人很重要，低调也很重要,比如赵氏的另一个死党先氏,就因为不够低调而出局,低调的人前途无量。

上榜理由:后来居上。推荐最佳成果奖。

榜单第九位,魏氏。姬姓,始封自毕万,在魏犫时本来能比较风光,因为他也是重耳的五个铁哥们儿之一,但是有勇无谋,只能眼睁睁看着狐氏赵氏郤氏得势。在晋楚鄢陵之战中,靠着魏锜的牺牲和功劳,魏氏进入六卿,在晋悼公时魏绛被重用。魏氏与栾氏关系密切,但魏舒执政,却是在栾氏覆灭之后很久了。在魏斯执政时期,韩赵魏正式成为周天子的诸侯。

上榜理由:虽然在执政过的家族里最后执政,却做了晋国的最后一位执政。推荐最佳压轴奖,最佳励志片奖。

榜单第十位,胥氏。姬姓,也是晋国公室的分支。胥氏始终没有成为正卿,但也始终没有离开过晋国的政局。胥臣曾经是重耳的五个铁哥们儿之一,襄公六年同一年死去的四卿中的一位,但显然家族人才凋零。几个进了内阁的,胥婴没没无名,胥甲做了赵穿的替罪羊,胥克呢,被那个胥臣举荐而上位的忘恩负义的郤缺以健康原因赶出六卿,位置让给赵盾的儿子赵朔。接二连三的打击和背叛,造成了胥童的复仇与毁灭。胥童成了晋厉公的打手,郤氏灭门案的主演,灭了郤氏仍不解恨,又抓了栾书和荀偃。本来这是一个胥氏和晋厉公双赢的好戏,胥氏重入六卿,晋厉公大权在握,结果晋厉公充当好人,放了栾荀二氏,后来自己在栾书导演下"被死亡",而胥氏也彻底消失。

上榜理由:我真的不想打酱油啊。推荐最佳参与奖,最佳龙套奖。

这十大家族是晋国两百年间政治形势的主导者,六卿的位置,几乎没有出过这十家之外。此外还有几个有点名气的小家族。

比如邯郸氏、嬴姓,源于那个驸马爷,官二代赵穿,很多年后,邯郸氏的后代赵午与赵稷,成为晋国内战的导火索,也在内战中,与范氏中行氏一起在攻打晋定公时被灭族。以弑君始,以攻君终,推荐最佳反派奖。

比如羊舌氏和祁氏,都是姬姓,源出晋国公室。羊舌氏出过一个有名的叔向,有叔向贺贫的典故,祁氏出过一个"内举不避亲,外举不避仇"

的祁黄羊，虽然未入六卿，地位也不算低。两家在顷公时代一起被灭。推荐最佳替补奖。

其他的，据说还有什么籍、箕、柏、董氏之类，除董狐在史书上写过"赵盾弑其君"，箕郑父参加过一次失败的政变外，对晋国政治均无甚影响。董狐可以推荐最佳纪录片奖。

那么有同学要问了，卿族这么强大，晋国国君就不反抗，就一直坐以待毙不成？当然不会，在这两百年间，晋国国君与卿族的斗争从来就没有停止过，其惨烈程度也不亚于卿族之争。

32. 卿族时代之晋侯反击

玩过游戏《苍之涛》的同学，大概还记得那个不可一世，四处侵略，克了秦再克齐，克了楚再克燕的晋国权力中枢"太辰宫"，大概也还记得那个躲在角落里瑟瑟发抖的小老头重耳。重耳是不是这么没出息我不知道，但重耳时代的卿族，的确还没有不可一世成后来那个样子。甚至到重耳那个短命的儿子晋襄公时，卿族似乎也还是紧密团结在晋侯周围。

卿族力量之大张，要到赵盾当国时代。赵盾实在是太强势了，以至于狐射姑说赵衰是冬天的太阳，而赵盾是夏天的太阳。狐射姑受不了夏天的太阳，离开了晋国，连带着狐氏的所有势力，但晋侯还要在晋国生活下去。所以第一个反击卿族的晋侯，就是日渐长大的晋灵君。

晋灵君据说是很坏很坏的，但他的坏却是那种青春叛逆期的坏，让人想起后世那个顽童皇帝朱厚照。他很不喜欢赵盾，但他发现自己身边，到处都是赵盾的人，所以当赵盾教训他时，他只能说，我改，我改，然后照旧。实际上也没有任何人敢直接对这个"夏日之日"下手，失去一把手位置的狐射姑向阳处父下手，而失去卿位的先都、箕郑父、士縠、梁益耳、蒯得则杀了先克。但杀了阳处父，赵盾还是赵盾，无非是接下来狐氏比较倒霉而已，杀了先克，无非是这几个人被赵盾处死而已。但晋灵君准备动手了，他先是派了个杀手，结果听说那个杀手被赵盾感动得自杀了，因为他看见了两个字"天下"。他又安排了一场宴会，表示要与赵伯伯亲近亲近，等赵伯伯入席，掷杯为号，五百，没那么多，五个刀斧手一齐杀出，却谁知赵伯伯的贴身保镖身手不凡，那五个刀斧手也有一个是赵盾的人，居然又给他逃了。赵盾是要做忠臣的，于是就流亡国外，还没出境，堂弟赵穿就把晋灵君杀了，邀请赵盾回来继续做国相。

下一个被赵盾接回来的晋成公，是晋灵君的叔叔。名字不太好听，叫黑臀，算是比较知趣的国君，所以晋成公时代，赵盾继续权倾朝野，而晋成公，在国际上也是当仁不让的天下霸主，在国内是不是就不重要了。

接下来，成公第六年，赵盾死，郤缺继任。第二年，成公也去世了，景公继位，郤缺继续阻止住楚庄王的攻势。再过三年，郤缺死，荀林父执政。也是这一年，一场邲之战，让晋国的霸位让于楚庄王，最大的责任人是先縠。更要命的是，先縠接下来还引狄人入侵，希望重振雄风的晋景公当然不会放过，干脆诛灭了先氏。接下来，对内是荀林父，士会，郤克，栾书相继执政，对外则是灭潞，灭赤狄，辅氏之战败秦，鞌之战败齐，扶持吴人牵制楚国，也算是一代英主了。不过在史书上评价似乎非常不好，听信谗言，讳疾忌医，连死相都极其难看，居然是如厕时落入粪池而死。或许是因为晋景公是赵氏灭门案的一大反派吧。

到晋厉公继位，终于在鄢陵之战中大败楚国，楚军主帅子反自杀，楚国再也无缘霸业，而晋厉公和其后的晋悼公再一次成为中原霸主。这样的霸主，自然不会容忍卿族坐大。所以在南征北战的同时，也准备对卿族下手。晋厉公的意图很多人都猜到了，于是栾书利用晋厉公的心思陷害一门三卿的郤氏，而胥童在攻灭郤氏之后，还抓了栾书和荀偃。本来玩政治斗争嘛，一不做二不休，虽然胥童抓栾书荀偃出乎意外，但都已经撕破了脸，还指望能和好如初吗？可晋厉公忽发慈悲，他说今天一天杀了三个卿，我看够多了，罪过啊，我看不下去了，胥童啊，你不能再杀了啦，都放了吧。晋厉公慈悲，栾书可不慈悲，因为他不知道哪天再被胥童抓起来啊，于是干脆把晋厉公做了。这是晋国第二次权臣弑君。

不过接下来的晋悼公却是个厉害人物，单看名字就非常了得，叫姬周，生怕人不知道他是周王室的子孙。而且别的公子留洋，不是秦就是齐，要不就是陈国宋国，他可好，直接住在洛邑，和周天子做邻居。果然是见过大世面的人，所以虽只有十四岁，却少年老成，玩起政治来，深得当日周公之真传，当然也兴许是周王室的图书馆里真有什么帝王秘籍也说不定。即位之后，果然不负那个"周"字，声称要恢复周制，提拔那些对晋国做出杰出贡献的功臣后代，像士会的儿子士鲂，魏锜的儿子魏相，魏颗的儿子魏颉，赵朔的儿子赵武都入了阁，让栾氏内阁一下子变了味儿。用围棋的术语来说，这叫"打入"。栾书当然也不愿意认输，赶紧补上一手，请求立自己儿子栾魇为公族大夫，晋悼公很痛快，说好啊，我早就想立他做公族大夫了，这样吧，荀家、栾魇、荀会、韩无忌四个人都做公族大夫，他们都是功臣之后，都是世交啦，也有个伴，荀家岁数大点，就做首席吧。用围棋的术语来说，这叫"侵消"。

晋悼公这般借力打力非常巧妙，行家一出手，便知有没有。虽然栾书还是正卿，还是执政，但给智氏中行氏韩氏魏氏赵氏这么一冲击，权力竟消弭于无形。栾书心想我一个玩政治玩老了的老头，居然给一个十四五岁的孩子玩弄于股掌之上，等他再长几岁，恐怕我连全尸都留不下，罢了，还是告老吧。

于是晋悼公时期，贤士盈朝，比如韩厥，智罃，魏绛，赵武，都是非常了得的人物，文才武略，晋国霸业达到顶峰。对内惩治奸佞，减免税收，救济贫困，一派升平之象。对外呢，服郑，保宋，和戎，联吴，疲楚，镇齐，慑秦，八年内九合诸侯，史称悼公复霸。不过可能老天爷，啊不，用周人的话，应该是上帝抛弃晋国很久了，晋悼公这个史上最年轻的霸主，竟然不到三十岁就去世了，一个谥号"悼"字代表晋国人民对他的惋惜和怀念。其后晋楚共同衰落，楚国受困于吴国，晋国则受困于内争。

晋悼公之后是晋平公，名字很彪悍，叫作姬彪。初期也甚是威猛，湛阪之战败楚，平阴之战败齐，最后迫使齐国订城下之盟，承认晋国为盟主，也算是霸业的继续了。

但他对于晋国卿族的重新坐大，却无能为力。接下来是栾氏之乱，范氏灭栾氏，虽然少了一个家族，但卿族力量不是更弱，而是更强，毕竟分蛋糕的少了。传统的家族灭亡了，悼公时代提拔起来的那些家族，却发展壮大。等到赵武与楚国举行弭兵之会，给中原带来数十年和平之后，晋国的内争也进入白热化。韩氏赵氏魏氏范氏中行氏知氏成了仅存的六卿，也是新时期的六大家族。

本来，有韩厥、智䓨、魏绛、赵武那一批悼公时代的贤才，还能维持一定程度的和平，把晋国利益放在前面，但等到他们相继离世之后，这六大家族的后代，就疯狂地瓜分晋国资源，连悼公时代的韩起，也堕落到与他们一起瓜分。

韩起执政二十七年，晋君已从平公到昭公到顷公。顷公时代，祁氏、羊舌氏被灭，资源被瓜分。接下来，则为定公。

定公时代，发生了几件大事。一是在范鞅执政时，霸业大衰，齐人搞了个反晋联盟。二是邯郸氏中行氏和范氏叛乱，被赵氏知氏韩氏魏氏灭掉。等到定公去世，赵鞅同一年告老，知伯执政时，三家分晋，就只是时间问题了。

后面的出公哀公幽公烈公孝公静公虽然也有六个，但比后来的汉献帝也好不了多少，听谥号就知道，又是哀又是烈又是幽又是出，不是上吊的命，就是流放的运。只不过汉献帝受制于一个曹阿瞒，而他们要受制于三个。等到最后一个国君晋静公迁为家人，这个世界终于安静了，世上再也没有晋国了。

不知道重耳如果知道他的后代会被他那帮铁哥们儿的后代弄得这么惨，会怎么想。可怜黄河北岸那六百年的基业，可怜春秋时代那个最当之无愧的霸主，可怜那个把楚人困了整整两百年的国家，可怜那个让狄人势力再也不能侵入中原的国家，就这么消失在历史深处。而它那两百年的对手楚国，又将面对什么样的难题呢？

第四章　楚盛于南　夷夏之名

33. 大国崛起之楚国篇

很多年以后当我在湘水边徘徊的时候，我还记得年轻时加冠礼的那个深秋的早晨。

那个早晨的薄雾如纱一般笼罩在群山之间，把清晨的阳光掩映得妩媚动人，放鹰台上那红色火烧砖墙明艳如羞涩的少女，砖墙下一大片雏菊，如少女裙幅上的花边。楸树的叶子红了，深深浅浅铺了一地，被风翻起来，又一页页地落下，像是美丽的楚国的运命。

向西望去，一大片一大片的群山，仿佛永远也没有尽头，云和山的那头，听说是巴人和蜀人的故乡。与群山一样高的，是章华宫，那是楚王的宫殿，每到黄昏时分，都有一队队的巫女歌着巫音，载着楚舞，纤细而不可盈握的腰肢，袅娜出各种优美的造型，那是属于山鬼和精灵的舞蹈，是人神共乐的所在。与章华宫一样高的，乾溪台，那是诸神休憩的地方，听说在那里能登上浮云，走到云中君的殿堂。

他们告诉我，你是祝融的后人，祝融是高辛氏的火正，为高辛氏观象授时，守燎祭天。他们告诉我，我们是凤的传人，凤是一种神鸟，能让百鸟来朝，凤也是一种高贵的鸟，只肯栖在梧桐树上，只肯喝最干净的泉水。他们告诉我，千百年以前，楚人就在这片土地上生活，生产，眼看着夏人来了，夏人走了，殷人来了，殷人走了，最后是周人，齐人，晋人，吴人和秦人。他们还告诉我，楚国是世上最伟大的国家，是神庇之国，诸神必将庇佑我们打败那些踏上南国土地上的敌人，楚人有一天也能取代周人成为天下共主，东皇太一是我们永远的守护神。

很多年以后，我行遍了汉水，湘水，沅水，江水，洞庭，云梦，衡阳，那是些和名字一样美丽的地方。很多年里，陪伴我的只有江离，辟芷，杜衡，木兰，女萝，紫的是辛夷，红的是杜若，绿的是薜荔，白的是菖蒲。很多年里，只有东皇太一，云中君，羲和，望舒，东君，大司命，少司命，只有那山里的山鬼，水边的湘君，湘夫人，每日每夜在倾听我的吟哦，那是我献给天上地下人间水畔所有的神灵的吟唱，献给这美丽的楚国的歌谣。这样美丽的国家，这些巫音，楚舞，美人，香草，山泽，真担心有一天再也见不到了。

——摘自《屈平日记》

楚人拥有祖国的力量，敌人将由于楚国辽阔的国境和大量的山泽承受双倍的损耗，损耗升级免费，每项帝王时代研究完成，得到国界加一的奖励，从楚国建筑掠夺来的战利品还给楚国而不是敌人。

——摘自《游戏攻略：战国时代之国家的崛起》

楚国或许是春秋大国里，历史最为悠久的国家，或许也是传承时间最长的国家，其长度甚至在周人之上，因为有周人的时候，也有楚人，而周人被秦灭掉的时候，楚国还在那里。这么悠久的历史，这么独特的文化，以至于宗庙隳灭之后，楚人仍然不相信国家的覆亡，而发出了"楚虽三户，亡秦必楚"的强音，并最终实现。

楚国或许也是春秋大国里，最为贵族化的国家，因为楚国的重要官职，总不出王室之手，若敖氏的子玉，芈氏的孙叔敖，屈氏的屈原，都源于王室。当晋国在卿族的力量下三分,当齐国被政治避难者田氏夺位,当秦国大刀阔斧的使用平民和外国人的时候,楚国始终维持住了王族的地位,直到覆灭于秦人之手。

楚国,那个东夷人建立的国家,那个祝融八姓里唯一崛起的国家,那个拥有最辽阔也最美丽的土地的国家,那个以凤为图腾的国家,那个在群山之间,群江之侧,群泽之滨的古老的国家,那个喜欢用"思"或"些"的语气词,而不是北方常用的"兮"的国家,那个离梦最近的国家,那个拥有最瑰丽的想象最绮丽的思想最华丽的文字最靡丽的音乐的国家,那个喜欢使用编钟和编磬的国家,那个以瘦为美的国家,那个据说虽然亡于秦人,却将楚魂弥漫于每一个中国人心灵深处的国家,那是一个神秘的国家,神秘到了多年以后,那些变得无比实际,对生活以外的事再无关心的中国人已经无法想象,他们不知道,那是一个多么浪漫而又销魂的,属于想象力最深处的世界。

为了发展这个神秘的国家,为了维护这个想象力最深处的世界,楚人与务实的周人,更为务实的晋人,最为务实的秦人,差不多斗争了八百年。

最早和周人打交道的是鬻熊,据说他和当时尚处边陲的周人关系非常好,他的儿子事文王如子。但也不知道是在周人革商之命的时候,楚人置身事外,还是对东夷人的素来猜忌,成王封熊绎时,居然只封了一个"子"的称号,地位在大多数诸侯之下。不仅如此,还在楚的北边,汉水之阳,封了许多姬姓或姬姓近亲的国家,如姬姓的随国,唐国,厉国,郧国,姜姓的申国,吕国,偃姓的贰国,轸国,蓼国等等,构成了一道"汉阳诸姬"防线,东边还有江国,息国,弦国,黄国,蒋国构成的淮水防线。不仅如此,康王时代,熊绎与齐侯卫侯晋侯鲁侯一起侍奉康王,那四个都得到了周天子的赏赐,而熊绎什么都没有。不仅如此,其后的昭王甚至派兵攻打楚国,死在了汉水之中,据说是当地人弄了个中看不中用的大船,昭王坐上后行到江中,发生船脆脆事件,连人带船一起沉了下去,活不见人,死不见尸。直到穆王时代,同属于东夷集团的徐偃王大行仁义,势力大盛,据说被几十个国家朝拜,楚人与穆王联合灭了徐国,周人与楚人的关系才稍稍好转。

但是对周人来说，楚人仍然只是一个子国，地位低下，而且是一个不值得真正信任的"蛮夷"。但是楚人并不甘心，论地盘，论实力，论功劳，楚人并不在汉水北边，或淮水之滨那些国家之下，凭什么他们都是侯啊伯啊的，而自己只是一个"子"。所以到了熊渠时候，楚国开始发力，首要目标即是周围那些小国，突破多年前周人布下的防线。

34. 夷夏之间

如果有人在上流社会经常自称"我是个粗人"，那一定是因为他已经拥有足以傲视这个上流社会的资本。如果有人在电视节目里大谈当年是怎样三百块钱一张火车票就到了南方，换了多少份工作，那一定是因为他今天已经"混出来了"。两千多年前熊渠能说"我蛮夷也，不与中国之号谥"，那也是因为楚国已经"混出来了"。

其实熊渠时代的楚国，还远不是后世那样的庞然大物，连江汉之间都未占全。所以熊渠在开疆拓土方面，也是颇费了些心思的。比如说，近交远攻。有同学就问了，三十六计不是说要远交近攻吗？笨，不知道啥叫因势制宜？齐国远交近攻，交的是秦国，攻的是魏国和燕国，然后呢？西周华夏列国，星罗棋布，同气连枝，就是防止楚国这种坏孩子使坏。比如楚国东面的邓，卢，罗三国，单个看是不大，但打一国就会有另外两国以至三国四国来救，楚国的实力又没有像后日那么了不得，怎么拿得下？所以顶好的，是和这几国通婚，专找稍远一点的下手，胜了地盘就大了，没有胜也不用担心现世报，毕竟路远嘛。骂邻居一顿，天天睡觉都睡不好，跑外地骂人一顿，人家考虑成本也不会跑到你家里来骂不是？

所以熊渠挑了三个外乡人下手，一个是庸，一个是扬粤，还有一个是鄂。挑这三个下手，第一个好处当然是路不远不近，第二个好处是地盘不小，庸就是个大国，扬粤实际上是很多的部落，鄂在西周后期也非常强盛。还有第三个好处，就是这三国在周人的华夏体系里，也被边缘化，庸是古国，曾参与周人灭商，鄂也是纣王时代据说吃了点苦头的国家，虽然是周人曾经的联盟，毕竟不是一家人嘛，扬粤就更不用说了，听名字就知道是"蛮夷"，所以即使被楚国吃了，也不会让周人兴师报仇。实际上，鄂国后来还是被周厉王攻灭的，如果攻打卫国郑国鲁国这种国家，恐怕首先就被诸夏群殴。

搞定了这三个国家，江汉平原上，楚国就成了数一数二的大国啦，于是感觉自己已经"混出来了"的熊渠就说，"我蛮夷也，不与中国之号谥"。意思就是，不要以为你们周人给我一个子爵就能吓住我，就能让我整天拿着包茅去求你们，求你们让我的爵位提高。告诉你，我不求你，我本来就是蛮夷，我也不稀罕你们诸夏的爵位，诸夏了不起啊，我自己给自己加爵，我也不稀罕你们给的赏赐，我自己给自己加薪，我也不稀罕巴巴地跑去参加你们的多国部队联合演习，我自己给自己加班。告诉你们，以后我就不是楚子啦，我是楚王了，我和周王平起平坐啦，连我的三个儿子，我也一并称王，连他们都和周王平起平坐。

这是楚国第一次称王，时间不算太长，因为到了周厉王时候，熊渠又把王号取消啦。为什么？因为周厉王厉害嘛。听名字就知道厉害，实际上也真厉害，在两千八百年前，在一个人们尚不知"专制"为何物的时代，能把国人搞得"道路以目"，也真是个人才。对内厉害，对外也不脓包啊，因为鄂侯不知怎么就得罪这位厉王，他硬是两次远征灭了鄂国。所以自行称王的熊渠想想都怕，就把王位取消了。

周厉王虽然厉害，可惜生不逢时，如果生在五六百年之后的秦国，说不定灭六国的就是他，如果生在两千五百年后的大清国，说不定又要"再活五百年"了。两千八百年前的周人，脑子里想的居然不是国家强大，民族威武，而是自己的那点小利益，自由啊言论啊，居然发动了"国人暴动"，把周厉王赶走啦，让周人进入共和时代，这叫什么玩意儿嘛！

但对楚人来说，却是好事，楚人又开始了扩张之路。很多年之后，罗曼诺夫王朝治下的沙俄曾被称为北极熊，因为他们的扩张之路或许不如亚历山大或铁木真那么迅速，却更为坚实，他们把扩张所及的每一寸土地都变成俄罗斯人的。而两三千年前的楚人，也算得上一只南方熊了，他们的扩张之路同样漫长而又坚实，而可巧他们又是芈姓熊氏。

从熊渠去世，直到熊通篡位，经过了一百多年。这一百多年里，周人失去了一半以上的国土，从镐京洛邑王畿千里，变成了一个守着洛阳周边一小块地皮，连个郑人都打不过的国家。而楚人，也是痛并快乐着，快乐是因为国力始终还比较强盛，痛是因为一直处于内乱之中，啥内乱？宫廷政变哪，王位之争哪，而且很多都是父亲传位给儿子，被弟弟夺了的。

有同学就要问了，不是说，封建社会有嫡长子继承制度的么，怎么会那么乱？这位同学问得好，不过你要明白，父死子继，那是夏人的制度，后来周人完成了整个的宗法制度并推行开来的，东夷人，用的可是兄终弟及，比如说商朝就是以兄终弟及为主，后日的吴国，也是这样整的。楚人嘛，当然也不例外。但天下的父亲，有几个不愿意把地位留给儿子，而愿意留给弟弟的？所以父死子继，其实是父权社会的标志，而兄终弟及，则为母系的遗泽。

有同学也要问啦，为什么夏朝就是父系，而商朝却反而更近于母系呢？难道是因为商朝和楚国比较落后？这位同学问得更好，其实这世上哪有那么多的先进呀落后呀的，适合最好，就好比有人喜欢萝莉有人喜欢御姐，就说明喜欢萝莉比较落后？只有专家才喜欢把各种社会形态排排座，搞个几层楼出来，像是玩游戏练级。却不知，这世上不单奴隶社会是个别的，不单封建社会是偶然的，连母系社会都是不多见的。不信你转转猴子王国猩猩社会，见过几个母系的？你读铁木真努尔哈赤还有匈奴呀突厥呀的早期社会，哪有一丁点儿母系的影子，在一个靠拳头说话的社会，能母系到哪里去？当然有专家说了，男人成天打仗，总会受伤，要女人包扎，如果不给女人权力，她们就不包扎——这话简直是扯淡，在古代大多数时候，女人还专职做饭呢，是不是可以说，如果不给女人权力，她们就不做饭？军队里，随军护士也拥有首长一样的权力？在一个需要整天打仗，靠拳头说话的社会里，女人根本不会有什么权力，而只能成为一种被争夺的资源，比如铁木真的母亲被抢来抢去，铁木真长子术赤的母亲也被抢来抢去。经济权决定支配权，只有在那些女性劳动所得占主体的社会，母系才有可能，比如一些曾经以采集为主的东夷部族。

源于东夷的楚人，可能的确有过母系的阶段，不过后来世事推移，男人又夺回了权力，于是父死子继和兄终弟继始终交战着，是夷变夏，还是夏变夷，他们焦灼着。这不，熊渠死后一百多年出现的铁腕人物熊通，就是一个杀死自己侄子而篡位的国君，也是第二个称王的楚国国君。

35. 观中国之政

两千七百年前的某一天，汉阳诸姬里的龙头老大随国，来了一伙南方蛮子，他们来自那个最近风头正健，连中原大国郑国和蔡国都有些担忧的楚国。蛮子果然是蛮子，别人都是先礼后兵，他们居然先兵后礼，就好比那黑社会大哥，进门啥话不说，摆一下脑袋，众小弟一字摆开，揎拳捋袖，店主吓得两腿发软，这才停下来谈判，自然能有求必应。虽然场面难看了一点，但那效率却不是盖的。

楚君熊通也是这么做的，先带上三军，几百乘装甲车摆在城下。随侯说，你为啥要打我，我又没有做错事。熊通心里冷哼了一声，没做错事就不挨打的话，这世界早他妈和平了，真是幼稚！我们楚国又做错什么了，凭什么人家都是侯呀伯呀的，我只是一个子，凭什么？熊通就说，你的确没做错事，不过呢，你是诸夏那帮人里头离我最近的一个，既然来了，就帮我捎句话给周王，你就说，中原那帮诸夏啊太不成器，你打我我打你，咱们楚国最不缺的，就是装甲车和狙击手，派个五百乘一千乘的没啥问题，所以想替周王管管中原的事务，"我有敝甲，欲观中国之政"，只不过周王忒也小气，只给了我一个子，请他给我换顶帽子，公啊侯啊的也来它一顶，当然了，如果让我做一字并肩王，我也不会介意。

随侯当然只好替熊通跑上一趟，结果自然是天子震怒。想想也是，一个横行多年，手下小弟众多的黑帮老大，某一天某个小弟替某个刚刚兴起的小帮会带话，说那个小帮会要来管管这边的场子，如何不震怒呢？所以连同着随侯都遭了殃，被周天子带着几个诸侯教训了一通，灰溜溜地向熊通传话。

熊通听了当然也生气，丢！不就是顶帽子么，帽子谁不会做？不给我戴，我自己戴，以后大家就叫我楚王吧，我本来就是蛮夷嘛，我是蛮夷的王，你是诸夏的王，我倒要看看，哪个才是货真价实的王。于是到了熊通时候，楚国第二次称王。

但光称王还不行啊，周王不承认啊，中原那些国家没有一个承认啊，咱得逼他们承认。楚国和周王室之间还很远，有几十个国家堵在那里，其中有些国家还颇有实力，就好比游戏进入某地下迷宫，超级老怪在迷宫第三层，而从入口到第三层，一路上还有若干大怪物，以及喽啰无数，要解决超级老怪，就得一路打将过去。所以熊通的首要任务还是江汉平原，然后是汉淮之间，然后才是黄河流域的郑卫宋鲁陈蔡这些国家。

所以楚武王熊通和其后的楚文王熊赀都是战死沙场的，成果就是让楚国版图空前壮大。熊通搞定了随国、鄀国、绞国、邵国，灭了罗国、卢国、鄀国、州国、蓼国，又收了轸国、贰国等一干小弟，还向西击败了濮人。熊赀先是假邓伐申，后又在蔡侯和息侯的矛盾中渔翁得利。

假邓伐申就不说啦，蔡侯和息侯又有啥矛盾呢？原来蔡侯和息侯是俩连襟，蔡侯娶了姐姐，而息侯娶了妹妹，都是陈国的公主。可能蔡侯娶姐姐时，妹妹还未长成，等到更漂亮的妹妹被息侯娶走之后，竟然羡慕嫉妒恨。有一次息夫人从娘家陈国回家路过蔡国时，居然被姐夫留下，言语轻薄。息侯的女人被调戏了，当然很生气，是可忍孰不可忍，现在不教训教训那个可恶的蔡侯，以后哪里还有脸出去做人？但想想蔡国比息国大，打不过，于是就向楚文王熊赀献伐蔡之计，弄得蔡侯献舞竟被楚王抓回去了。蔡侯名字叫献舞，一听就是个浪荡子，当然也发挥了浪荡子的特长，花言巧语添油加醋，竟然让楚文王熊赀也对息夫人那无双的美貌垂涎三尺，发兵灭了息国，把息夫人抢到了宫里。可怜息夫人一进楚宫，从此再不见笑容，连话也很少说，问她原因，她就说息侯死了，自己哪里还能开心。为了这个，后世许多无聊文人泛酸，说你既然那么怀念息侯，为吗不早死掉，也不想想自己如果国家亡了是不是肯定会殉国。息夫人变成愁夫人，哑巴夫人，再美貌，楚王也不会很开心，所以蔡侯献舞只好一直在楚宫里献舞，献了九年才郁郁而终。

楚文王熊赀之后，经过一番宫廷政变，幼小的楚成王熊恽登上王位，他的母亲就是从前的息夫人，现在的文夫人，而执政的，则是他的叔叔令尹子元。

子元执政时代，楚国已经方圆千里，算是数一数二的大国了，自然也有足够的底气向周王摆阔。所以在楚人去洛邑朝贡的时候，周惠王就把祭肉赐给了楚人，还对楚人说，南方蛮夷那边的场子你们随便动，不过北方的地盘还是希望你们能手下留情，大家都是出来混的，队伍不好带啊，咱这做大哥的，不得罩着点？

周天子出面打圆场，论理应该能搞定楚人和诸夏的矛盾，让楚祸南移了。但谁知还没过几年，就出了大事，楚国竟然攻打了郑国，而且是没有理由的。

理由没有，原因还是有的，还是因为息夫人。为什么呢？原来息夫人虽然生了两个儿子，而且已到中年，美貌仍然能让人想入非非，其中就包括小叔子令尹子元。子元为了让息夫人开心，同时注意到自己，居然在息夫人宫室隔壁营建新宫，然后再表演根据巴蜀的歌舞改编的万舞。那是真正的劲舞啊，场面极大，节奏感极强，北方那些宋人鲁人的古典音乐，郑人卫人的流行音乐，与这个集文舞武舞之大成，合巴声蜀乐楚舞巫音为一炉的万舞相比，简直就是浮云啊浮云。子元本以为息夫人会开心，却谁知息夫人还是一如既往地愁眉不展，问她为什么，她居然说，先君改编万舞是为了激励军心，现在先君一死，就拿来作乐，我能开心得起来么。子元一听这话，荷尔蒙上脑，马上带上六百乘装甲车，攻打郑国，没有理由的，谁叫你们没有让息夫人笑起来。郑国虽然在东周初年算是一个一流的大国，到这时候，其他玩家装备升级换代，郑国那极品装备就不那么给力了，碰到许国这种小玩家，还能显摆显摆，在楚国齐国这种新大鳄面前，只有被秒杀的份儿。

子元在郑国显摆一番回来，竟堂而皇之地搬进了王宫，然后没过多久，被政敌，也许还有情敌杀死。唉，都说美丽的女人是祸水，笑一下能害死人，不笑吧，也能害死人，不过首先呢祸的还是自己，因为越是美丽的女人越难有如意的郎君、美满的家庭。

但不管怎么讲，楚国算是真正地"观中国之政"了，因为汉阳诸姬虽是姬姓，毕竟天高周王远，终归是江汉一带，不像郑国，姬姓大国，黄河南岸，周天子的左膀右臂，郑国都被欺负了，周王室还会远吗。所以在楚成王再一次伐郑之后，也迎来了周王室衰落后的第一个对手——齐国。

36. 我虐的人和虐我的人

"找不到我虐的人，我知道我愿意再等，打不过虐我的人，一时的胜利他骗不了人，我不是无情的人，却将你虐得最深，我不忍我不能，别再认真一起做我楚国的人。放不下我虐的人，是宋是卫是郑，离不开虐我的人，是晋是吴是秦，为什么最真的心，始终不能问鼎，我不问我不能，北望中原，直到心变冷。"

楚成王之前的楚国史，很类似于当年殷人周人的成长史，或许连楚人自己也是这样想的，偏居一隅，日渐壮大，周人厉害时就归顺，周人衰落时就扩张，最终，祝融的后人取代周人而开四代，分封诸侯，这个梦想直到一个叫项籍的楚人被刘邦打败而告终。但楚人代周而开四代的梦想之不能实现，却是在很久很久以前就注定了的，因为在楚成王的时候，世界就已经不是凤鸣岐山时候的世界，中原也早已不是汤武争伐的那个中原，连同那个从氏族时代一路发展而来的封建社会，都要行将就木了，帝王时代正在到来，所以楚成王之后的楚国史，更像是一部虐人史和被虐史。

第一个打算过来虐楚人的，就是在管夷吾打造下，一时风光无两的东方霸主齐国。原因么，居然又是爱惹事的蔡侯，不过不是那个浪荡子献舞，而是叫肸的怪名字，是"十八月"三个字的奇怪组合，不知道是不是怀了十八个月生出来的怪胎。名字怪，想法也怪，妹妹和姜小白闹别扭回了娘家，他居然就把妹妹嫁给了楚王。连我姜小白的女人也敢要，姜小白那个怒啊，这个楚国是不伐不行了，还有那个蔡侯，太不像话，一块儿打。

但以齐国为首的八国联军开过来，总不能说是因为自己的马子给人泡了吧，传出去丢人，虽然亚欧大陆西边因为一个叫海伦的美女给特洛伊王子拐走，也惹得希腊的多国部队在地中海东边打了十年，但那是洋人，中国人为女人打架，多少觉得丢人。于是齐国找了两个理由，第一个理由是楚国没有给周天子进贡包茅，搞得周天子举办不了缩酒仪式。有同学要问了，包茅不就是南方常见的一种茅草么，到处都是，非得要楚国进贡，即使楚国不进贡，又有多大的事？这位同学有所不知，咱们周人是信上帝的，但那上古时代，酿酒技术不高，那酒水拿出来就像患了白内障似的，混浊不堪，如何能拿给上帝喝哟？所以就用得上包茅啦，把一捆包茅直着放在地上，酒从上浇下来，流到土里时，就是很清爽的酒水，上帝喝得就会很哈皮，就会庇护周人。所以这个理由虽然听起来很无厘头，其实是很理直气壮的。

第二个理由则是当年周昭王攻打楚国，遇上船脆脆的事情。连周天子都被做掉了，那还了得，但也不想想，是你攻打人家哟，当年周人何等威猛，楚人何等弱小，为了生存，还不许人家兵不厌诈一回？狗急了还会反咬一口呢，况且如果你把楚国都当敌国了，还怪人家没有进贡包茅吗？可见这个理由听起来很理直气壮，其实很无厘头的。

所以在齐人和楚人各自秀了下自己的先进武器和强大军队之后，楚人表示，包茅嘛我们会进贡的，不过周昭王怎么回事，你还是自己去问江水吧，我们楚人希望与各国和平共处，不过如果受到了侵略，楚人也绝不惧怕战争。齐人当然见好就收，光荣地向周天子献捷去了。

第二个打算虐人反被楚国虐的，是宋国。春秋霸主里，最牛逼的是齐桓，称霸要趁早嘛，搞得人家提起春秋五霸，第一个总是姜小白；最苦逼的是晋文，六十岁的时候还在外面流浪；最装逼的是楚庄，三年不飞不鸣，装嬉皮士，连谥号都叫"庄王"；最呆逼的是秦穆，只要是晋国的公子，秦国公主来即送，送完后还遭到背叛；而最傻逼的则为宋襄。宋襄公做的第一件傻事，是在平定齐国内乱时打败了齐军，就自认为可以做武林盟主，把不服自己的滕国、鄫国、曹国，打了个遍。而宋襄做的第二件傻事，就是郑鲁陈蔡不服宋国时，又邀请齐楚来参加自己主持的武林大会。

这就好比余沧海想做武林盟主，邀请任我行和东方不败一样。楚成王听了这话之后，差点儿笑出声来，心想天底下还有这等不自量力的人么？当下与令尹子玉一合计，计上心来，于是对宋人说，武林大会么，可以啊，不过地点得我来选。等宋襄公傻乎乎地跑过去时，当然就被楚人抓起来了，还是鲁国求情才放回去。

不过人至傻则无敌，宋襄公是胸怀大志，一心想恢复成汤八百年江山，有着复国理想的，所以又做了第三件傻事，再去攻打郑国，结果当然又被楚人虐，可怜的是宋襄在明明要被楚人虐之前，还在玩什么"半渡不击"，"君子不重伤，不禽二毛"，"不鼓不成列"，很是费厄泼赖，也不想想自己欺负滕国鄫国曹国，逼人家认自己做霸主，算不算费厄泼赖？让宋国父老在战场上无谓牺牲，又算不算费厄泼赖？不过话又说回来了，比起《天龙八部》里那个为了复国不择手段认贼作父的慕容公子，宋襄公倒有那么点可爱之处。

齐楚是各退一步，互不相虐，宋国是欲虐人反被虐，等到那个胡子斑白的晋国公子离开楚国后，楚成王大概不知道，一个晋楚虐来虐去，虐得中原大地面目全非的时代即将到来。

晋楚的第一场大战，就虐死了一个子玉，死亡原因为战败自杀。有同学要问了，胜败乃兵家常事，好死不如赖活着，君子报仇十年不晚，小人报仇就在今晚，井里下毒路上使绊，战败了就战败了，为吗要自杀啊？唉唉，你们这些平民的后人哪，哪里知道人家贵族的荣誉感，战败了是有耻辱的，所以如果不能通过战胜来洗刷耻辱的话，那就一定要抹脖子，勒脖子也可以。远的不说，只说楚国，在子玉之前，也不止死了一个，楚武王时代，屈原的老祖宗屈瑕，也是打过很多仗啦，伐罗失败，自杀。楚文王，一个国君哎，攻打巴人失败，回国时，管城门的不给他进去，说你一国之君，打了败仗，好意思回国么，不觉得丢人么？于是楚文王又去攻打黄国，仗是胜了，可人却再也没有回到故土。

此后晋楚各有胜负，但总的来说，晋国的赢面要大，晋文晋襄晋厉晋悼，都是晋国的牛市时间；而楚国，差不多只有那个三年不问朝政，扮猪吃老虎搞定芳敖家族的楚庄王熊旅时代，才算真正问鼎中原了一回。看战争的胜负，差不多也是晋虐楚的时候多，而楚虐晋的时候少，但受虐最深的，还是晋楚之间的那些半大不小的国家。

37. 愿世界和平

假若你来到两千五百年前，你从周都洛邑出发，目的地为齐都临淄，坐着马车一路行去，你会看到沿着黄河两岸，有着许多繁荣的都市，商业发达，每日贩卖着世间罕见的珍奇，房屋鳞次栉比，人声鼎沸，车马填咽。城市之外，水网密布，禾黍飘香，洛水、淇水、濮水、泗水，还有那尚未变成"黄河"的河水，浇灌着这片肥沃的土地。这条路，重耳走过，很多年以后，还有一个叫孔丘的人也将走过，再过很多年，还有一个叫墨翟的也将走过。

这些都市，是当日的商业中心，是诸夏世界最繁荣的所在，商人在都市中拥有举足轻重的地位，新的城市人口迫使都市规模一扩再扩，形成了城外有城的局面，出现了大量的"南里"、"东里"、"新里"、"公里"的名词。只有在听到"楚人来了"或"晋师来了"时，才会给这些都市添上几许肃杀和恐惧之气。

这片土地也曾经是殷代最繁荣的地区，殷周革命之后，武王发和周公旦，相继在这片土地上分封了好些个重量级的诸侯，羽卫着千里王畿。它们也曾经是中原地区经济最发达，文化最繁荣，军事最强大的国家，他们也曾被称为十二诸侯，长期作为周天子的座上宾，甚至替周天子主持朝政，但随着东齐西秦南楚北晋四大霸主的兴起，他们一天天地没落了。

他们之中有欲避祸反遭祸的郑国。因为周天子被西戎进攻迁都洛邑，也想换个安静地方，就到了周人的南边，在黄河南岸挑了块地方，毕竟周人余威尚在，大树底下好乘凉，且又离南夷北狄们远远的。迁都之日，与商人订立契约，"尔无我叛，我无强贾，毋或匄夺，尔有利市宝贿，我勿与知"，也算是私有财产神圣不可侵犯了，此后商业空前繁荣，城市一扩再扩，三层城门之外，仍有被称为南里的新市区。在郑武公灭邻和东虢，郑庄公灭许，再打败周师之后，一时风头无两，可等到晋楚争霸时代，原本安全的所在，却变成了兵家必争之地。今天楚人打过来，订立城下之盟，送点礼物说点好话，明天晋人听说郑楚结盟，又打过来，只好改和晋人结盟，送点儿礼物说点儿好话，后天楚人又打过来，哪里有过一天好日子。到了春秋末年，好不容易晋楚两个大魔头消停下来，郑国在子产子皮一干人治下又日趋繁荣，那个三分晋国而最弱，欺软怕硬的韩国却盯上了郑国，对着郑国死磕，终于在孟子出生前几年，被韩国吞并，立国四百多年。

还有与郑国同为流行文化中心，并且同为恋爱之都的卫国。卫国最初的都城是商纣王的旧都朝歌，一听就是个声色犬马红男绿女的世界，在西周时代也算是个大国。后来被狄人攻破，在姜小白帮助下复国，最后定都于濮水之上的帝邱，没过几年，又是一派繁荣，工商业举足轻重。如果您是流行音乐控，一定不要错过"郑卫之声"，如果您是情圣情种，也一定不要错过郑国和卫国。根据朱熹朱老夫子的分析，郑国比卫国还要厉害，因为经过圣人之手删订的郑风和卫风里，卫风里的"淫奔之诗"只有四分之一，郑风里却有七分之五，卫风里基本上还是男追女，什么"我左看右看上看下看，每个女孩都不简单"之类，而郑风里基本都是女追男，什么"太委屈，还爱着你，你却把别人拥在怀里"之类。但卫国的宫廷却是最热闹的，比如娶了天下闻名，"齐侯之子，卫侯之妻，东宫之妹，邢侯之姨"的大美人的卫庄公，喜欢养宠物的卫懿公，给儿子娶媳妇，听说儿媳妇漂亮，自己先娶了的卫宣公，还有那个宠幸南子，在这里发生了孔子周游途中唯一一次暧昧的卫灵公。不过这个荒唐胡闹的卫国，却也因为贪生怕死而活得很久，先是做了赵国的附庸，后来接二连三地自贬称号，最后只剩濮阳一城和一个君号，直到秦二世时代才被贬为庶人，立国九百多年。

还有古典文化中心鲁国。自周公以来，鲁国人就一直受古典文化的熏陶，凡事都讲一个"礼"字，而专门研究各种礼的就被称为"儒"，所以儒家会诞生在这里也就不奇怪了。鲁国是搞古典文化的，所以多半会一点古典音乐，"弦歌之声不绝"，又听说能"三月不知肉味"的。很多年之后，一个胸怀大志的混混儿刘季来到鲁都曲阜，本打算攻城，结果听到了里面传来的古典音乐，从灵魂深处受到了洗礼，就此收兵，采用和平解放的方式得到这座文化之都。不过鲁国的儒生们讲究"礼"字，鲁国的公族们却似乎不太讲究，比如著名的三桓，他们像晋国的卿族一样把持鲁国国政，瓜分国君的利益，最后三分鲁国。晋国三分，都搞不过秦国，鲁国三分，还有什么希望搞过从立国以来就和鲁国死磕的齐国，还有南方新并了越国正在北上的楚国，所以终于在秦并吞六国前三十几年，被楚国灭亡，立国九百余年。

还有陈国，蔡国，曹国，后人经常说孔子"厄乎陈蔡"，好像陈蔡多不友好似的，却不知在孔子周游之前，陈蔡，当然还有郑卫宋已经在晋楚拉锯之下，也不知"厄"了几百年了。随便说几年，周定王元年，晋伐郑，郑与晋盟，楚伐郑，二年又伐郑、陈，晋救陈，四年晋伐陈，楚伐郑，盟而去，五年晋伐郑，郑与晋盟，六年，晋伐陈，陈与晋盟，楚又伐陈，陈与楚盟，七年，晋伐陈，楚伐郑，郑与楚盟，晋伐郑，又与晋盟，楚又伐郑，九年，楚伐陈，灭为县，又复陈，十年，楚伐郑。几乎是每年必战，有时一年几战，何尝有过几天安宁日子！

所以同样深受其害的宋国，就成了国际和平运动的中心。作为商人遗裔的宋国是当日的商业中心，以至于自从有了宋国，那些贱买贵卖的人，又有了个"商人"的称呼，而宋都商丘，彭城，都是有名的商业都会，大邑定陶则为当日中原最繁华的都市，它们后来都成了齐楚魏争夺的对象。但宋国的国君除了特爱面子，不自量力，满脑子想着复兴殷人事业，前有宋襄公图霸被楚国打回原形，后有宋偃王图霸被齐国灭亡之外，似乎乏善可陈。宋国的国人除了经常成为寓言故事的反面角色，弄了些揠苗助长，守株待兔，野人献曝的可笑故事之外，似乎也没有留下什么痕迹。不可思议的繁荣，不自量力的国君，不知变通的国人，给这个国家蒙上了一层阴影。"宋人无罪，怀璧其罪"也就可想而知了。所以没有哪国比宋人更希望和平，所以很多年后宋国诞生了一位和平运动大师墨翟也就在情理之中了，所以两次国际和平运动都由宋国的大夫发起也就不奇怪了。

第一次和平运动由宋国大夫华元发起。他与晋国执政、楚国令尹都有不错的私交，听说晋楚在互派大使，于是趁热打铁，促成了晋楚间的和平，订立了弭兵之约，什么"凡晋、楚无相加戎，好恶同之，同恤灾危，备救凶患"之类。但晋楚已经打了半个世纪，靠一个弭兵之约又岂得和好如初，所以这次和平运动没过几年，就爆发了鄢陵之战，楚国大败，和平运动失败。于是又有第二次和平运动。

第二次和平运动在三十几年后，由宋国大夫向戌主持，与会的有十四个国家，像晋楚齐秦鲁卫陈蔡郑许宋等等，国家数量比第一次多，而且包括了所有的大国，并且时机也比第一次好，因为晋国正被卿族弄得半生不死，楚国也被吴国弄得死去活来，大家也是真的累了，不想打了。所以第二次国际和平运动居然维持了四十几年，代价是小国要向晋楚两个大哥同时交保护费，负担重了，但想想两个大哥今天派人来砸场子明天派人来砸场子，也算是值了。

其后，晋国内斗加剧，直到三分，楚国则迎来了新的敌人——吴国。而国际间经过短暂的和平之后，即将迎来更为残酷的战争，因为战国时代就要来了。

38. 北望中原空问鼎

两千五百年前的吴师入郢事件，大概可以和四百年前的欧洲三十年战争相提并论，它的影响也许要到很久以后才能看到，但其军事学上的意义，却足以照耀千古，给一个时代画上句号。

三十年战争期间，一代军事天才瑞典国王古斯塔夫二世横空出世，在二十岁左右的年纪登基，在三十八岁时战死，但却是第一个将刺刀装上火枪，第一个大规模进行线式战术，第一个让火枪成为战场主导，建立了第一支独立炮兵部队的人，也是哈布斯堡王朝的恶梦，让神圣罗马帝国和它的天主教时代再也无法挽回衰落的命运，在他的前面，工业革命即将到来，在他的身后，封建制度连同冷兵器时代将一起成为历史。他的贡献主要是军事上的，让此前战无不胜的提利军团大败，但却意味着封建时代那种骑士式的战争，一去不复返了，火器时代既然来了，工业时代还会远吗？

而两千五百年前的吴师入郢事件，意味着一代天才名将孙武的横空出世，连同他一起出现的，还有那足以流传百世的军事思想。吴师入郢，是"兵无常势，水无常形"的最好诠释，是"出其不意，攻其不备"的最好注脚。吴师入郢，意味着西周和春秋前期那种以车战为主体的贵族式战争，将被永远地淘汰了。也意味着对于军事天才来说，一切都有可能，不管你是齐国还是晋国，还是楚国，还是秦国，所有的大国，都可能一夜之间面临亡国的命运，即使你有一万乘战车也无济于事，以"礼"为主轴的春秋时代即将过去，而残酷的十赌九输的战国时代即将到来。随着春秋时代结束的，还有那统治了这片土地千年之久的封建制度。战国时代既然来了，郡县时代还会远吗？

不过吴师入郢事件还有些其他的解读方式，比如从八卦爱好者角度，吴越之间的那些事，什么专诸刺王僚啦，什么西子入吴宫啦，更有值得扒上一扒的意义，而爱国青年们，也许更对前后两代楚奸帮助吴国来攻击楚国愤愤不平，同时对哭秦庭的申包胥感动得眼泪哗哗的。

是的，吴师入郢事件，还诠释了一个成语，那就是"楚材晋用"。吴国，一个名不见经传，躲在江南那种偏僻的小地方，把姑苏那种到处都是水的地方当作都城，原本是没有本钱跟楚国叫板的。宋国，中原老字号，打败了齐国军队，牛不牛，结果呢？郑国，东周小霸王，打得周天子满地找牙，然后呢？齐国，东方霸主，率领联合国军跑到楚国的家门口，最后还不是乖乖和谈？只有晋国比较厉害，但咱比他更能熬啊，现在眼看着不要四分五裂了吗，可没想到啊没想到，打败楚人的终究还是楚人。那个杀千刀的申公巫臣，为了一个叫夏姬的女人，一个初见时三十多岁，和他在一起时至少也有四十多岁的女人，居然用了十几年的时间来计划和等待，最后毁家弃国，然后在其楚国的家人被情敌兼政敌杀死后，居然又向晋国献计，扶持吴国对付楚国，还亲自到吴国去教吴人车战，教吴人抓革命，促生产，你说这像话吗？你可是屈氏之族啊，是楚武王的后人哪！你说你也真是的，夏姬再美，但也半老徐娘了，你学那洋人为了个女人斗得身败名裂，值得吗？

如果当时楚国有爱国愤怒青年的话，申公巫臣大概也算成第一代"楚奸"了。第二代，就是那个可恶的伍子胥，居然直接带着吴人入了郢都，灭了楚国，还鞭了平王尸。"楚奸"做到这个份上，也真是空前绝后了，岂止是"楚奸"哪，简直就是带路党第一人哪！虽说楚平王跟你有杀父杀兄之仇，虽然圣人也说过"虽百世之仇，尤可报也"，但楚平王都已经死了，等他儿子登基，给你父兄平个反，给你恢复个工作，再升个两级，岂不皆大欢喜，母亲错打儿子了认个错就得了，你还能计较个没完？再说啦你也是出身芈姓，与楚王也是同姓，楚国还是你的祖国，祖国强大，你也面子上有光，光里有面子，你当带路党帮吴国灭了楚国，很得意吗？

但不管怎么说，晋国面临分裂之时，楚国不仅没有抓住时机，问鼎中原，反倒给吴国弄得差点儿亡国，最后在秦人的帮助下才算复国。但楚人也不是没有办法，有样学样呗，在江南更南些的地方，更偏僻的角落，有一个以会稽为都城的越国，也是东夷人，好说话，据说还是断发文身的，野是野蛮了点，但对付吴人，这样正好。晋人扶持吴人对付楚国，咱就扶持越人对付吴国，最后坐收渔翁之利。

果然，吴王阖闾战死越国后，吴国就和越国死磕，不再找楚国的晦气了。最后越国居然扮猪吃老虎，搞定了吴国，而自己，若干年后也被楚国搞定，南方就都是楚国的了。南方收拾下，继续进军中原，实际上，在吴国被灭掉之后，楚国的后院就基本上稳定啦。

但等楚人收拾好后院，北方早已如那洞庭的月鄱阳的水太湖的风，物换星移几度秋了。老牌强国齐国，由姜姓变成了妫姓的田氏，换个管理层继续经营；晋国被拆成三个公司，赵魏韩，重新上市；连遥远的燕国，都是修长城招贤士忙得不亦乐乎，个个都由封建向郡县大踏步迈进。打起仗么，现在早不提几少乘战车啦，直接按人头计算，你要是没个四十万大军啊，都不好意思说你打过仗。在阵前拱拱手，摆摆谱，拉拉家常，什么文王之昭武王之穆，那些早过时啦，直接"出其不意，攻其不备"，要的就是神不知鬼不觉，直接斩首多少万，直取多少城，跟死人还要讲什么"礼"吗？浪费！最要命的还是那个秦国，自从那个卫国公子去过之后，就像嗑了药一样，一下子雄起啦，把东方各国远远地甩在了后面，几乎成了唯一的超级大国，国际唯一的强权，要什么就是什么。最要命的，这样一个虎狼之国，居然真的吸引了各国无数的带路党，玩军事的，玩经济的，玩水利的，玩外交的都有，"楚材晋用"早成过去时，现在无论你什么"材"，都给秦用啦，搞得几次反秦联盟都以失败告终。

周人来过了，沉没在江水那里，齐人来过了，结盟在召陵那里，晋人来过了，纠结在郑卫那里，吴人来过了，亡在了越人那里，但这一次秦人来了，楚人还有没有那么好的气数呢？天真的要亡楚吗？祝融的后人，真的没有问鼎的那一天了吗？而那个忽然就雄起了的秦人，又有什么样的能耐呢？

第五章　秦统于西　万国皆平

39. 大国崛起之秦国篇

　　四千年前，当米诺斯人在爱琴海上交易番红花、锡和乳香的时候，当人类历史上第一个帝国阿卡德帝国在美索不达米亚崩溃、苏美尔人再次统治两河流域的时候，当古埃及人合久必分、由统一进入混乱和分裂的时候，当舜帝带着人们安居乐业但即将面临大洪水的时候，秦人的祖先大费帮助舜驯养鸟兽，赐称嬴姓。

　　三千五百年前，当喜克索斯人带着弓、马和战车入侵埃及并统治百年的时候，当赫梯人在小亚细亚炼铁和轮耕的时候，当印度人在印度河流域反复吟哦《梨俱吠陀》的时候，当子姓的东夷人汤革夏之命、成为中原各部族共主的时候，秦人的祖先费昌投奔商汤王，为汤驾车，并世世代代为殷人做事，坐享尊华。

　　三千年前，当荷马在爱琴海的西岸吟唱史诗的时候，当麻风病在埃及流行的时候，当亚述人在美索不达米亚建立的第二个帝国衰落的时候，当雅利安人开始入侵并统治印度的时候，当武王伐纣、革商之命、为民之主的时候，秦人的祖先飞廉和恶来因为"助纣为虐"，惨遭杀身之祸。

两千九百多年前，当《奥义书》在印度河流域出现和流传的时候，当亚述人第三次兴起的时候，当周穆王在昆仑山邂逅西王母的时候，秦人的祖先造父为周穆王驾车，日驰千里，平定了徐偃王之乱，赐封赵城，称为赵氏。不久之后，周孝王以造父侄非子养马，非子弟成则封于秦。

两千七百多年前，当希腊人在奥林匹亚举行世界上最早的奥林匹克运动会的时候，当地中海东岸和南岸的腓尼基人用山羊脂和草木灰制成世界上最早的肥皂的时候，当帕加马人发明羊皮书卷并渐渐取代埃及的莎草纸的时候，当罗慕路斯在特维雷河畔修筑罗马城的时候，当周天子已经永远失去崤山以西的那一大片土地，失去岐山和周原的时候，秦人——这个世代养马的部族——已经正式成为诸侯中的一员，帮周天子对付强大的西戎，捍卫华夏西土。而秦人的兄弟之族赵氏，也将在晋国兴起。

两千六百多年前，当管仲之后的齐国陷入内争、再也无力争霸的时候，当花甲之年的公子重耳回到晋国、拉开晋楚百年争霸序幕的时候，当郑国和宋国这几个老牌强国渐渐由中兴进入末路的时候，秦穆公嬴任好，靠着用五张羊皮换来的老头儿百里奚，百里奚从宋国弄来的老头儿蹇叔，用美女从西戎换来的由余，以及从晋国挖猎过来的丕豹和公孙支，一时之间打造了一个西部霸主。

两千五百年前，当释迦牟尼和孔丘这些牛人已经在亚欧大陆生活、而苏格拉底和墨翟这些牛人也即将出生的时候，当吴楚战争已经进入新的阶段、转为吴越战争的时候，当晋国的六卿斗争进入白热化、晋国瓜分在即的时候，当齐国在位时间最长的君主齐景公，致力于吕氏齐国最后的霸业的时候，秦国偏安一隅，踉踉跄跄地度过春秋最后的时光。

两千四百年前，当韩赵魏正式被周天子册封为诸侯、春秋第一强国晋国正式解体的时候，当魏国以李悝为相、吴起为将，强盛一时、侵吞秦人西河之地的时候，当楚国新即位的楚悼王励精图治、招揽人才，即将成为吴起最后一个东家的时候，当齐国即将完成吕氏到田氏的最后政权交接的时候，当狄人的最后一个国家中山国，被魏国攻破的时候，秦国早已沦为一个二流国家，五十万大军被吴起五万人大败，根本无力对抗三晋。

两千三百年前，当燕昭王招贤纳士，向齐国倾泻复仇之火，几乎让齐国灭国的时候，当赵武灵王胡服骑射开疆拓土、然后壮年退位身死宫廷之乱的时候，当楚怀王轻信谗言被骗至秦国客死他乡的时候，当魏国在马陵之战后一蹶不振的时候，当中山国最后的余脉被赵国攻灭的时候，当孟轲老先生在魏齐之间奔波往来的时候，当庄周在濠梁之上分享鱼的快乐的时候，变法之后秦国空前强大，大败各国联军，玩弄东方诸侯于股掌之上。

两千两百三十年前，当埃及的托勒密王朝在亚历山大城建成当时世界最大的图书馆的时候，当罗马人和迦太基人在争夺地中海霸主、天才名将汉尼拔和大西庇阿即将在第二次步匿战争中展开角逐的时候，当自称万王之王的安息帝国在波斯开始其四百年的统治的时候，秦人建立了中国历史第一个大帝国，没有任何国家能成为秦人的对手，即使把东方六国加起来也不行，即使再加上北方的匈奴和南方的百越也不行。

两千两百一十年前，当燕王卢绾的部将卫满推翻箕子朝鲜、建立卫满朝鲜的时候，当亚历山大留下的帝国即将失去在希腊的力量的时候，当罗马人取代迦太基人成为地中海新的霸主的时候，当孔雀王朝即将度过它在印度最后时光的时候，秦人已经成了一个历史名词，史书上留给它的只有两个字"暴秦"，虽然"秦人"早在遥远的西方那里成为中国人的代名词，直到一千八百年后，一个叫李贽的人说了句"始皇帝，自是千古一帝也"。

从统一到崩亡，只有十五年，本以为能千秋万代，结果二世而亡，这也许是中国史上最短命的王朝。从战无不胜攻无不克，"胡人不敢南下而牧马"，到土崩瓦解，"一夫作难而七庙隳"，只有区区数年。听说过"其兴也勃焉，其亡也忽焉"，但哪有亡得这么快的？这也许是历史上衰落得最快的王朝。但这却是一个怎么也绕不开的王朝，你可以骂它，诅咒它，也可以讨厌它，仇视它，但你无法忽视它。

这个中国史上最短命的王朝，衰落得最快的王朝，却也是创造了中国史上最多的"第一"的王朝。第一个帝国，第一个统一文字和度量衡的帝国，第一个皇帝，第一个以国家主义为意识形态的军国主义国家，第一个完整的法律体系，等等。更重要的是，从秦之后，中国和欧洲走上了完全不同的道路，再也回不到一个模式，甚至无法互相理解。

40. 新时代之来临

那个叫公孙鞅的卫国公子来到秦国的时候，被称作战国的时代已经过去了一半。

战国之所以叫作战国，并不是因为仗打得多，论起战争的次数和频率来说，战国还不如春秋，春秋打了至少四百多次，而战国只有两百多次，春秋的和平年份只有三十八年，这还要归功于宋国人的和平运动，而战国有八十九年不打仗。可人们还是成天价战国战国地喊，这是为什么呢？

因为打仗和打仗是不一样的，就好比打架和打架也是不一样的。议员打架，和黑帮火并，那能一样吗？可以这么说吧，在春秋时代，不是人人都有资格打仗的，只有贵族才有资格坐在车里，人家是有车一族嘛，而只有与贵族同宗的"国人"，才有资格跟在贵族的车后面乱跑，而住在郭之外的"野人"，只有干瞪眼的份儿。可到了战国啊，哪里还管什么"国人""野人"哟，只要是带把的，年纪差不多，砍得动人，统统给我上。

所以春秋打仗，有个三两万，那都是大仗啊，是倾国而出，战国时代啊，没个几十万人，都不好意思说自己打过仗了。春秋是年年打仗，战国是一打就是一年。春秋时代啊，高手过招，点到为止，胜负一分，各自退兵，所以通常一天就结束了，而战国时代掐上个几年，那是常有的事。春秋打仗，三个贵族，坐在四匹马拉的车上，晃晃悠悠，一个驾车，一个指挥，还有一个不时射上几箭，在那晃晃悠悠的马车上射箭，还是有点难度的，所以要练习，射箭和驾车都是贵族的必修课。而贵族的必修课中，排在射和御前面的，是礼和乐，所以打仗之前，先要通报名姓，指出所以过来打仗的理由，如果对方地位高，还会更客气一些，比如射只无辜的小鹿什么的送给对方主将，这是最起码的骑士风度。所以春秋和战国还有一个大区别，就是春秋哪怕打仗的时候，也是要讲"礼"的，春秋时代，人们还被"礼"所包围，而到了战国，已经没有人记得那个叫"礼"的东西，代之而起的，是"利"。

也可以这么说吧，到了战国时代，八百诸侯里那些幸运儿们，那二十二个幸存下来的国家，很快发现自己也不算幸运的，因为系统把游戏修改成了困难模式。困难模式意味着什么，意味着更少的资源，更强大的敌人，更快的时间条，更变态的科技树。困难模式也意味着与简单模式有完全不同的玩法，春秋，简单模式，你可以尽情地享受春天的花开秋天的风以及冬天的落阳，而战国呢，困难模式，有的只是生存与死亡的钢丝，铁与血的礼赞。文艺复兴时代，简单模式，贵族们在庄园和府邸里谈论艺术、历史以及最时尚的装饰，而两次欧战，困难模式，几百万人厮杀在一起，争着赶着去见上帝。简单模式你可以慢慢发展经济、贸易、科技，收集资源，而困难模式，你必须在第一时间发展出一批军事力量，杀死对方的农民，破坏对方的经济，同时抢占有限的资源，你必须争分夺秒，因为你的胜利，是与死亡赛跑的结果。

困难模式是春秋以来封建制度崩溃的结果，也进一步加速了封建制度的崩溃，毕竟都在与死亡赛跑了，那些封啊建啊礼啊乐啊，那些森严的等级繁复的礼节什么的都是浮云啊浮云。而封建制度的崩溃，也意味着一个新的时代即将来临，那个新的时代，中国人称之为郡县时代，西方人称之为帝王时代，但在当时，也没有人知道会是什么，但肯定不会再是封建，连儒家的二当家孟轲，也不再学着孔仲尼一样，为那个人人都是铁饭碗的时代叹息，而是开始认同一件事，那就是，世界大约终于最后还是要统一的吧，只不过希望这个统一之后的国家，能实行"王道"，能让百姓过得好一点儿。

所以在公孙鞅（或卫鞅），来到秦国时，那个被称作"封建"的制度，已经瓦解得差不多了。

比如宗法封建社会三大制度之一的分封制度，这个时候就有点笑话啦。分封制度，本来的架构，是以周天子为核心网络，宗周和成周两个核心服务器群，一主一备，功能强劲，再以公侯伯子男为汇聚层，拱卫周天子，八百诸侯形成自己的次级网络独立运营再进行互联，实现普天之下，莫非王土，再以卿大夫为接入层，采邑之内再有自己的独立网络再进行互联，实现率土之滨，莫非王臣，最后士或者国人成为最后的终端。

结果几百年运行下来，宗周服务器群遭黑客入侵，彻底报废，只剩下一个规模明显变小，设备明显老化的成周，而汇聚层的一些次级网络，设备升级，规模扩大，性能良好，大大超过了已经不适宜担当核心网络的周天子，最明显的，就是所谓十二诸侯，所以新的核心网络一下子由一个变成了十二个。汇聚层超过核心层，接入层也不甘示弱，大有取代汇聚层的趋势，比如晋国的十大家族。

　　可卿大夫也不是最终的赢家，因为蛋糕不够分哪，所以厮杀几百年后，死的死，逃的逃，就剩不下什么啦，比如晋国的十大家族，只剩下三个，鲁国的三桓到战国时代已不见踪影，宋国的华、乐、皇、鱼、仲、向氏，战国时代只有乐氏，郑国的七穆，只有三家有可能活到春秋结束，齐国的国、高、崔、庆、田氏，只有田氏一家留了下来。雪崩一旦来临，没有一台服务器能够幸免，所以西周和春秋时代，那等级分明成百上千的大小贵族，到战国时代，只剩下二十几家，然后是七家。若干年后，这仅存的七家贵族还会变成一家，直到这一家也彻底消亡，由一帮乡间无赖城里小吏贩夫屠狗之辈成为天下的统治者。

　　所以对于陈涉啊刘季啊这些平民革命家来说，战国时代多战国，那也是好事，打仗会死人，但是不怕，要大打，早打，打世界大战，打上个几百年，什么问题都解决了，帝国主义自己就会崩溃，平民掌握政权的时代，就会来到。

　　那么作为宗法封建社会另一大支柱的宗法制度，又有什么样的变化呢？

41. 私有化，私有化

　　封建社会的几大制度其实是环环相扣的，井田制是做蛋糕的法子，分封制是分蛋糕的法子，而宗法制是继承蛋糕的法子，虽然把蛋糕当传家宝未免会发霉发馊，但总比给外人强吧。

既然环环相扣，自然会一荣俱荣，一损俱损。分封制之下的大小世袭贵族如果没了，宗法制度的意义也就不大了，财产继承财产继承，总得有财产才谈得上继承。宗法制度的宗子选拔赛何等精妙复杂，但也只有世袭贵族才配得上这精妙复杂。想想就知道了，如果你有一个公国，你有三个儿子，你打算怎么分？分成三份，不担心三个小国被邻国欺负？分给其中一个，不担心你死后他们自相残杀？所以嘛，你要设计一套合理的继承人选择制度。但是假如你只有一个店面呢，问题就不大了，怎么分，也不至于闹得太厉害，假如你无车无房无存款只有几个游戏账号，还担心财产继承问题吗？

所以在西周时期，宗子选拔制度还真的挺像回事，到了春秋时代，就时灵时不灵了，到了战国时代，谁还理什么宗子啊，宗子是谁啊？

冲击宗法制度根基的，除了贵族的火并消亡，小三上位也是一个方面。有同学说啦，小三上位怎么会影响宗法制度呢？唉唉，蠢材啊蠢材，有几个上位的小三，不想让自己的儿子取代前妻儿子的继承权的？女小三也就罢了，还有男小三，曲沃代翼的故事就像那经典励志片，让一代又一代庶子们心潮澎湃。男女小三这样一交攻，嫡长子们还保得住吗？如果嫡长子保不住，还好意思提嫡长子继承制度吗？

冲击宗法制度根基的，还有整个社会阶级的升降。春秋大佬们，如果不是公族出身，也是数一数二的大家族，例外的很少，而战国呢，数数那些子们那些家们，那些出来混的，有几个出身大家族，有采邑等着他们继承啊？话又说回来了，有采邑可继承，谁还出来混哪？他们有的是离开贵族阶层已经很多代很多代的破落户，有的是庶人中读过几年书的，有的干脆是商人，手工业者。如果朝中大佬出身都不明不白，又如何叫小民们玩宗子选拔呢？

不过让周人一手打造的宗法制度风光不再的，归根到底还是因为整个经济的私有化。私有化是个好东西啊，人一尝到了私有化的甜头，知道了做出来的东西是自己的，永远都是自己的，根本不用监工，也不用贵族到田间慰问。所以私有化进程一旦启动，就几乎无法逆转，最终将把整个经济都推入市场之中，一切的一切，劳动、土地、资本，甚至权力都可以用来交易。

私有化冲击最大的,还是井田制度,因为宗法制度至少在后世还能部分地被儒家复活,井田制度甚至有很多人都不肯相信曾经有过。

井田制度归根到底是一种土地集体所有下的代耕制度,种的是集体的土地,除了温饱,其他留给集体——其实就是贵族,谁叫贵族能代表集体呢?坏处是干多干少一个样,好处是旱涝保收,再困难,集体的代表——贵族也不会眼睁睁看着大伙儿饿死的,人家会闭上眼睛的,噢,闭上眼睛等着国家的救济的。可有了管仲之类的榜样,大家都明白了,如果把土地分给个人,干多干少不一样,会有完全不同的结果。于是从管仲之后,又有鲁国的初税亩,连周公后人统治的国家都搞私有化,其他的还用得着犹豫吗?于是纷纷进行"打破大锅饭"的改革,什么"作丘赋"啦,什么"尽地力之教"啦,其实说白了,就是这些地以后都是你们自己的,国家不管你们了,只管收税,种得好,可以买更多的地,好好种吧,产量会大幅度提高的,你们也会富的,相信我,你做得到的。

那农民到底能不能做得到呢?玩生态农业的李悝,给私有化之后的农民算了一笔账。五口之家,百亩的地,每年收一百五十石,每石三十钱,一共是四千五百钱,自己吃两千七百钱,衣服用一千五百钱,税四百五十钱,祭祀和其他开支三百钱,最后还有四百五十钱的赤字。这是为什么?为什么?大锅饭时代,产量不高,农民都有田种,有饭吃,有衣穿,现在市场化了,私有化了,产量也大幅度提高了,却年年亏损,最后卖田卖地,只能当衣不蔽体的佃农或雇农,不仅要交税,还要交租,甚至连工作都找不到,只能当流民。这是为什么?为什么?是因为人口问题吗?韩非是这么说的,可以前也是百亩之田,五口之家啊。是因为私有化错了吗?孟轲就主张土地公有,天天喊恢复井田恢复井田,但如果井田能恢复的话,王莽就不会身败名裂了。李悝毕竟是玩经济出身,他一眼就看出来了,都是因为价格问题。如果一石粮食不是三十钱,而是五十钱,农民还会亏损吗?如果五套衣服不是一千五百钱,而是五百钱,农民还会赤字吗?那为什么粮食会那么便宜而衣服则比较贵呢,还是因为供求关系,粮食产量提高了,农民收入一开始是能提高,但提高到一定程度,价格降下来了，收入反而会减少，再加上商人在你要用钱时，把收粮的价格压得低低，在你缺粮时，把价格抬得高高，农民如何不破产？所以李悝搞了两个办法，一是平籴法，就是政府在粮食丰收时进行收购，避免商人压低价格，粮食欠收时出售粮食，避免商人囤积居奇；二是生态农业，即主张以粮食为主，杂以其他作物，以提高综合产量。

但不管李悝所作所为有多大作用，又有没有被其他国家效仿，《诗经》中那种集体劳动的场面终归是一去不复返了，对孟轲来说，井田制已经只是一种想象。这个时代，没有人会为庶人的生活负责，除了他们自己，他们自由了，不再是贵族的附庸了，但他们也不再有任何保障，他完全支配自己的劳动和产物，但他将会富足，还是将会贫穷，也取决于自己，自己的努力、机遇，等等。

封建制度在私有化大潮的冲击之下，已经面目全非成这个样子，自然需要有一种根本的改变。既然留它不住，倒不如索性一脚踢开，给新的制度让路。

不过让很多人想不到的恐怕是，最终判封建制度死刑的，不是经济最发达的齐国，不是大刀阔斧改革的三晋，也不是商业繁荣的楚国，而是商业落后、经济贫乏、封建残余最多、位于帝国主义最薄弱一环的秦国。而且更让人想不到的是，秦国结束封建社会之后，所进行的，并不是大力发展商业，而是重农抑商，不是自由市场化的改革，而是让一种国家主义的制度横空出世。

42. 弯道超越和后发优势

一百多年前，在国际上有一个很有趣的现象，就是那些最早实现工业化的国家，几乎都倾向于自由主义市场经济，如英国或美国，而那些落后的，正在进行赶超的国家，却几乎都选择了集权主义和国家强力干预，如日本和德国。法国则近于前者，而俄国也近于后者。但你要说中央集权是后发者实现弯道超越的利器吧，也不对，因为奥斯曼帝国和大清国，两个集权了数个世纪的大帝国，就节节溃败，几乎要被瓜分。

或许，正如自由主义市场经济是有局限的，比如在印度这种地方，就明显不及清教文化圈更能发挥优势，通过集权主义或国家主义进行弯道超越，也要有其合适的土壤。

德国和日本，有几个共同的特点。第一是脱胎于封建制度未久，甚至直接是从封建制度的根基上强行建立起来的。第二是其商业落后。第三是民族和文化单一，几乎没有什么民族矛盾和文化冲突，能一致对外。第四都是军事挂帅。这四个特点，也许是他们的缺点，但也是他们的优点。

有同学要问啦，你说民族和文化单一我还能理解，但为什么又封建又落后，反而成了优点呢？且听一一道来。

脱胎于封建制度未久，所以社会普遍认同森严的等级。想想就知道了，军人家庭出身的，习惯命令和服从，而商人出身的，习惯妥协和算计，所以代代世袭级级附庸的封建制度，倒给国家主义所要求的整个社会标准化秩序化打下了良好的基础，反正人家依附惯了，好管。就像日本人，据《菊与刀》的研究，他们认为世间万物都有位置的，月亮不可能占据太阳的位置，各得其所，各安天命才是应该做的。像那些市场化国家，哪里有这么本分的百姓哟？服从上级，在日本人那是理所应当的，是在尽自己的责任，而在那些市场化国家，简直就是笨，愚不可及。脱离封建制度未久的社会，百姓愿意为国家服务，而在那些玩自由主义市场经济多年的国家看来，简直是不可理喻又不可理解嘛，国家是什么？为吗要为它服务？国家要为我服务才对。

至于商业落后，看上去是坏事，但坏事也可以变成好事。商业落后带来啥？无非是市面上黄金白银少了点，但钱是什么，钱如果不能变成东西，什么都不是。如果用来交换的只有一万石粮食和一万两黄金，那么一两黄金也就值一石粮食，如果有一千两黄金，那么一两能买十石粮食，有啥了不起的，但如果粮食只有十分之一呢？恐怕很快有人会饿死，所以生产出来的产品，才是整个经济的基础，剩下的货币、市场、计划，都是用来分配产品和资源的手段。也许你会说，如果市面上黄金白银太少，没得交换，还是搞不定，但人家不怕，人家可以国家直接分配。你还可以说，如果黄金白银太少，国内缺少产品没钱买就可怕了，但人家不怕，人家可以发动战争。而且商业落后还有一个好处，就是人心还没有太"不古"，世道还没有太"浇漓"，不比那些搞市场经济多年的国家，个个精得跟鬼似的，当面一套背后一套。所以在商业落后民风淳朴的地方玩中央集权，能一玩一个准，大伙除了种田就是做工，除了做工就是打仗，还乐翻了天，觉得自己在为国家争光。而在商业发达民风猾狎的地方玩中央集权，只能是上有政策下有对策，县骗州，州骗府，一直骗到军机处。

民族和文化单一就很好理解啦，因为几乎没啥民族矛盾，也谈不上文化冲突嘛，可以一致对外。就像一个崇尚小清新，爱穿白色棉布裙，爱旅游，爱"写字"的文艺女，和一个穿地摊装，爱吃辣，爱说脏话，不洗澡的粗俗男搭在了一起，或者像传说中的凤凰男和孔雀女组合，习惯完全搭不上，自身的文化冲突就一大堆，又怎么能完全同心协力，共创幸福美好的明天呢？

军事挂帅更好理解，对外扩张是一切中央集权最好的维护手段，因为没有什么比国家矛盾或民族矛盾更能掩盖社会矛盾了，也没有什么比外国的压迫更能掩盖国内的阶级压迫啦，也没有什么激励比成功扩张后的利益许诺更为诱人的了。所以凡国家主义者，差不多都主张对外强硬，如果还没有主张对外扩张的话。而且凡以国家主义为指导的国家，差不多都有军国主义倾向。如果有哪个国家既主张国家主义，国家利益至上，外国亡我之心不死，又天天喊和平，不扩张，对外也一点硬不起来，那么你就可以肯定，要么喊和平是假的，只是在放烟幕弹，要么国家主义是假的，只是以国家的名义谋个人或少数集团的利益。原因嘛很简单，国家主义是强心针，催情剂，你见过嗑了药之后躺在家里闷头睡觉的吗？

但世间之事，有所得必有所失，高下相形，有无相生，祸兮福所倚，福兮祸所伏，刻意的强求，常常会适得其反。国家主义，中央集权，的确是弯道超越的终极利器，至少对于某些国家是这样。但神兵利器，易伤人，也易伤己，就像邪派武功，升级快，出道快，成名快，但反噬起来，也是要命的。

所以这四个特点，虽然是他们的优点，但最后仍然是他们的缺点。比如脱离封建社会未久，文化倾向于等级化、服从、严谨，但未免刻板，墨守成规。比如商业落后，在赶超期容易解决，技术、产业结构，样样都是现成的，集中力量办大事，也就赶上去了，但进入第一梯队之后，前面道路一片茫然，如何取舍如何抉择，就反而没有那些玩市场经济的更能道法自然了。还比如民族和文化单一，固然内部矛盾很少，但缺少文化的碰撞和整合，模仿则有余，创造未免不足，而且单一文化，通常也缺少文化大熔炉那种海纳百川的气概。军事挂帅就更是这样啦，因为没有哪个帝国能一直扩张下去，它们或在扩张中被打败，或在扩张后自己崩亡，正如西门庆，结局只有两种：在《水浒》中被武松手起刀落命丧狮子楼，或在《金瓶梅》中嗑药过度战死绣花床。

武林中那些练邪派武功的人，也许在临死时，会把那些武功一流的正派人士恨死，那些人家世好基础好环境好，叔伯辈个个都是高手，往往还有个青梅竹马门当户对的女侠在那里等着他们某一天娶过来。他们练功能循序渐进，那是他们有循序渐进的条件。而自己呢，从小在贫民窟里长大，给他们瞧不起，好不容易有一天捡到本秘笈，忍常人所不能忍，历常人所不能历，才练成这惊人武艺，最后反而落得个"自取灭亡"的评价，"我早就说嘛，这邪派武功练不得嘛！"你说这话气人不气人？

但世间之事，往往如此，一切都是有代价的，后发者不仅仅只有优势，你想比别人得到更多，就必须要付出同样的代价，第八号当铺从不做非等价的交易。当然，你可以在得到你梦寐以求的东西之后，再把付出的，慢慢赎回来，但我要告诉你，那很难，正如有女子说她打算通过被包养获取相当财富，让父母过上好日子之后，再清清纯纯地谈一场校园恋爱一样，久历风月之后，还有几个人，还能有当年的少女情怀，少年心境？像当年德国、日本那样已经习惯用中央集权解决问题、中央集权惯了的国家，又怎么可能在弯道超越了之后，突然转身，让市场解决问题呢？

但世间之事，又往往身不由己，在群强环伺之下，国将不保，又有几个国家能从容地发展什么自由主义市场经济，又哪里有那个余裕去发展，而不是把力量集中起来，对付内忧外患呢？封建社会解体之时，先进的国家发展商业，大搞市场经济，而落后国家则倾向于国家主义，也是没有办法的事。

理解了一百多年前日本或德国所以走上军国主义道路的原因，也就能理解两千二百多年前，秦国所以走上国家主义道路的原因，因为他们所处的形势，真的是一样一样的。理解了日本或德国成功崛起的原因，也就能理解秦国成功崛起的原因，因为他们的特点和优势，也是一样一样的。而理解了日本或德国战败的原因，也就能理解秦国迅速崩溃的原因，因为他们的缺点和硬伤，还是一样一样的。

是的，秦国，这个最后一个崛起的大国，这个在战国前期曾经一度沦为二流国家，给一个不到从前晋国一半的魏国欺负得没有脾气的国家，用一种在当时被称为法家，在后世被称为国家主义的理论，打造了一个全新的强国，打出了一个全新的帝国，虽二世而亡，但其留下的遗产，却影响深远。

但是正如德意志第二帝国有著名的铁血宰相俾斯麦，或日本明治时代有第一元老伊藤博文一样，两千三百多年前的秦国，也迎来了那个注定要改变华夏命运的人物——商鞅。

43. 秦国来了个年轻人

商鞅是卫国人，所以最初他应该叫卫鞅，听起来像是未央，很文艺的小资，全不像商鞅听起来那么霸气。称呼是岁月变迁的最好痕迹，比如小李，李科，李局，李老；比如兰儿，兰贵人，太后，老佛爷；比如公孙鞅，卫鞅，商鞅。那个卫国的公子，那个刚刚来到秦国的年轻人，有一天就变成了秦国无人不知无人不晓的商君。

读过晋国史的都知道，鞅这个字在晋国，使用频率似乎很高，仅在执政里，就有士鞅和赵鞅两个。它的本意，据说是系在马脖子上的皮带子，一个笼头套住，后面一个带子，紧紧抓在手上，骑马的时候一拉一拉的，叫它东它就东，叫它西它就西，紧紧一拉，吁的一声，马就停下来了。驾车比骑马要从容些，坐在车前面，一只手抓住皮带子，另一只手扬鞭，但感觉是一样一样的,驾驭啊,驾驭能力啊,就全靠那个"鞅"了。"鞅"是皮的,所以左边有一个革字,"鞅"是要收拢抓在手心的,所以右边有个央字。兴许,给孩子取这个名字的父亲,都希望有一天,这个孩子能抓住些什么,抓住机遇,抓住命运,也抓住权柄。但卫鞅的父亲,大概没有想到,这个孩子的机遇和权柄是在西方遥远的秦国,大概更没有想到,这个孩子有一天会命丧在那个遥远的国家。

卫鞅是卫国的公子,但他的机遇却不可能在卫国,因为卫国大家也知道,除了历史悠久点儿,文化繁荣点儿,作风开放点儿,商业发达点儿,似乎乏善可陈,似乎产生不了大政治家,也留不住大政治家,比如说孔丘。留不住也就罢了,结果还因为一场突如其来的暧昧把孔丘吓跑喽。所以在这个著名的恋爱之国跌跌撞撞地度过六七百年之后,出了个伟大的公子卫鞅,又有什么用呢?黄花菜早凉了。这个时候的卫国,只剩下一个城市,还一会儿是魏国的附庸,一会儿是赵国的附庸,将来有一天,还会成为秦国的附庸。这个时候,对于卫国这种国家,活一天是一天最好,强行做大,不是福是祸。

于是卫鞅来到了魏国,他的先辈李悝和吴起都曾经在这里变法改革。魏文侯,魏武侯,还有现在的魏惠王,一代代开疆拓土,败齐击楚,西取秦国河西之地,北灭中山,打遍天下无敌手,早已是中原新的霸主。这样的国家,理所当然成为年轻人求职的首选。但是正如许多到知名跨国公司世界五百强找工作的年轻人一样,迎面而来的,常常不是荣誉和鲜花,而是一瓢冷水。魏国的确是个大公司,人才辈出,但越是这种大公司,资历就越重要。李悝出道时,魏国尚处在开拓期,三晋还没有正式分家;吴起来魏国时,已在鲁国小有名气;子夏是圣人高足,至于乐羊、西门豹、翟璜、魏成这些人,又有几个不是德高望重,声名远播?而卫鞅呢?其时只有二十多岁。

所以当执政公叔痤向魏惠王举荐卫鞅时,魏惠王简直怀疑自己听错了。公叔痤说自己老了,病了,可能就要不行了,臣死之后,愿吾王将举国之事交给卫鞅,他的才能,学识,尚在李悝吴起之上。魏惠王心里很是不以为然,心想公叔痤啊,你不仅是老了病了,你还糊涂了,咱们魏国从不缺少人才，惠施、孟轲，都想到这里找工作，你现在让寡人把举国之事交给一个毫无资历，毫无声名，嘴上没毛办事不牢的毛头小子，这不是笑话么。魏惠王心里这么想的，但没有说出来，只是随口说了句，寡人知道了。听话听音，公叔痤当然不糊涂，他当然就知道了魏惠王的心思，于是他又说，如果大王不想用卫鞅，就把他杀了吧，否则终是魏国之患。

接下来的情节就如同许多类似故事一样，公叔痤把这话又说给卫鞅听，劝他走。卫鞅呢，说既然看不上我，不会因为您的话用我，又怎么会因为您的话杀我呢？再接下来，就是听说秦国在高薪诚聘，于是去了秦国。

卫鞅虽然年纪轻，但做事很老到，先是带上了李悝的《法经》以证明自己是法家传人，又找上了秦孝公的宠臣景监，毕竟人家在宫里说得上话。因为搞不清秦孝公的喜好，又准备了三套方案，面试了三次，分别是帝道、王道和霸道。先讲三皇五帝，唐虞揖让，秦孝公听得哈欠连天；又讲三代之治，汤武征伐，秦孝公听得很不耐烦；最后才改成霸道，都是些在短期内能让秦国强大，让外国弱小，能报魏国夺地之仇的法子，不管这些法子见不见得人，反正能达成目标就对了。这下终于正中下怀，越谈越开心，秦孝公听得差点凑上去。

听到这里，穿越爱好者大概在心里痒痒了，原来在战国时代找工作就是这么简单，只要告诉国君，怎么样怎么样，就能让国家强大就好啦，我也能。但穿越爱好者如果以为就这样被录用了，那未免太天真，更残酷的还在后头。秦孝公让那帮政治老手甘龙啊杜挚啊与卫鞅在朝廷上辩论，那些人个个都是保守派，根基深厚，世代显贵，玩政治玩了几十年了，当然没那么好对付。也幸亏是卫鞅，如果是后世的韩非，固然是满腹韬略，只怕也应付不起。

但穿越爱好者如果以为说服大臣就完了，那还是太天真了，秦孝公会告诉你，你还得说服秦国百姓。但这同样难不倒卫鞅，他在城门南头竖了根大木头，三丈高啊，下令有人能扛到北门，赏他十金。搬根木头就得十金，老百姓当然不敢相信，万一官府说话不算数怎么办，钱没拿到，还落下个笑柄，大家都说千万别出这个风头啊。第二天，卫鞅把赏金提高到五十金，终于有个冒失鬼忍不住，把木头搬到了城北，结果还真给了他五十金。于是百姓就知道，跟着卫鞅那个卫国公子没错的，他说到做到。

说服了国君，说服了大臣，又说服了百姓，接下来，秦国的大改革就拉开了序幕，那场改革，直接宣判了已经明显落后的封建制度的死刑，也催成了华夏历史上第一个帝国的诞生。

44. 编户齐民的时代

商鞅的改革可以用六个废，六个立来概括。哪六个废？废宗法，废井田，废封建，废礼乐，废世袭，废末利。哪六个立？立小户，立税赋，立郡县，立刑律，立军功，立本业。有所废就有所立，商鞅不光善于破坏一个旧世界，更善于建设一个新世界。虽然那个新世界，似乎有点冷酷，也缺少那么点儿自由。

先看第一个废，第一个立。

废宗法，立小户，说的是商鞅把从前那种父子兄弟住在一起的大家族分开了，儿子长大了，必须和父亲分家，弟弟成人了，必须离开哥哥单干，总而言之，言而总之，我们的目标是，一国不容二主，一家不容二丁。父子兄弟都分开了，还宗法个屁啊！

儒家看到这一条一定会摇头，父子是五伦里最最关键的一伦，再加上兄弟，五伦去了两伦，这，这还像话吗，这人与人之间还有爱吗？但不管儒家怎么想，商鞅就是这么做的，其遗风影响到很久以后，直到汉朝儒家兴起，才重新移风易俗过来。那时候，那些儒家出身的官员，最大的政绩就是每年有多少儿子在官员的感化下把父亲接到一块儿住了。

但商鞅为什么要这么做呢？商鞅的道理是这样的：咱们秦国本来就比较落后，所以更不能养懒人，儿子和父亲住在一起，看起来很美，但是只要父亲还能劳动，儿子就很可能不干活，干活还很可能不卖力，挣的没有花的多，如果不把父子分开，那该有多少年轻人当月光族啊，又该有多少年轻人会去啃老啊？必须把所有的成年男人都分开过，是男人就该顶天立地，要么好好种地，要么好好打仗，不能躺在父亲或哥哥的荫庇下吃现成饭。如果有谁不想分家也可以，税会几倍几倍的收，怕不怕？怕就对了，赶紧分家吧，凡分家的，皆有新户口本赠送，每月前一百名，更有金色户口本，外加户主金色身份证赠送，先来先得，送完为止哦。

第二个，废井田，立税赋，也是通常所说的，废井田，开阡陌。

这个和鲁国初税亩以来，各国改革的方向一致。但秦国不是落后么，所以东方各国早已完成的废井田，在秦国，就搞得晚了一些，但晚有晚的好，便于总结经验教训，搞得彻底啊。所以其他国家虽然废了井田，但还有大量的税赋掌握在贵族手里，而秦国，则基本上是国家的。

废井田好理解，就是不再搞集体劳动啦，要搞私有化啦。开阡陌呢，就是把公社时代那些大田之间宽阔的大路，路两旁的树，纵横交错的灌溉沟渠系统，能变成田的都变成田，荒地也可以变成田。所以如果有谁在公社时代和私有化时代来回穿越，最大的感受一定是，比起公社时代来说，私有化时代的田变小了，乡间的路也变窄了，田变得鸡零狗碎，路也变得七曲八弯。

秦国人口本来就不算多，又开了那么多的地，谁来种地呢？商君说啦，本国人可以，外国人也可以，三晋那块不是山多人多地少么，来咱们秦国吧，你开的荒地，都是你自己的，只要交够税，剩下的都归你。这广告打出去，给不给力？所以自从商鞅废井田之后，秦国再也不用担心粮食问题，也不用担心人口问题。再后来，又得了巴蜀作为第二个粮仓，再把都江堰和郑国渠一修，秦国粮草永远是充足的，兵源也永远都是够用的。在那年月，农业才是实体经济，商业什么的都是浮云，齐国商业发达又怎么样？金子堆成山又怎么样？咱秦国不缺粮食，咱不靠你。人口也是第一生产力，楚国地方大又怎么样？咱的兵又不比你少。

第三个，废封建，立郡县。

其实郡县这种东西，在春秋时代就已经有了。那时候楚国喜欢灭小国家玩，灭一个，就设一个县，其他国家也跟着学，得了一个地方，不想分给贵族，就设成县，派个亲信去管理，如果是在边境，就设个郡。不过郡县的发扬光大，却在秦国，而且秦国与东方各国不一样，在东方，县大郡小，而秦国，郡大县小。当时的旅行者一定很恼火，到底哪个大啊，商鞅说，都听我的，我会把你们一个个的都变成秦国的郡和县。

商鞅把当时秦国分成了三十一个县，或许是三十六个县，也或许是四十一个县，说不清楚，总之是几十个县就对了。其后，县的个数次第增加，取了其他地方，就设新的县，县之上，再设郡。到灭六国之后，分天下为三十六郡，一千多个县。从那之后，不管其上的区划叫郡，叫州，叫道，叫路，还是叫省，最基层的单位总归是县，而且县也总归是那么大。于是中国就从封建时代，进入到郡县时代，郡县的长官，不再是贵族，也不再世袭，甚至很可能是考出来的平民，这一点在很多年之后让英国人羡慕不已，并发展出他们的文官制度。

当然，因为这一废，也搞出了个有名的封建郡县之争，秦当然是力挺郡县，汉初却有点儿和稀泥，到汉武才回到完整的郡县，其后一直是郡县完全上风的时代，比如唐朝柳宗元就是个铁杆郡县派。但到了晚明，郡县了两千年之后，顾炎武却觉得郡县也有郡县的不好，官员三年一届，看上去是公平了，可中央集权之下，谁也不负责，搞好了也不是自己的，搞坏了换个地方照样戴乌纱帽。倒不如封建时代，是人家的祖业，要传代的，人家总不能拿自己祖业开玩笑吧？可封建更不好，阶级固化，混成啥样全看投胎。所以啊，将来兴许有一种把封建和郡县结合起来的制度，既不像郡县那样权力全归朝廷，也不像封建那样分权分成各干各的。他不知道，这种制度其实已经在亚欧大陆的西边发芽，那种制度叫联邦制。

不过与中国力挺郡县不同的是，东边那个岛国，却一直力挺封建，这或许因为他们一直在封建着，于是便封建并快乐着。一个个大名带着些武士整天打来打去，抢地盘，而农民的儿子永远是农民，大名的儿子还是大名，天皇万世一系，大将军永远健康。直到很多年之后，西方人来到这里，他们才一夜之间，唱起郡县制的赞歌，搞起秦人两千年前就搞过的"废藩置县"，把附庸于贵族的农民变成向国家交税的编户齐民，官吏由国家任命并且不再世袭。结果让那些历史没学好的革命者听到，以为东洋人搞的，那一定比咱们先进，于是也嚷嚷着废封建，却不知封建早在两千年前就被秦人废掉，只好看见什么废什么，砸个孔子牌位，就自认为废了封建啦，把退位多年的清帝赶出紫禁城，也自认为是废了封建啦。也不想想，东洋人在搞"废藩置县"的同时，还在喊齐人两千五百年前就喊过的"尊王攘夷"，要提高皇权，要是都学过来，岂不搬石头砸自己脚，这皇帝到底是要还是不要？

但不管怎么讲，秦人的脚步始终是坚决的，封建不可留，郡县不可丢。为了巩固郡县制，商鞅又推行了户籍制度。农民不再附属于贵族，自然由国家统一管理，而国家这么大，怎么去管呢？有办法，编成户籍，发放身份证，制定户口本，此之谓"编户齐民"。出门在外，打尖住店，按身份证进行登记，不登记身份证就留宿客人的，刑法伺候。不过，让商鞅想不到的是，这最后一条，很多年以后让商鞅自己失去了一次逃生的机会。

这三废三立，彻底断送了宗法封建制度的三大支柱，宗法制，井田制和分封制。那么其他的几废几立又意味着什么呢？

45. 美丽新世界

送走了宗法制，打破了井田制，废除了分封制，属于编户齐民的时代已经到来。但商鞅说，还不够，还不够，真的改革者，应有更远大的目标，我要的，不仅是东方那些国家的加强版，我要的，是一个完完整整，干干净净，彻彻底底的美丽新世界。

那个世界是精确的。所以度量衡一定要统一。全国要用一样规格的尺子，一样精确的秤，一样靠得住的量器。如果官员负责制作的量器不准，一定要处罚，哪怕是量器百分之七以下，或衡器百分之一以下，也要罚一甲或一盾，因为他在给这个美丽新世界抹黑。

那个世界是规范的。比如布，长一定是八尺，宽一定是二尺五寸，不符合要求的，禁止在市面上卖，布的质量太差，属于次品的，也不准卖。全秦国的人，用同样的价钱，应该能买到同样价值的东西。

那个世界是完备的。办公手续一定要完整，如果要申请，必须书面打报告，不能嘴上说两句话就完了，也不能委托。公文邮递，必须写起于何年何月何日，早上还是晚上，何人经手，止于何年何月何日，早上还是晚上，何人经手，等等等等。

当然更重要的是，那个世界是靠得住的，不能人存政存，人亡政废。所以一定要讲法，法，法。法是什么，法就是所有人必须遵守的东西，就是规定了你应做什么，不应做什么，你做了什么会有什么样的回报，你做了另外别的什么，也一定要别的另外的回报。你能得到爵位、赏金，还是被罚钱、罚物、强制劳动，还是腰斩、灭族，在你做出某件事情的时候，就会知道。

儒家认为法是不可靠的，再好的法也会被人用坏，最完备的法也会被人钻空子，所以要从教育人入手，而法家恰好相反，认为人是不可靠的，人心隔肚皮，所想不必尽如所说，所说不必尽如所为，你哪里弄得清，靠道德教育来让天下大治实在是可笑，教育能改变人的本能么？所以只有客观的法，明文的法，才是根本的解决办法。

儒家不是讲法会给人钻空子么，坏人会逃脱么，商鞅说，决不会让一个坏人漏网，我们要利用群众的力量，让群众自觉地举报坏人，这就是"连坐"制度。商君说啦，你们楼不是一个单元五户或十户么，那么有一户犯了法，形迹可疑，而你没有举报，那么事情败露了，你会被腰斩，如果你举报了，会大大地有赏。也许你觉得冤枉，你说我没有觉得那人行迹可疑啊，衙役会冷笑一声，靠，你跟他在一起住那么久，每天打照面，我见一次就知道那人心怀鬼胎，你会看不出来？少狡辩了，跟我走一趟，同时让你的家人准备后事吧，你可以保持沉默，因为你所说的每一句话将会作为呈堂证供。看见了吧，活在秦国，你有义务为国家提防坏人，像邻居某某某，经常昼出夜没，举报了再说；像邻居某某，经常在网上转载不良言论，发牢骚，说怪话，赶紧向官府去领赏吧。

那个世界不仅靠得住，还必须抓得住，法不仅是完备的，而且必须是能唯一解释的。像郑国邓析那种人，绝对不许在秦国出现。所以商君说啦，所有律令的解释权归朝廷所有，商君还说啦，禁止议论新法。

那个世界不仅要让罪恶得惩，要让谎言毕露，还要让马屁绝迹。所以商君又说啦，对于国家政策、现行法律、行政法规，等等等等，不仅不能说不好，也不能说好。所以在两千多年前的秦国，你是找不到"咸阳人民纷纷称赞新法"之类的报道的，他们所需要知道的，第一是法律都规定了哪些东西，自己该怎么做，第二是伟大的秦国又取得了空前的胜利，第三是只要自己努力，为伟大的秦国奉献小我成全大我，国家一定会记住我的，一定不会亏待我的，因为秦国已经不是以前的秦国，封建世袭都已经过去了。

这就是第四个，废礼乐，兴刑律。

那个新世界还是公平的，商君说啦，投胎就是生产力的时代，已经一去不复返啦。所以还有第五个，废世袭，立军功。

从今以后，在秦国，不要指望投个好胎，就能坐享荣华，也不要担心没投上好胎，就一辈子活在底层，没关系，在秦国，机会是平等的，只要你肯努力，你就能过得比别人好，你就可又妻荣子贵，一点也不比那些官二代差。

那么有哪些办法呢？

最好的办法是军功，这是打怪升级法。你想快速升级吗？你想得到最拉风的装备吗？你想做最让人羡慕的玩家吗？组队打怪刷经验吧。东方那些国家真是可笑，居然说秦国是"弃礼义而上首功"，这叫什么话，自己整天在游戏里谈情说爱，逛大街，看到别人打怪，劈克，升级快，还不服气，也不想想别人付出了多少，你付出了多少？

其次是重要人才推荐。你想不用打怪就能在游戏里出名吗？你想不用通宵组队就能试用最拉风的装备吗？加盟我们的游戏开发组吧，你将是改革的设计师，你能在所有玩家使用之前，就能试用最新的副本，最好的装备，你将是内测中的内测，因为那一切的一切，都出自你自己之手。

再次是种田。你想做一个最安全的玩家吗？你想不花钱就能玩游戏吗？训练你的技能吧。你可以通过生活技能，获得一定的经验，当你的生活技能达到一定程度，你甚至可又炼制最顶级的装备，而且，最重要的是，你永远不用担心被怪物或其他玩家杀死。

最后是经商。你想不刷副本就可以获得装备吗？你想花钱就能玩游戏吗？你想在游戏里富甲天下吗？摆摊挣钱吧，通过摆摊挣钱，你还可以获得商业经验，经营得好的玩家，游戏专门推出商城，欢迎租赁经营哦。而且需要透露的是，大秦国在游戏后期，将特意为您推出用粮食换取爵位的途径哦。

新世界还是公正的，王子犯法，与庶民同罪。这一条，也成了商鞅杀身之祸的根源，因为商鞅处分了知法犯法的太子的老师。打狗要看主人面，打猫要看主妇面，对太子的老师都不手下留情，将来有一天太子爷登基了，还会有好日子过吗？

新世界还是平衡的。商人们，不要以为靠着些投机取巧的本事，就能比勤劳的农夫、勇敢的士兵活得更风光。在齐国也许可以，人家把你当爷供着，可在秦国绝对不行。所以商鞅又有废末利，立本业的措施，说白了，就是重农抑商。

两千多年后，很多年轻人人云亦云地瞎起哄，说儒家造成了商业不振，简直是扯淡。儒家固然喜欢谈仁啊义啊，不喜欢谈钱，但要说一定要打击商人，倒也未必。在儒家看来，只要不昧着良心挣钱，挣了钱之后也能回报社会，还是能认可的。真正第一个旗帜鲜明地抑商的，是法家。理由嘛一二三条，最主要是对国家不利，因为钱都跑到商人那里去啦，商人富可敌国，国家打仗钱不够，而商人却享受奢华的生活，而且商人钱太多，就会兼并农民的土地，农民平时种田，为国家流汗，战时打仗，为国家流血，却没有商人活得滋润，这像话吗？长此以往，还有谁肯种田？还有谁肯打仗？所以商人，尤其是大商人，一定要打击，只能让他们有最基本的利润，少量的财富。这个国家，需要的是勤劳的农民和有纪律的军队，而不是投机倒把的商人。

最后，在商鞅的美丽新世界里，所有的人都有自己的责任，他们的人生没有彷徨，他们是为了这个国家而存在的。他们之间只有职业的不同，或者种田，或者挖矿，或者打怪，而不是目标的不同，他们的目标只有一个，那就是升级，升级，升级。他们再也不用担心社会的动荡，因为所有动荡的根源都被消除了，一切都暴露在阳光下，没有轮子你就造不出马车，没有社会的动荡，你就造不出悲剧。世界是稳定的，人民过着幸福的生活，他们勤劳勇敢，要什么就会得到什么，得不到的东西他们绝不会要。不该知道的他们绝不会想去知道，不该议论的他们绝不会想去议论，他们的知识正好能完成自己的工作。没有什么大家族，也没有什么繁复的礼乐来给他们添麻烦。这个美丽新世界已经有了新的基础，那就是"法"，客观的，无所不在的法，在"法"的面前人人平等。知道了法，你就知道自己该做什么，不该做什么，该得到什么，不该得到什么。

但是，但是为什么这个美丽新世界总是培养不出合适的人才，以至于到了一百年后，还必须从外国进口人才呢？又为什么过了一百多年吞并天下之后，东方的那些人会一直不认可这个比他们原来的旧世界要美丽得多的新世界，而一直密谋推翻它呢？

46. 一元化与多元化

在开始这节之前，先回答三个问题。

第一个问题："两个完全针锋相对的观点，很可能都是正确的，看上去很荒谬的论点，也有它存在的价值"，您认为这话对吗？

第二个问题：有一种观点认为，为了建立一个人人平等的社会，可以牺牲部分自由，另一种观点却认为，如果牺牲了自由，平等也会变成假平等真专制，您更认可哪一个？

第三个问题：您是否觉得，如果能够成为群体的一员，像是水的回归大海那样，大家为了一个共同的理想走到一起，有相同的目标，发出同样的声音，那是一件多么美好的事情？

聪明的同学大概已经明白了，我问的问题，是关于你对一元与多元的倾向性。

整齐的街道和建筑，统一的观点和声音，相同的方向和步伐；集体至上，集体中的每个成员都能在集体中找到归属感，人们愿意把自己交给集体，从而有一种海洋般浩渺的感觉；秩序，统一，团队，高度的执行力；缺乏隐私，个人空间很少；强调集体利益高于个人利益，注重平等。这是一元化的标志。

各回各家，各找各妈；总有出乎你意料之外的叫你头疼不已的反对声音，做很多事，不经过一番讨论很难有结果；个人至上，人们更愿意自己过自己的，并不会掩饰区别，甚至会标榜自己的特立独行；混乱，参差，强调个人创新；尊重隐私，生活私密化；强调个人利益高于集体利益，注重自由。这是多元化的标志。

游牧文明是一元化的，而商业文明则倾向多元化，介于其间的，是农业文明。战争中的社会倾向于一元化，和平中的社会倾向于多元化，介于其间的，是冷战中的社会。指令经济是一元化的，市场经济是多元化的，介于其间的，是凯恩斯主义的经济。像斯巴达那样的独裁政体倾向于一元化，像雅典那样的民主政体倾向于多元化，介于其间的，则为罗马帝国那样的君主政体。

比较奇怪是封建社会。最初，那本是一个等级森严，以指令经济为主的社会，封建领主们在自己的王国，公国，或采邑里拥有绝对的支配权。从局部看，似乎很一元，但从整个社会看，却是典型的多元，各封建邦国自行其是，在政治、文化和经济上渐行渐远，直到有一天互不认识，互不理解。比如欧洲的英法德俄各国，或诸夏的齐楚秦赵。最初那个等级森严的社会，终有一天会进入大国纷起，处士横议，礼崩乐坏的极度多元化时代，文化之荟萃，思想之爆发，使人目不暇接，叹为观止。而一元化之萌芽，又将在这多元化之全盛中开始，一个拥有高度执行力的一元化国家，在列国纷争中，拥有全新的优势，如德意志第二和第三帝国，苏维埃俄国，或东方的秦国。

一元化的好处，是拥有高度的执行力，能快速集中资源，也能快速调动资源，能集中力量办大事，坏处是模仿力有余，而创造力不足，决策的错误很难得到纠正，胜能胜得惊天动地，输也输得一败涂地。

多元化的好处，是从来不缺乏创造力，自由度高，也从不担心文化会不繁荣，决策的错误能及时得到纠正，坏处是执行力不足，资源难于集中，哪怕你在做天大的好事，也总有不少反对的声音。

理解了这一点，也就理解了统一之后的德国为什么会成为法国人的克星，而军国化的日本，会成为东亚人的梦魇，也就理解了苏俄能一下子由落后农业国变成超级大国。理解了这一点，还理解了几十年冷战，军事上摧枯拉朽，经济上也一度发展惊人的苏联，却败在多元化的美国之下，而多元化，兼容并包的美国，却成了新理论、新技术的最佳摇篮。因为拼军事，一元化好，拼经济，多元化好；玩热战，一元化好，玩冷战，多元化好；战争时期，一元化好，和平时期，多元化好；赶超期，技术全是现成的，一元化好；领跑期，道路需要探索，多元化好。

理解了这一点，更理解了秦国在被魏国欺负得毫无办法的时候，会选择主张一元化的商鞅，而在一百年后，已经成了唯一的超级大国，东方六国联合起来也拿秦国没办法的时候，却有一个叫吕不韦的执政者，大力推行多元化。

一元化给秦国带来的好处是明显的。商鞅除了让秦国经济繁荣，军事强大之外，更打造了一个全新的秦国，以至于自己惨遭刑戮之后，秦国仍然行驶在法家的快车道上。那为什么吕不韦还要搞多元化呢？多元化不是东方那些国家搞的吗？东方那些搞多元化的国家不是一个个的都打不过秦国吗？吕丞相疯啦？

吕不韦当然没有疯，他凭着一个大商人的洞察力，看到了更远。一个一元化的西方秦国是可以的，而一个一元化的一统天下的秦帝国，却是危险的。这一点，只消从东方到西方走上一趟就知道了。

那年月东方各国是什么样子呢？第一呢，言论自由，听说在齐国连齐王也能指着鼻子骂；第二呢，学术勃兴，也不知道有多少个子多少个家，在列国间或来回奔走，或结帐授徒，或遗世独立，而齐国稷下学宫，更有最新奇的学术，最炫人的言论；第三呢，商业发达，齐国临淄就不提了，早几百年前就是商业大都会，其他的，赵国邯郸，魏国大梁，韩国新郑，燕国蓟城，楚国郢都，又有几个不是商铺林立，车马填咽；第四呢，民风奢华，斗鸡走马，灯红酒绿，珠光宝气，射覆投壶，歌楼酒馆，珍禽异兽，更加上齐人那宏大不经之辞，楚人那属于精灵和山鬼的舞蹈，又有哪个不是在告诉你，这才叫文明，这才叫享受生活。

而秦国呢？只有两件事，打仗，或种地。民风淳朴，除了把地种得更好，除了上阵杀死或俘虏更多的敌人，除了获得更多的荣誉，得到爵位和赏赐，并为国争光，眼见着国家强大之外，再无追求。秦国和东方各国，那是完全两个世界，以至于在秦国，外国的读书人来了，只能做官，不能办学，外国的商人来了，只能住在咸阳的尚商坊，不能和秦人杂居，以防止东方人那些邪恶的思想，奢华的风气，带坏了纯洁质朴的秦国人。

但是假如有一天统一了呢？是想办法把东方人都改造成秦人，还是任由东方那商业化的洪水，把秦人淹没？还是桥归桥，路过路，各过各的？但是即使能各过各的，一旦天下一统了，没有了军功的赏赐，没有了敌人，秦人还有现在这样万众一心的方向感和使命感吗？所以吕不韦必须改革，抢在统一六国之前，完成秦国的改造，打造一个开放的、多元的、文化的、重商的秦国，并以此为基础，打造新的秦帝国。

为了这个目标，吕不韦推行了很多举措，比如修改秦法，量刑变轻，比如对外开放，大量引进人才，比如兴建学宫，发展学术，比如发展工商，搞活经济，而最著名的，则为府上三千门客修著的那本兼采百家，包罗万有的《吕氏春秋》，那将是吕氏新政的理论指导，将是取代法家思想的新的意识形态。

在吕不韦看来，自己推行新政，是在为将来的秦帝国开百世基业，可在秦王政看来，吕不韦却是在放弃那条把秦国带往强盛的法家康庄大道，而要把秦国带向东方各国的覆辙。如果所谓的文化繁荣，所谓的自由学术真那么有用的话，为什么没有一个国家是秦国的对手？如果那些商人真那么有用的话，为什么那些资本为王的国家，就是打不过仅仅由农民和战士组成的秦国？商鞅啊，你知不知道，你那个美丽的新世界，已经离秦国越来越远了，吕丞相要带给秦国的，将是一个充满了商人铜臭味的世俗的国家。

于是在某个合适的时候，秦王政受够了，要爆发了，他要让秦国回到一元化的正确道路上来，并且任用了一个比商鞅还倾向于一元化的人——李斯。

47. 童年的终结

很多年以后，你还记得十三岁那年那个让你第一次感到躁动不安的夏天。你还记得那年的知了特别的多，叫得特别亮，让万里无云的晴空也一下子躁动起来；你还记得那个暑假的每一天，你都在盼望着什么，盼望着有人来到窗边，对你喊，咱们出去吧；你还记得偷摘来的葡萄特别的甜，而背着大人去的每一个地方，都惊险而刺激；你还记得白色连衣裙飞舞在秋千架上的样子；你还记得，从那年夏天开始，那个浑浑噩噩的，无忧无虑的，除了惦记着吃就是惦记着玩的童年，再也不会回来了。

童年就像是一场梦，梦似乎是很美好的，但怎么美好却不记得了，因为梦里的一切，在梦醒的时候，早忘却了大半。

先秦就是华夏民族的童年，两汉则是血气方刚的少年，魏晋是青春期，五胡是少年丧父，唐朝是志在四方的青年，宋明是人到中年，清则垂垂老矣——也或者是中年丧子之后的未老先衰。但不管怎么说，与西欧那些在罗马帝国废墟上建立起文明的日耳曼人法兰克人或盎格鲁-撒克逊人大不相同，也与学习期超级漫长，平安王朝之后一直在封建社会里徘徊的日本人大不相同，华夏民族到了19世纪的时候，早已玲珑剔透，老于世故，并且已经在市场经济里打拼两千年之久，其遇到的问题，用西方那套启蒙啊进化啊的理论完全不可解释。所以中国的西化之路，格外艰辛曲折，历百年之久仍然步履蹒跚，也就不奇怪了。

所以那些说中国应该启蒙的要拉出去打板子。啥叫启蒙，启蒙就是开蒙，就是你小时候跟着先生读了几年书之后，终于明白事理了。大清国时代的华夏民族，需要启蒙吗？不需要吗？需要吗？对一个儿童，你可以启蒙，对一个少年，你可以启蒙，但对一个老年人，你怎么启蒙？人家吃过的盐，比你吃过的饭还要多，你怎么启蒙？不信你随便找一个大清国的官员，跟他谈论为人处世明哲保身之道，保准让那些读过成功学指南的洋人目瞪口呆。即使是大清国乡间一个普通的士绅，其对世道人心的了解，其待人接物的分寸，其老谋深算的心计，也足以与西洋那些专家相媲美。再不信，你看看明清那些《呻吟语》、《菜根谭》、《围炉夜话》等流行读物，其对世道人心的了解程度，又有哪个不把西洋那些畅销励志书比下去了，挑一句话出来，就够别人写上几十页。启蒙？笑话，谁给谁启蒙啊！

还有那些说中国学习能力不如东洋人远甚的人，也该拉出去打板子。论学习能力，老年人能跟少年人比么？所以华夏民族的问题，根本不是启蒙不启蒙的问题，也不是学习能力高低的问题，而是一个已经历数千年演进的民族，忽然给抛掷到一个陌生的世界的问题，是一个已经大半截入土的人，带着一生的经验和习惯，忽然发现自己所有的经验和习惯，都再也派不上用场，想拼命对接又对接不上的问题，是年轻时要装老，弄得少年老成，到老来却发现新事物层出不穷，要跟年轻人学少的问题。

西方人就没有这个问题，本来嘛，希腊也是童年时代，罗马帝国，也是少年，与两汉大似，但忽然就亡国并几乎灭种了。而新兴的日耳曼人，再一次从童蒙中长大，希腊罗马文明是刚长大时忽然有一天挖出来的宝贝，当然只有旧文明的好处，而无旧文明的负担。

所以要说启蒙时代，中国在先秦就已经经历过了，只不过那年月，没有纸张，没有印刷，启蒙只及于士子，而不及于庶人。孔墨之辈设帐授徒，稷下先生高谈阔论，影响力又岂能望后日印刷昌盛时代报纸刊物之项背。但启蒙这事情不管程度高下，有过了也就有过了，正如你小时候读书，不管遇见是名师还是庸师，不管学习成绩好还是差，过了那个村就没那个店了，哪怕那时候你天天逃学呢，也不可能过了三十年后，再去开蒙一次。所以很多年以后，当西方人来时，那些努力你可以称之为西化，现代化，你也可以称之为复兴，整合，你甚至可以称之为二次启蒙，但你不可能将其与西方的启蒙时代相提并论，因为那早就根本不是一回事了。

要与西方的启蒙时代相比较，那只有一个时代可以，就是先秦的诸子时代。那个时代同样有思想的勃兴，知识的爆炸，人文的觉醒。那是一个大爆发的时代，有各种思潮的交锋，碰撞，从最激进的到最保守的，从最狂热的到最避世的。那也是一个大变革的时代，有各种制度的尝试与试验，从最集权的到最民本的，从最重商的到最重农的。

但是正如人不可能踏入同一条河流，同样的方程式，不同的边界条件，不同的初始值，自然有完全不同的结果。中西方文明在封建社会结束后，走向了完全不同的结局。西方呢，几个大帝国在大战中土崩瓦解，接下来的几个集权国家又被民主大潮淘汰。而在中国，那个思想勃兴知识爆炸人文觉醒的多元化时代，却在被一个大帝国统一之后，戛然而止。

所以终结先秦诸子的人，是法家弟子李斯，而终结华夏民族童年时代的，则为法家的标本——秦国。

李斯比商鞅走得更远。商鞅做过的，李斯全都做了，而且要求被征服的东方，一齐来做。商鞅没有做过的，李斯也做了，而且比商鞅想过的还要彻底。

比如不光度量衡要统一，文字要统一，而且要全部用简化字。不光布匹要标准化，车轮的尺寸，两轮的间隔，兵器的大小，各种零件的规格，全都要一模一样。不光要标准化，而且要进行全面质量管理，所有兵器的零件，从工匠，到工长，一直到大丞相李斯，所有的责任人都要把名字刻上，出了问题之后，一个也别想跑。

比如对意识形态的统一，商鞅只是禁止外国学者过来办学校，做演讲，而李斯则干脆把那些书全都烧了，连私藏也不许。法家将是唯一的意识形态，千年万年。

比如对思想的改造，商鞅改造的是本就落后质朴的秦人，而李斯要改造的，却是东方那历几百年演进的商业社会。所以李斯要做的，不会仅仅是烧几本书，坑几个儒，而是要"隳名城，杀豪杰"，商人要去当兵，富户要移居关中，那些商旅辐凑车马填咽的大城市，邯郸、大梁、临淄、郢都，将从此不再繁荣，天下的中心只能有一个，那就是咸阳，条条大道通咸阳，那里才是光荣与梦想的所在。

华夏民族的童年结束了，少年时代即将到来，但是也正如当年吕不韦所担心的，从商鞅开始的那个法家新世界，是商鞅或韩非眼里的乌托邦，李斯或秦王政眼里的不朽帝国，却是东方人民眼里的"暴秦"，而最最最不满于这个不朽帝国的，则为楚人。

48. 朝秦与暮楚

很多年前，在秦人还没有征服东方大陆的时候，齐人已经在那儿叫喊：秦国，完全不讲费厄泼赖，只知道打打杀杀，还想称帝，谁服啊？谁服啊？靠，要是给秦国那种虎狼之国征服了，我想还是跳海死掉算了！

这话听起来奔放而又豪放，轻慢而又浪漫，挥洒而又潇洒，很符合齐国人那种优游舒缓的小资情调。连死都死得那么风流自在，"蹈海而死"，在某个月明风静的日子，一乘小舟，驶向茫茫的东海，海天一色的样子真美，那里有仙人出没吗？如果没有，那还是让我与这茫茫大海融为一体吧，别了，美丽的齐国，在你即将被丑陋而无礼的秦人践踏之前，别了，我那美丽的临淄，在被虎狼一样的秦兵攻破之前，别了，我的如梦如幻亦真亦幻美轮美奂的青葱岁月。

那个时候，齐国刚刚和秦称过东西帝，看上去似乎大概可能要算得上秦人的劲敌，所以或者大约也许会是秦人最大的麻烦，而且，而且齐人喊得厉害啊，似乎整个东方就他们最烦秦国。但是听锣要听声，听话要听音，仔细分析这番豪言壮语的心理，就会发现很多问题。

第一呢，自杀是弱者的标志。真够种，去和秦人拼啊，跳海算哪门子的英雄哟？第二，够悲观。八字还没一撇呢，齐国与秦国中间还隔了好几个国家呢，就想到了被征服，真够种，联合其他国家去打呀！第三，脱离现实。革命不是请客吃饭，亏你还在战国时代混了那么多年，不知道打仗就是要拼人头的，秦国"上首功"有什么不对？人家遵守的是战国时代的游戏规则，打仗就得消灭敌人有生力量，就好比踢足球，进球才是王道。第四，连自杀呢，都要玩浪漫，还要跳海，欺负别的国家没见过海么？

所以虽然齐国在经济上，文化上，政治上与秦国差别很大很大，齐国重商秦国重农，齐国多元秦国一元，齐国言论自由秦国言论控制，虽然看上去齐国应该是反抗"暴秦"的排头兵，但事实上正好相反。秦国灭齐，是灭六国时最省事的，几乎是和平解放，比灭赵容易，比灭楚容易，甚至还不如燕国，人家好歹派了个敢死队，让秦王政一场虚惊。

唉唉，都说齐人有文化，果真是文化人靠不住；都说齐人会做生意，果然是生意人都是一张嘴；都说齐人最小资，果然是小资产阶级固有的软弱性。别看在临淄论坛上叫得凶，拉到现实中啥胆子没有。更可笑的是，有个齐人还跟齐王当廷叫板，说自己比齐王尊贵，为什么呢，因为自己是个"士"，而"士"又比"王"尊贵，为什么"士"就比"王"尊贵呢？因为啊，在秦国攻打齐国时，下了两道令，一道是捉拿齐王的，赏千金，一道是到柳下惠墓五十步内打柴的，杀无赦，可见活的"王"不如死的"士"啊，所以齐王啊，你不如我哦。你们不也就是欺负人家齐王好说话，真那么尊贵，到秦王面前喊去，人家秦王说啦，最烦那些乱说话的人了，到我这里混，要么闭嘴，要么蹲号子去。

所以齐人再高调，齐东野语再多，齐人有再多的闳大不经之辞，终究是虚的，扯那么多，倒不如楚人一句话实在，"楚虽三户，亡秦必楚也"。斩金截铁，一句是一句，一个字是一个字。不仅要亡秦，而且必须由楚人来亡，要是秦国被别人灭了，咱还不乐意。有目标，有行动，有决心，九个字，该说的全都说了。

这就无怪乎秦灭楚，难度仅次于赵国了。秦灭楚之战，差不多倾国而出，整整派了九十万人才拿下，而拿下之后，不过十几年，又被一群楚人覆亡。

秦和楚才是真正的活对头，死冤家，恰似那天聋碰地哑，骂手逢良掐。更要命的是，秦和楚的区别最大呀，他们一个实际得可怕，一个想象力无边无涯；一个基本上不太信怪力乱神，一个整天和精灵山鬼聊天谈话；一个相信秩序，万物皆有安排，规定一切的生活很好，向前进，向前进，为了大秦的光荣和梦想，我将再次骑上战马，一统天下，一个向往逍遥自在，那无边无际的南方，那些森林，湖水，星子，阳光，巫音，舞蹈，为了那诗和梦的世界，为了那密林深处的精灵和花朵，为了自由，我们要反抗，反抗一切征服和欺压，哪怕战斗到最后一个人，也要让狂妄的秦人付出应有的代价。

所以秦和楚，根本就搞不到一块儿去，无法认同，根本就无法互相理解。

对秦人来说，楚人太神经质，尽玩那些虚的，写诗能当饭吃？白日梦能打败敌人？湖光山色，美人香草，那些能让国家富强？还有那些山鬼精灵的玩意，做做样子也就行了，能整天玩那个？还真的相信魔法？你当是在魔幻世界里啊？还整天要求自由，自由能当饭吃？

对楚人来说，秦人太实际，他们不看武侠，不看玄幻，连艺术都要为政治服务，还说什么要有积极意义和现实意义，要真那样还叫艺术吗？如果不能直写内心，那和鹦鹉学舌有什么两样？再说啦，人生的意义，不就是为了能有时间玩那些不能当饭吃的东西吗？比如爱情，爱情能当饭吃么，但是谁又能说爱情不是美好的，值得追求的呢？还说自己实际，蚂蚁更实际。

秦人认为生活是为事业服务的，楚人则认为事业是为生活服务的。一个工作狂，一个生活秀，如何能搞到一起？所以秦人和楚人，恰如一日的朝和暮，一年的冬和夏，五色的黑和白，五禽的鸡和鸭。我们之间没有延伸的关系，没有相互占有的权利，只在黎明混着夜色时，才有浅浅重叠的片刻，白天和黑夜只交替没交换，无法想象对方的世界，正如一首歌唱的那样："你永远不懂我伤悲，像白天不懂夜的黑，像永恒燃烧的太阳，不懂那月亮的盈缺。"

秦人永远也体会不到楚人的亡国之痛，因为他们听不见梦破碎的声音，楚人也永远不会理解秦帝国的伟大事业，因为那个美丽新世界秩序再好又怎么样，它的秩序再好，也给不了我想要的东西，那就是自由。

所以还在秦帝国刚刚为万世基业欢呼，正着手建立整个天下的新秩序时，楚人就已经在那里磨刀霍霍了。一个叫项梁的楚国贵族一会儿让他的侄子学兵法，一会儿让他的侄子学剑术，而他的侄子在看到那个最伟大帝国的最伟大皇帝时，居然情不自禁地说有一天可以取代他。一个叫陈涉的楚国平民，在给别人打工的时候，还深怀鸿鹄之志，念念不忘着有一天坐上龙庭，因为六国的贵族都已经消失了，为什么唯独秦国的不可以呢？平民又怎么样，王侯将相，难道就是天生有种的吗？

虽然第一个向秦人开炮的，并不是楚人，而是一个叫姬良的韩国贵族，但楚人都在等待时机呢，只等那个在位已经三十多年的可怕的暴君驾崩，就来动手。不过，让项梁或陈涉们想不到的是，最后取秦帝国而代之的，并不是以项氏为代表的楚国贵族，或以陈涉为代表的楚国平民，而是另一批楚人，一批反而以秦国旧土为根据地而得天下的楚人，他们是秦化的楚人，也是楚化的秦人，他们给这个新帝国带来了新的名字——汉，也让秦楚的你死我活画上句号。世界是秦人的，也是楚人的，但归根到底，还是汉人的。

第六章　黄老治世　国泰邦宁

49. 亭长同志发迹记

当楚国遗老的代表项氏叔侄在江东策划反秦大业的时候，当楚国新秀的代表陈涉白天打工，夜里用红蓝铅笔指点着世界地图的时候，刘季同志正在沛县当泗水亭长。

无论从哪方面看，这位亭长同志都没有一个伟大王朝开国之君的气象，实际上，亭长同志自己大概都没有想过有一天他能开创一个伟大王朝。他只是某年某月某日，远远望见那个传说中的始皇帝，流着哈剌子说了一句，大丈夫就该像这样啊，兄弟们瞧见没有，这才叫大丈夫，够威风，够气派，而且，而且身边该有多少美女啊。

他志向并不远大，如果不是他负责押送的役卒逃亡大半，他很可能会一直做他的亭长。

他的家世也不显赫，他父亲没有名字，他母亲没有名字，他哥哥没有名字，连他自己都没有名字，因为他排行第三，人们喊他刘季。他的爱好也不惊人，无非喝酒，吃肉，吹牛，泡美女。他的性格也不完美，遇到危险他首先想到的字，不是拼，而是跑。甚至他的未来也不太被人看好，连他的父亲都天天数落他没哥哥会过日子，因为他哥哥勤劳，肯干，而他呢，游手好闲，吃酒赌钱，把妹聊天，简直就是个混混。

不过混混也有混混的好处，讲义气，知时务，够朋友。放在金庸武侠里，儒之侠郭靖，道之侠杨过，释之侠张无忌，他一个都沾不上边，倒有个人跟他很像，那就是韦小宝。当然也和韦小宝一样，虽然自己没本领，但最爱交有本领的朋友。而朋友里最最了不起的，就是萧何，这位萧大哥在县里当县委组织部长，专管干部考核，在那鸟不拉屎的小县城，也算是一号人物啦。还有个朋友叫樊哙，屠狗的，够哥们儿，够义气，也够酒肉，人生在世，不就是酒肉二字么，而且会杀狗，也就会砍人，这样也就算是黑白二道都有人啦。上面有个做官的，身边有个会砍的，外边还得有个花枝招展的，那个人是谁呢，就是风流俊俏的小寡妇曹氏，还为咱生了个胖娃娃，咱自己没名字，可娃不能没名字，就叫刘肥吧，小名刘小胖。

所以刘季这个亭长当得不要太滋润，有萧大哥在上面罩着，什么聚众赌博啦，醉酒闹事啦，欠钱不还啦，勾引有夫之妇啊，都不算啥大事，秦法再严苛，到了这天高皇帝远的沛县，又能剩下多少？而且萧何最最善解人意的，是帮咱解决了终身大事，攀上了吕氏那种有钱人家，还娶了个如花似玉的大美人吕雉，最后连带着好哥们儿樊哙也娶了一个，办法只是某年月日，萧大哥在吕公的礼单上写上"刘季，礼金万钱"。其实啊，熟悉刘季的都知道，刘季身上哪里有那个闲钱哟，亭长那种小官，一个月几百钱的薪水，能请朋友喝几次酒，能请哥们吃几次肉？

所以对于刘季来说，什么"天下苦秦久矣"，不太有感觉，比起楚国还没亡的时候，法是重了点，役是繁了点，但人情人情，有人的地方就有情，法还不得靠人去执行么，咱哥们儿多，有人脉，咱又不想去京城谋事，在这天高皇帝远的沛县当个小公务员，还能有啥问题。

也许直到陈涉起义的消息传到沛县，萧何曹参找到樊哙，希望他找刘季来共举大事的时候，刘季才意识到一个新时代正在到来，而自己也即将被推到风口浪尖。后来人扯什么赤帝子斩白帝子，那是扯淡，把汉当成火德或赤统，那是很久很久以后的说法，那时候刘季都已经作古多年了。对刘季来说，水德的秦朝，当官的全是一身黑袍子，不要太威风,还是水德好。

不过这大事一举,原本连正儿八经名字都没有的亭长刘季同志,倒换了个新称呼——沛公。比起整天给人刘三刘三地喊,沛公的确够给力,很有点德高望重的味道。虽然做了沛公,酒还照吃,美女照泡,但总算有了个基本盘。靠着这个基本盘,居然在楚怀王面前,与楚国第一勇士项籍做了拜把子兄弟,并且还接受了楚怀王"先入关中者王之"的超级任务。

接下同一任务的,就是大英雄项籍。当这对义兄义弟来到三岔路口的时候,只见左边写着"狗熊模式(容易)",右边写着"英雄模式(困难)"。项籍是大英雄,自然选困难模式,直挑秦国名将章邯,以及几十万天下无敌的秦军,秦军能打是出了名的,但项籍不怕,咱比他更能打。可等到他把秦军的主力消灭干净,直抵函谷关下的时候,却听说刘季已经占了咸阳,准备做关中王啦,这是怎么回事?难道他比我更能打?不可能不可能,那小子长着一副贪生怕死的样子,连大刀都未必举得起来,怎么跟我比?

原来刘季不管什么狗熊不狗熊,活着的狗熊总比死了的英雄好,没说的,选容易的。什么,那条路上秦军也不少,恐怕拿不下?谁告诉你一定要打?能用嘴皮子摆平的事情,为什么一定要动刀子?如果一条狗拦着你,一定要用棍子打么,你也可以给它骨头啊,只要骨头够多,狗也知道谁跟它更亲。什么,骨头不够?不够可以先许下,告诉狗狗,只要你让我过去,后面有无数的骨头送给你。这就空手套白狼,懂不?

所以谈判最大的技巧在于承诺,承诺是用未来的利益来购买现在的利益,而革命者最大的本钱也在于可以信口承诺,只要革命成功,就有什么什么,反正那些东西现在还在敌人手上,你啥都不用给,反正想要得到那些东西,也得别人去流血流汗,反正别人说不定根本就得不到那些东西,因为在这之前可能就英勇牺牲啦,这就等于诱惑别人去抢东西,用抢来的东西来做报酬,黑锅我来背,送死你去。这本是一个一本万利的买卖,可世上偏有那么多的愚人不明白,替敌人省官职,最后没人跟自己玩,只好身死人笑。刘季就聪明多了,你不是县令么,你放心,只要你让我过去,我保准你继续当县令,如果你还能跟我同去,那我保准你能当太守。所以在项籍一刀一枪地杀开血路时，刘季却靠着一揽子空头支票，轻而易举地进了咸阳。

不过话又说回来了，革命者信口承诺没啥问题，但也没有哪个革命者能仅仅靠信口承诺就能得天下的。所以刘季同志还没在秦皇的龙庭坐上几天，就只好心有不甘地撤出来。想继续坐吗？接受挑战吧！

50. 亭长同志建国记

在亭长同志死里逃生离开鸿门宴时，没有人想过，这个人将是未来的真龙天子。

听说当日所有的赌庄，给亭长同志开出的赔率，都在一比一百到一比两百之间，而他的对手楚国第一勇士西楚霸王项籍，赔率接近一比一。所有人都在摇头说，应该没有悬念了，项籍的对手，有可能是英布，也有可能是田横，或别的什么，但刘季么，能安安稳稳坐个汉中王，不给章邯吃掉，就万幸啦。

所以如果有人告诉西楚霸王项籍，你在鸿门宴上是在放虎归山哪，项籍只会大笑，你是说刘季么，他？他也能叫虎？哈哈哈，这是本霸王听过的最最好笑的笑话了。知道我为什么不杀他吗？因为他还不配成为我的对手，我的对手，必须是一个盖世英雄，有一天，他会驾着五色彩云来挑战我，他要有英雄才有的荣誉感，有英雄才有的雄心壮志，要气宇轩昂，而不能是一个遇到事只会逃跑的无赖。

不光项籍认为刘季不是自己对手，连刘季自己也没有足够的信心。他感到庆幸的，一是自己的生存能力的确天下无双，自己总能在第一时间嗅到灾难来临，二是身边的哥们儿个个都很给力。樊哙总能关键时候拉自己一把，自己没有和咸阳宫的美女一起，给项籍一把火烧死，多亏了这位兄弟兼连襟。张良更给力，居然让自己和项籍的叔叔结了亲家，这样算起来，那个项籍，居然小了自己一辈。他还感到庆幸的是，汉中虽然离家乡远，外面还有个虎视眈眈的章邯，但总有法子可想，毕竟蜀道难嘛，烧了栈道，就能勉强过上安稳日子啦，不必担心那个力拔山兮的霸王随时找自己晦气。

如果不算铁哥们儿萧何或樊哙的话，只有两个人看出了刘季这个男人不寻常。一个是少负侠气，倾尽财力刺杀暴君，老学道术从赤松子游的奇人张良，另一个则是项梁的至交，项籍身边唯一的高人范增。张良也就算了，黄石公门下，不世出的奇人，而范增则真应了那句话，姜还是老的辣啊。

可范增相信，项籍不相信啊，他自始至终都没把刘季当成真正的对手，总是赢了就收，赢了就收，直到有一天，再也赢不了那个从来没当成对手的对手。

也难怪项籍会这样想。论家世，论班底，论文才，论武功，论英雄气概，论侠骨柔情，刘季都没法子跟项籍相比。项籍，英雄，不世出的英雄，汉尼拔；刘季呢，混混，不世出，其实也不算不世出的混混，韦小宝。项籍呢，英雄美人，用情专一，身边只有个虞姬，虞美人，是多少女孩的偶像哦，直到一千多年后，还有个叫李清照的在"至今思项羽，不肯过江东"。而刘季呢，贪酒好色，拈花惹草，结婚前就有情妇，结婚后又有小三。项籍，有胆色，视死如归，再凶猛的敌人也不怕，直挑秦军主力，击败秦军几十万，把那个一百多年来鲜有败绩的秦军一举击溃，真要战败了，宁愿死，也不肯渡江逃生；而刘季呢，贪生怕死，薄情寡义，给项籍军队追杀了，把老婆和孩子推到车下，只为了跑得快些。你说这怎么比，简直没法子比嘛。

所以刘季最后能赢这事儿，不光项籍纳闷，认为是上天在跟自己做对，连刘季自己也不肯相信，得了天下后，还在问群臣，大家说说看，为什么我能赢啊？刘季最后总结说，因为我手下的人才多啊，韩信用兵，萧何理财，张良布局，个个都是顶尖高手，我只要当好领导就行啦，项籍呢，只有一个范增，还不能好好用，怎么能不败？

其实他们不知道，项籍的失败，是楚人的失败，也是贵族的失败。东周以来，楚人的命运就从不缺少悲剧，北望中原空问鼎。战国以来，贵族就一直在没落，而平民一直在上升。

项籍是个彻头彻尾的楚人，也是一个不可救药的贵族，有着楚国贵族的一切优点和弱点。楚国从来就不缺少气吞万里的英雄，也从不缺少英勇善战的将士，但就是因为这些弱点，楚国英雄多半也是悲剧英雄。与北方的"贤贤"不同，楚国从来就是"亲亲"，楚国朝堂很难找到几个公室以外的人，至于平民么，几乎没有。楚国迷恋旧制度，从来就不肯承认封建制度已经一去不复返了，还一直做着天下共主的大梦，以至于项籍得了天下，还大搞分封诸侯那一套，弄得没多久就要到各个地方灭火，因为那些认为分封不公的诸侯，已经在造反了。楚国的贵族战败了会自杀，这是英雄的荣誉，那就好比洁白的衣服上沾染了污渍，如果洗不掉，宁愿不穿，但这种荣誉感也造成了他们的悲剧，世界上又哪有常胜不败的英雄呢？

项籍的弱点就是刘季的优点。别看刘季是个混混，可人家肯用人，能识人，萧何要求让韩信当大将，就让他当大将；人家知时务，识大体，有秦法就用秦法，有郡县就用郡县，大家都说封建好，就管他三七二十几，少量封几个给大家玩玩；人家会惜命，能保命，打得赢就打，打不赢就跑，跑不赢就求和，和不赢就赖。而且最最要紧的是，刘季他知道自己不是一个人在战斗，他是一个公司的老板，他知道底下人要什么，底下人要的，可不仅仅是老板的个人魅力，个人魅力又不能当钱花。大家都是苦出身，出来找工作的，碰到刘季这种老板，只要你有能力，哪怕资历再浅，一句话就能让你当副总裁，脾气虽然有时坏一点儿，只要你的建议对，不管你是做什么，都会马上喜笑颜开地采纳，奖金发得还多，待遇给得还足，那还有什么好说的？老板私德差一点儿，喜欢勾搭女员工一点儿，又有什么关系？所以无怪乎刘季虽然是个小混混，毫无英雄气概，手下却猛将如云，谋臣如雨了。

而且刘季虽是个楚人，却很受秦文化影响，很实际，走一步看一步，项籍还平白送了个秦国故土作根据地，身边还有个熟悉秦国制度的萧何，秦的理性和楚的想象，秦的务实和楚的创新，秦的政治与楚的文化，秦的法家流和楚的道家范儿，就很好地结合到了一起。所以亭长刘季同志建立的新帝国，也自然地成了整合秦楚的新国家，秦楚的那些恩怨情仇，已经在身后成为往事，而那个混合秦楚、包举燕齐、融汇赵魏的新世界，正在面前徐徐展开。

51. 帝国的遗产

那时候如果有秦帝国的遗民，一定会指着汉初的局面说，看吧，你们这些反秦人士，把国家搞成什么样子了？秦国还在的时候，到处都是热火朝天的建设，修长城，修水利，修公路，哪怕从咸阳到最偏远的郡，也有宽阔的驰道，现在呢，建设弃置，水利停工，道路荒废。秦国还在的时候，全国一盘棋，人人都有事做，事事都有人做，治安良好，现在呢，到处都是游手好闲的游民，惰民，还有刁民，一个人根本不敢出远门。秦国还在的时候，兵强马壮，人们丰衣足食，可现在呢，连皇帝都没得四匹纯色马来拉车，大臣都得坐牛车了。秦国还在的时候，匈奴连偷着放几匹马过来吃草都不敢，现在都敢公然抢劫边民了。秦国还在的时候，全国分成三十六个郡，一千多个县，从郡守到县令，一直到亭长，都是国家任命，统一考核，这是多么的先进——现在呢？什么燕国、齐国、赵国、代国、梁国、楚国、淮南国、长沙国，全都回来了——说得好听，什么地方自治，你们就不怕再闹得列国林立，战国重演吗？

他们也许还会等着看汉帝国的笑话，看着汉帝国如何在经济上崩溃，如何被匈奴打败，如何被那些新封国弄得四分五裂，他们等着人们怀念起伟大的秦国。然后他们就会发现，汉帝国不仅没有经济崩溃，而且似乎比当年的秦国还要好，不仅没有四分五裂，而且还避免了回到封建的危险，而且人们也没有怀念伟大的秦国，倒是一直在暴秦暴秦地说着。

秦帝国的遗民我们不知道有没有，但很多年以后，却有很多秦帝国的粉丝，无限怀念那个昙花一现的王朝。

这或许是因为后世被异族征服，或被帝国侵略，觉得还是始皇帝时候好哇，看那时候谁敢惹咱，正如在汉朝评价远不及汉文帝的刘野猪，两千年后风头甚健，俨然成了汉朝的一哥，一提起大汉天子，那一定不是刘季，不是刘恒，更不是刘秀，一定是刘野猪。但他们之所以怀念秦皇汉武,最最主要的原因,是因为他们毕竟没有在秦皇汉武时候生活过,真让他们去修上三年长城,再到骊山做三年苦力,最后成为山脚一具枯骨,或到那冻死人不偿命的漠北苦寒之地,与世上最凶最恶最没有人性的匈奴人耗上三年,最后成为连名字都没有的炮灰,啊不,成为马粪,恐怕就不会这么想了。正如无限怀念某个年代的人,当年多半没有在广阔天地大有作为过,那个年代才能在一年一年的无限艳羡中,美丽如天边的弯月。

不过话又说回来了,秦帝国能被人粉丝,哪怕在千百年后,也总有它的道理。

毕竟这个一来嘛,秦帝国是华夏民族集体主义的顶峰,如果不算两千多年后的另一次顶峰的话。从此之后,你很难想象这个民族还能这么心齐过,还能这么严谨过,还能这么认真过,还能这么说一不二过,还能让做出的东西,历数千年还不坏过。

二来呢,秦帝国的的确确千真万确留下了算得上丰厚的遗产。比如说统一文字,这点了不起哇,从此后,无论是宋徽宗的开封话遇上李师师的吴语,还是嘉靖帝那带湖北口音的北京话遇上海瑞的海南话,都不会觉得对方在说外语,因为他们用的是同一种文字。再比如说法律,从此后,不管这个国家是依法治国,还是抑法治国,总之都有一个叫法的东西,不管那个法叫汉律、叫唐律,还是叫大明律、大清律,总之人们在遇到不平事时,还要说上几句"这还有没有王法?"还比如说阶级意识的消除,如果不是秦的征服,很难想象在楚国要过多久,才有人说出"王侯将相宁有种乎"这种石破天惊的话,在东方的确也会任人唯贤,也会有教无类,但按照某一标准,比如杀敌数目来定爵位,却还是没有的事,怎么说也得论论资,排排辈,搞搞关系,也只有在秦的暴风雨洗过之后,才会由一个连正经名字都没有的乡间混混坐上龙庭,他身边出将入相的,或为县城的小吏,或为市井的屠狗之辈,还真的是"王侯将相宁有种乎"了。还比如在庶人中选拔人才委以国任,而不是由皇亲国戚或权贵把着位置不放,这种观念也是自秦帝国暴风雨之后,深入人心,再历汉朝的举秀才举孝廉,到隋唐的科举,到宋代科举完善,从此之后,"朝为田舍郎,暮登天子堂"成为常态,出将入相的朝中大佬,十有八九出身平民,也算是代议选举制出现之前，最最公平的一种制度了。

不过话再一次说回去呢，生活在秦帝国统治之下，也的的确确千真万确十分明确没有在楚国或齐国过得舒服。如果你生活的目标不是理想、信仰、激情燃烧，而是好好过世俗的小日子的话，显然更应该选择齐国或楚国，至少在那里不用随时担心要服从组织安排千里迢迢的远赴渔阳啦骊山啦去参加建设兵团，至少也不用随地担心会因为一些不可抗力而有犯法之忧。正如生活在汉武时代，显然也没有汉文时代舒服，汉文时代几乎不收税啊，而刘野猪时代不仅税负重，而且让天下户口减半哪。

不过话又再一次说回来了，秦国之所以如此这般地作孽，做几件好事嘛，就必定要做几件坏事搭着，让后世的人们虽然是"百代皆行秦政制"，虽然是"万里长城今尚在"，却没有几个人感谢他们留下的遗产，也是有原因的。原因嘛就是因为这个遗产根本就不是给汉人留的，那时候哪里有什么汉人呢？当然也不是给楚人留的，毕竟楚人也不领这个情嘛，比方项籍，项大侠，项哥哥，就一把火烧了那美轮美奂的咸阳，烧了三个月哦，阿房宫，三百里哦，架不住项哥哥一把火，秦人的遗产很好么？给我我都不要！

不过话又再再一次说回去，东方各国被秦国虐了很多年，最后隳了名城，杀了豪杰，而秦国呢？给项籍又是坑又是屠又是烧，等到刘季接手时，这神州大地，还能剩下点儿啥？

所以这话说到最后，你就会发现，刘季做天子，虽然是外貌协会或英雄爱好者的不幸，却是平头百姓的大幸。为什么呢？刘季虽然是个混混，但人家有个好处，就是不折腾；人家又没有什么建设法家乌托邦的理想；人家跟秦帝国又没有亡国之痛，非要放把火烧才得痛快；人家最大的愿望，就是吃酒，赌钱，把妹，聊天，所以人家也知道平头百姓最大的理想，也无非是吃酒，赌钱，把妹，聊天，而不是什么法家乌托邦，或亡秦必楚那一套。人家连做了皇帝之后，汉初的宫廷里也都是一群酒鬼，喝醉了乱打乱骂，剑都往柱子上招呼，连管理层都这样，下面还能管得很紧？毕竟做过员工的都知道，管得少的领导才是好领导，是人民群众喜闻乐见的领导。

但不管话怎么说，刘季接手的，本来就是一副烂摊子，不管这副烂摊子是因为秦人甲爱建设，搞得国富民穷，还是楚人乙爱破坏，搞得大家都穷，总之是一副烂摊子就对了。对于烂摊子该怎么收拾，建设狂有建设狂的做法，那就是投资疗法，继续建设，大建特建，上大工程，大项目；破坏狂也有破坏狂的做法，那就是放火疗法，统统的烧掉，宁要楚人的草，不要秦人的苗，不把坏的彻底打倒，好的就不会来。而刘季呢，既不是建设狂，也不是破坏狂，人家的想法很简单，就是好好过日子，所以他的办法就是啥都不做。想想就知道了，如果你紧张工作一周，筋疲力尽，你想好好地度过一个周末，首先你该做什么？什么？找钱？真笨，当然是美美地睡上一觉，这世上还有比周末睡到自然醒更幸福的事吗？所以刘季的做法就是休息，休息一会儿。

52. 休息疗法

根据刘季同志自己的说法——当然现在不能叫刘季啦，要叫刘邦，当然刘邦也不是你们能叫的，一点忌讳都不懂，要叫圣上——根据圣上自己的说法，他老人家手里有三大法宝。

哪三大法宝？张良，萧何，韩信。出点子得靠张良，点子张啊点子张，别人点子三两个，他的点子一箩筐，别人点子看眼前，他的点子看四方。搞经济得靠萧何，当世最牛管家，能让上上下下全都满意，前方有饷，后方有粮，连给楚人亡了国的秦人都有好日子过，约法三章么。至于打架么，这世上还有比韩信会打的吗？项籍，牛不牛，彭城之战，三万精兵，打得刘邦五十六万人满地找牙，连老婆和老爸都给抓了，可项籍自从遇到韩信，输得都不知道自己是怎么输的。

不过等到坏人都打跑了之后，三大法宝命运就有点不一样了。会出点子的，可以继续出点子，谁能没个急事呢？搞经济的也可以继续搞经济，谁会嫌钱多啊？而会打架的呢，就不太用得上，没架给他打呀。用不上也就罢了，关键是放着个如此会打的在身边，能放心吗？放在身外，又能放心吗？你能放心，你那小心眼的老婆能放心吗？所以韩信必须被除掉。这样就剩下两位超级大佬，一个是张良，一个是萧何。

张良似乎是道家流的，他的故事充满着稷下黄老那帮人的神神道道，黄石公，赤松子，商山四皓，都是武林中闻所未闻见也见不到的前辈高人，连最后的归宿似乎都是什么"从赤松子游"。

而萧何长期工作于大秦国的基层，接触的都是法家那一套，当然更有法家风范，做事兢兢业业，一丝不苟，团结紧张严肃活泼，艰苦朴素戒骄戒躁，在咸阳宫里那种收纳天下美女的地方，刘邦迷得走不动路，樊哙在发脾气，而小萧同志呢还不忘记把地图报表之类的全带上，真是法家的好干部啊。后来刘邦到东边和项籍打持久战，把大后方交给萧同志，但又不太放心时，萧同志学的就是当年秦灭楚时王翦那一套，再后来给刘邦建了个富丽堂皇的宫殿，也是学的秦人爱修政府大楼那一套。法家的好干部，又是长期工作于大秦国的基层，所以后来定汉律时，秦人的什么妖言律啦挟书律啦就保留了不少，直到汉文帝才废除，搞得很多年以后一个叫周树人的同学还埋怨说"约法三章，话一句耳"。

这样刘邦建国之后，就存在两条路线的问题，一条是法家路线，一条是道家路线。不过秦人不是搞法家搞亡国了么，所以法家在汉初就有点臭大街啦，大家都不太敢用，连法家教育下的好干部萧何，也无非是政体、制度，还有法律，搞了秦制，但秦人大搞国家建设那一套，就没有搞。所以虽然架子还是秦人的，但里面，却有大量的其他内容。

哪些内容？

休息疗法的精髓之一就是担子要轻一点，所以第一条，轻徭薄赋。

秦国的赋重也就罢了，徭役重也是出了名的。啥叫徭？有钱的出钱，无钱的出力，那个出力的就叫徭。光荣纳税，那是赋，义务劳动，那就是徭。大秦朝喜欢搞大工程，大项目，大建设，义务劳动当然不少，在始皇帝精神的指导下，黔首群众们纷纷表示，为大秦国的建设添砖加瓦，是义不容辞的义务。不过自从一个叫孟姜女的为了些儿女情长，污蔑大秦国的伟大建设之后，大家的觉悟就空前地不那么高了，刘季带一批人去义务劳动，居然在路上跑掉了一大半，最后连刘季自己都当了逃兵。

自己都当了逃兵，自然就不愿意搞过多的义务劳动。所以汉初的时候，除了税交得少，这个徭也是能省则省。话说有一回刘季和项哥哥在东方打仗，回来一看，萧何给他建了一个老大的宫殿，不消说，又是充满着爱国热情的关中人民，为了给东方的大捷献礼的，刘季当时就很生气，国家这么困难，群众这么艰苦，你居然还在搞这一套！后来虽然被萧何一番歪道理说得喜笑颜开，倒也看出来刘季是不喜欢这种"徭"的。

可见让逃兵当国家领导人倒也不是啥坏事，因为逃兵至少知道大家其实并不想为了一个叫作国家的东西，成为战争机器或工作狂人。这一点，工作狂嬴政就不会理解，人家都做了皇帝，每天的工作量还要用秤来称，不干完不休息，赵高同志每天晚上在宫里走过时，都发现始皇帝的灯还亮着，于是下定决心，新君上台后，一定要为圣上分忧，给自己加加担子。

休息疗法的精髓之二就是步子要慢一点，所以第二条，一国两制。

看汉初的地图，常常有一种错觉，大秦国统一之前的封建社会又回来啦，从燕地到齐地，到赵地，到楚地，有着大大小小许多个国家。这很让六国的遗老们欣慰，不过千万不要细看。

为吗不要细看？因为这些个封建，其实是假的。为吗是假的？因为这些个国，除了最高首脑叫国王，其他和西边的那些个郡并没有什么区别，基层的组织仍然叫县，并不是什么卿啦大夫啦士啦之类的，连国王的丞相，都是中央委派的，除了这个国王能世袭外，其他全是有任期的官员，所以这些个国，倒更像高度自治的邦，而大汉国，也就像一个联邦国家。

而且这些个封建，还是临时性的、过渡性的。为什么？

这个说来话长，话说当年有人给刘季出了个馊主意，你看看秦搞郡县搞得亡国啦，所以你不如把六国的后人找来，再分封一下。这个主意够馊，你当人家傻啊，如果秦搞郡县搞得亡国，之前人家为什么又搞郡县搞得并吞六国呢？如果秦搞郡县搞得亡国，大封六国之后的项哥哥为什么又身死国破呢？所以这个馊主意很快就被点子张否决啦，但对封建情有独钟的还是不少，所以刘季立国之后，就搞了些异姓王，当然不是六国之后啦，你当人家傻啊，六国之后根基深厚，不是给自己找敌人么，其实就是些功臣，像韩信啦，英布啦，一来是自己的部下，二来放到原来六国的领土上，也没有多少六国没落贵族或遗民依附。这就好比并购了几家公司，自然不能把原来公司里元老一一归位，自己只挂个总公司的名，多少要整理一番，空降些亲信过去。

不过亲信到底是亲信，放在身边是亲信，到那天高皇帝远的地方，还能叫亲信？相隔几千里，几年没联系，连老婆老公都未必靠得住，亲信靠得住？所以还是交给儿子们最放心。结果是韩信英布之类没多久就"被造反"啦，最后刘季的儿子们当了国王，然后还和大臣立了个誓，这个国王嘛，必须姓刘，如果哪天有不姓刘的当了国王，你们都可以打他。

基层的事情由县令们罩着，国王的位置由孩子们当着，身边还放个中央派过去的丞相，你说这还能叫封建吗？

更有意思的是地理范围。把汉初的封建地图，和战国末年的地图摆到一起，会发现啥？还没看出来？真笨。没发现有惊人的吻合吗？汉初那些实行郡县的地方，大都是秦发动统一战争之前就拿下的地方，像关中啦，巴蜀啦，楚国西部啦，魏国西部啦，东周一带啦，等等，而汉初实现假封建的地方，大都是秦并吞六国时才搞定的地方。这就等于说，以前就实行郡县的，不必担心，你们继续实行郡县，那些还不太习惯郡县的，也不用担心，你们不是要国王么，我给你们一个国王，而且我保证，你们的封建制度，五十年不变。

所以汉帝国初年，其实是实行一国两制。西边，是单一制的郡县制度，东边，是联邦制的半封建制度。到底哪个制度好，咱们可以比一比。

但世上有一句话叫假作真时真亦假，虽然是刘季的孩子们做国王，虽然下面还是县令，虽然身边是中央派去的丞相，但人家毕竟是国王哎，时间能改变一切，国王当得久了，难免由假封建变成真封建。如果说轻徭薄赋带来了汉初的市场经济大繁荣的话，那么一国两制，终于在刘季的孙子那一辈面临最大的挑战。

休息疗法的精髓之三呢，就是管得要少一点。而这一点，终于在刘季之后，演变成了汉初七十年的道家政治。

53. 黄老治国的时代

黄老不是老黄的尊称，更不是小黄的将来时，而是黄帝加上老子。

黄帝，老子，一个名头响当当，一个名字牛哄哄，加起来，既响当当又牛哄哄。黄帝老子啊，拽不拽，拉风不拉风，但缩写起来，又非常低调，黄老，黄老，一个不起眼的退休老干部。这非常符合黄老学说的形象，既自负又自谦，既高调又低调。说起来，连华夏民族的第一祖宗黄帝都是他们的代言人，说起来，连儒家第一人孔丘都是老子的学生，但你真要让他们谈治国理想，建国方略，他们又总是谦虚，说自己不行，这个治国嘛，我是不行的，你真要我治国，我无非就是装装糊涂，做做哑巴，像个泥偶木胎罢了。

而且和儒家不同，儒家谦虚，那是假谦虚，儒家会说：治国嘛，我也没什么能耐，无非是让民风淳朴一点，官吏老成一点，老百姓能吃得饱穿得暖而且懂得礼节，三年能达到小治，也就差不多啦。但道家的谦虚，那就是真谦虚：依我看，还是别治了，不治最好，越治越糟，不治才是治。

所以黄老学说一经宣传，立刻风行稷下学宫，既高调又低调，既和寡又和众，非常符合齐国小资们的小众情结。小资么就是这样，他们一定要与正在流行的东西区别开，要不怎么显示自己的品味不俗呢？但又不能太区别开，不能区别到完全没有人知道，一定要有一个臭味相投的圈子，否则又有谁能欣赏你的品味不俗呢？

黄老学说不仅趣味玄远，而且人物神秘。如果说后世有个天字第一号的孔家店，那么当年在稷下学宫也有个黄家店，或老家店，或黄老家店。与孔家店的灵魂人物是孔丘不一样，黄老家店的灵魂人物并非黄帝与老子二人，黄帝只是个代言人，老子才是灵魂人物，而且这个灵魂人物究竟生于何时，死于何方，从何而来，向何而去，活了多久，长了多大，都是谜。哪里像那个孔丘哟，往前数上几代，往后数上几代，都没有任何神秘感可言。

神秘的总是美好的，所以最为小资的齐人也最喜爱黄老学说，也就不奇怪了。他们甚至在黄老学说基础上，发展出了阴阳和神仙，远销燕楚，甚至连秦国吕丞相门下，也有不少黄老的人。但随着秦人并吞六国，随着法家成为唯一的意识形态，随着挟书律的实施，随着稷下学宫这种毒草集中营都被连根铲除，黄老思想应该没有用武之地了才对。可整合秦楚的汉人，却在汉朝初年，朝野上下都学起了黄老，而且还真让发迹于齐国稷下的黄老来治了七十年的国，你说怪不怪？

说它奇怪，还因为黄老思想最最关键的两个字就是无为，啥叫无为，就是别折腾。但世上的统治者，又有几个不喜欢折腾折腾，以证明自己的雄才大略、十全武功呢？世上的官员，又有几个不喜欢折腾折腾，以证明自己出类拔萃、英明果决呢？刚上任的新官，恨不得连前任住过的办公室都要重新装修一下，刚刚掌握权柄的最高领导人，恨不得让天下人都听到自己的声音。别的不说吧，单说那些个穿越爱好者们，又有几个不是摩拳擦掌，打算把从前的某个时代折腾个地覆天翻？你让他们别折腾，你现在让他们什么都别折腾，你让他们低调，低调，低到下水道里，让世人忘记他们的存在，让世人都不知道他们是谁，那怎么可能？

不过说奇怪，它也不奇怪，世上没有无缘无故的爱。黄老思想当道，起码有三大原因。

第一个原因，水落石出。

啥叫水落石出，让池塘里一个几十吨重的石头浮出水面，有很多种办法，暴力破解法，钢须拉动法，强行托石法，但最最省心的办法，还是水落石出，水分都抽干了，石头还能不露出来？

道家的黄老学说，之所以被使用，一个大原因就是别家都蔫了，而它却依然故我。

法家，不消说，跟着秦一起风光，但也跟着秦一起消亡。谁让你是大秦国唯一正确的意识形态呢？谁让你把其他学术思想全部烧掉呢？你不消亡谁消亡！你把其他的学说都搞死了，只剩你一个，现在秦亡了，你想找个替罪羊都找不到。虽然法家也算是培养出了大量的基层政法干部，甚至包括后来的萧何萧丞相。可暴秦亡国之物，又有谁敢大张旗鼓地用呢？

墨家，与儒家并称显学，在下层名声很响，江湖上流传一句话："被人掐，找墨家，不平事，有矩子。"路见不平一声吼啊，该出手时就出手啊，但出手的次数多了，梁子也就多。儒家是不得志的读书人，无非是搞些"无父无君"的负面宣传，可法家就不同啦，一句话，"侠以武犯禁"，就判了墨家的死刑。墨家躲过了儒家几位大佬和千百徒子徒孙的围攻，却终于敌不过法家的乾坤一击。世人只知道儒家被"焚书坑儒"了，却不知道墨家在大秦帝国被荼毒得更惨，只不过儒家野火烧不尽春风吹又生了，然后靠着强大的宣传机器，让世人知道自己的遭遇，知道往事并不如烟；而墨家，真正的不幸，不是你遭遇了不幸，而是你连诉说不幸的机会都不会有，不是你像英雄一样死去，而是像灰尘一样消逝。

这也并不奇怪，墨家与法家都是主张一位领袖，一个主义，一种思想的，都是做单选题，单选单选，自然只能留下一个，不比儒道两家，还有多选的可能。所以赤黑二统，虽然都是乌托邦的狂热爱好者及施行者，但却最为水火不容，反而是白统之下，双方都有更多生存的余地。

再说儒家，作为先秦复古大奖赛的发起者、知识界代表、礼治主张者，当然不会见容于复古大奖赛抨击者、职业经理人代表、法治主张者法家。但人家毕竟在读书人中拥趸众多啊，哪朝哪代，读书人还是要的嘛。所以坑归坑，烧归烧，禁归禁，秦帝国到底还给儒家开了个小铁窗，设博士时，也给儒家留了几席，只要好好接受改造，做好分内工作，为大秦国的事业奉献终生，还是容许存在的嘛。所以儒家虽然也遭受了法家的乾坤一击，但却留了口气，因为这口气，儒家总算能在百年后东山再起，也因为这口气，这时候的儒家，已经退化到了前孔子时代。

啥叫前孔子时代，就是孔子提出仁爱观点之前的时代，那个时候的儒都做些啥？能弹琴，能识字，最最重要的，是熟悉各种礼仪，懂得各种排场，什么场合该说什么话，该怎么站，怎么做，怎么走，倒像婚礼上的司仪。也就是说，大秦国焚书令之后，所谓的儒家，就只剩下了司仪这个角色可做。

一个过街老鼠法家，一个死鬼墨家，加上一个司仪儒家，又如何能与仍然保留了四成功力的道家相比？

有同学要问啦,为什么法家墨家儒家都歇菜了,而道家却尚有四成功力?这位同学你想想,道家啥时候使出过全力?哪怕使出过七成的功力过?力气都没使全,别人拼内力拼得同归于尽,道家还剩四成功力有啥奇怪?

所以有句话说得好,做人要低调,还有句话说得好,柔弱者可以胜刚强。不做显学的道家,终于在三大显学同归于尽之后,成了汉初的显学。

但刚不可久,柔不可守,道家能保留四成功力,又能凭着这四成功力,统治汉初的思想界,也有更深层次的原因,那就是道家本身的深度,广度和高度。

54. 道家的修为

黄老思想在汉初能够风行,第二个原因就是道家的深度、广度和高度。

这一点,只消把几位大佬著作的第一句话拿出来比比就知道啦。

先看看儒家的。《论语》,第一句,"学而时习之,不亦乐乎",一个勤奋好学的好同志,快乐学习、终身学习的大力推行者。《孟子》,第一句,"孟子见梁惠王,王曰",一个到处找工作,自视甚高却总不能实现理想的职场中年。《荀子》,第一句,"君子曰:学不可以已",一个反复叮咛的好老师,同学们,高考就要到啦,你们不要放弃学习啊。儒家的优点在于实在,贴心。

再看看墨家的。《墨子》,第一句,"入国而不存其士,则亡国矣,见贤而不急,则缓其君矣",公元前五世纪,什么最重要?人才!你们怎么都不急,我都替你们急。一个救世者,一个热心肠的人,一个急性子,仗义执言,快人快语。墨家的优点在于直率,热心。

再看看法家的。《商君书》,第一句,"孝公平画,公孙鞅、甘龙、杜挚三大夫御於君,虑世事之变,讨正法之本,求使民之道",几位大佬在共商国是,一看就是做大事情的人。《韩非子》,第一句,"臣闻,不知而言，不智，知而不言，不忠，为人臣不忠，当死，言而不当，亦当死"，一上来就是死呀活呀的，乖乖不得了，要出人命啦，改革是要付出流血的代价的，而这第一的血，就要从改革者自己开始。法家的优点在于冷静，透彻。

最后看看道家。《老子》，第一句，"道可道，非常道，名可名，非常名"，世外高人哪！初一听，你都不知道他在说什么，初二听，好像明白了点儿，初三再听，又糊涂了，初四再听，才知道，这还真是"玄之又玄，众妙之门"哪！《庄子》，第一句，"北冥有鱼，其名曰鲲，鲲之大，不知其几千里也"，看看人家这眼界，这气势，儒墨法们那些争啊斗啊爱啊恨啊的，简直就是浮云嘛，啊不对，连浮云都算不上，只能算浮尘，在一亿光年望过去，不就是一个肉眼都望不见的小点点上面发生的一瞬间的事情么？所以也无怪乎人家看得开，想得开，放得开。不要想歪了，放得开可不是"思想大胆，作风开放"的意思，而是说人家放得下，来便来了，走便走了。秦国没有吞并六国那会儿，在稷下聊天的聊天，在濠上看鱼的看鱼，等六国亡了，他们就回到山里去啦，由着墨被除，儒被坑，法被砸。看到没有，这才是真正看得通透，在乱世，活下来就好啦，不要尽想着出风头，做那乱世里的英雄。

所以先秦思想界四大门派，比亲和力，无过于儒家；比执行力，无过于法家；比凝聚力，无过于墨家；但比洞察力，无过于道家。在儒墨法把所有的注意力执着于人事的时候，道家的注意力早已超越人事，直达天道。

儒墨法都是现实主义者。儒家也讲天命，但更注重谋人事，未知生，焉知死，未能事人，焉能事鬼，天命是冥冥中无法改变的客观规律，知道有这么个东西就行了，用不着为它烦恼，也用不着苦苦为之求索，只做你能做的。墨家也研究科学，但那都是为劳动人民普罗大众服务，比如如何利用机械的力量守城，如何利用逻辑的力量求知，至于那些与生活生产无关的知识，不求其也罢，浪费时间精力，有这个时间，能做多少为人民服务的事情。法家也深悉人性的局限，也洞见了以德治国的不靠谱，但他们仍然企图用一整套繁复的法律和制度来实现他们心中的乌托邦，而这套法律和制度的推行和维护,仍然还是要靠人,为此他们殚精竭虑,惨淡经营。

道家,也只有道家,是真正的超现实主义者。他们的眼睛省略过流民,伤兵,和大国的雄霸,只凭那天才的洞察,集合起星星、寓言和直觉的力量,向没有被污染的远方出发,心也许很小很小,世界却很大很大。

道家,也只有道家,才真正认识到人力的局限,那些以为人定胜天的儒墨法们,实在是太狂妄了些,过多的干涉,反而适得其反。所以道家宁愿做隐士,也不愿意去做什么改革家、革命家。改革又怎么样?无非是新桃换旧符,产生一批改革新贵罢了;革命又怎么样?无非是城头变幻大王旗,天国之路,常常也是奴役之门。

不过正如儒分为八,墨分为三,道家实际也有两大宗,以及支派无数。哪两大宗?老子和庄子。

老子走的是由天道寓人事的路线,偏于入世。天道咱们知道了,那该怎么做事呢,老子说,很简单,顺应天道嘛。老子也开药方,其药方就是静养,不知道该不该吃的,那就不要吃,不知道该不该做的,那就不要做。政府不是不知道经济该如何振兴么,不知道搞什么产业好么,那就不要去搞,放开手让市场自己活起来,少收税,少做限制,政府只做好分内的事——秩序、福利和安全——就好啦。

老子一派的大本营在齐国稷下学宫。在这里,这一派完成了蜕变,老聃这个散落于各书的传说中的形象变得丰满,好像还真像那么回事儿,并且《老子》这本书可能也这时得以完成。更重要的是,在这里,他们请来了传说中的轩辕氏黄帝他老人家作为形象代言人。于是,老子这一派又摇身变成了黄老学派。

落实到经济上,黄老学派是自由主义经济的拥趸,"天下多忌讳,而民弥贫","法令滋章,而盗贼多有"。很多年后,一个叫亚当·斯密的西洋人说"每个人都力图用好他的资本,使其产出能实现最大的价值。一般说来,他既不企图增进公共福利,也不知道他能够增进多少。他所追求的仅仅是一己的安全或私利。但是,在他这样做的时候,有一只看不见的手在引导着他去帮助实现另外一种目标,尽管这目标并非他的本意。追逐个人利益的结果,使他经常地增进社会的利益,其效果要比他真的想要增进社会的利益时更好"。如果他能遇见黄老学派，一定会非常开心，因为那也是他想说的。

老子一派有些支流，一个是兵家，另一个是阴阳家，都是别开生面，上察天道，下察地理的东西。

庄子走的由人事入天道的路线，偏于出世。如果仕途让你不快乐了，何必要入仕途呢？了解你内心真正的需要，聆听你内心真正的声音，你会找到真正的快乐。所以继黄老学派在汉初当道一段时间之后，庄子学派也在魏晋风行，那正是儒学被一群宫里的残疾人打到低谷之后。

庄子是宋国人，不过其汪洋恣肆的想象却和楚文化大有相通之处，所以在楚地的发展要更好些。庄子一派也有些支流，最特别的是神仙家，都是看了《庄子》那神奇世界后想入非非的产物。

昆仑界的老子，山海界的庄子，其深度自然非人间界的儒墨法可以想象，所以道家能够胜出，也就情有可原了。在道家之中呢，比起庄子，黄老又更入世一点，虽然是甩手掌柜式的入世，但人家毕竟还有入世的意愿嘛。所以玩养生，玩儿心灵鸡汤，庄学比较适合；但玩政治，玩经济，显然还是黄老。

不过黄老能被请出，还有第三个原因，那就是几个关键人物。

55. 亭长同志兴邦记

汉初黄老政治的第一个关键人物，当然是刘季。

其实刘季对于儒墨道法们，都没有特别的偏爱或偏恨，甚至称得上一视同仁。毕竟布衣天子嘛，就像咱平头百姓一样，过日子最要紧，你说你非要做儒家的狂热粉丝，或誓死捍卫法家，或非要致墨家于死地，有必要么，不要头脑发热啦，老婆喊你回家吃饭呢！

墨家到刘季发迹的时候，大约都已经消亡了，否则以刘季的性子，少不得要结识几个行侠仗义的墨者。汉初虽然也有游侠，什么朱家、郭解之类，但墨家矩子，确乎是没有了。这且不去说他。

法家呢，到处都是规矩，到处都是纪律，二十二条军规你伤不起，虽说也有赏赐，但狼多骨头少，不流点儿汗流点儿泪再流点儿血，哪里轮得到哟？对于刘季这种天生散漫的性子，自然不可能太感冒，受不得这份拘束嘛。所以刘季入关中后，搞了个立法三章，就三条，第一条，杀人偿命，第二条，伤了人你得抵罪，第三条，偷人家东西的，你还得抵罪。多简单！不过后来萧何定汉律时，以秦律做了蓝本，刘季倒也没说啥，人家是专业人士嘛，只要少折腾点，不要再弄得大家过不了安生日子，南方人你偏要弄到北方去站岗，西方人你偏要弄到东边去义务劳动，还年年都去，一来一回，啥事都不用干了，这不是有病吗，这种事咱不能做。

再说儒家，刘季本来是不太喜欢儒生的，但那种不喜欢，并不是现在网上那些批儒者所认为的，认为儒家是为统治阶级服务之类。为统治阶级服务的儒家还没出生呢，那得等到后日大儒董仲舒横空出世，而且即使是董仲舒的儒，与法家比起为统治阶级服务来，也不过是个零头，儒家不过写写软文罢了，法家那是真刀真枪的职业经理人。

刘季不喜欢儒生，不过是因为儒生太不痛快，婆婆妈妈，吞吞吐吐，看着就不爽，还眼高手低，说起来啥都懂啥都会，好像只要用用他们，天下马上太平，其实啥用都没有。而且大家也知道，刘季是出来混的，结识的多半是屠狗之辈，屠狗之辈有个好处，就是讲义气，常言说得好，仗义每多屠狗辈，负心半是读书人，所以这帮人对于又臭又硬又死要面子，关键时候还靠不住的穷酸，多半不太感冒。这样刘季年轻时候，算是个读书无用论者，并且有点儿轻儒倾向，经常拿儒生的帽子当夜壶用。不过有三个人让他改变了这种想法。

第一个是郦食其。这位老先生岁数虽然大，六十多岁了，却一点儿不服老，喜欢喝酒，高阳酒徒高阳酒徒，说的就是他。走的是使臣路线，第一个说服的对象当然是刘季。

第一次见刘季的时候，刘季正在让两个小妹妹给自己洗脚，见郦食其进来打扰自己兴致，还是个儒生，当然不会有好脸色。郦食其也不客气，一句话问过去，您是打算帮诸侯打秦国呢，还是打算帮秦国打诸侯呢？刘季当然更生气，你傻逼啊你，大家闹革命为啥，为的不就是秦国无道么，你说我帮秦国打诸侯,你二啊你?郦食其说,哦,原来你是想打秦国啊,可您怎么不懂得尊老爱幼呢?刘季心想,我说这帮儒生不痛快嘛,仗着自己读的书多,讲话绕来绕去,不就是怪我没给你好处么,不就是怪我请小妹妹洗脚没请你么,可你得拿出东西来啊,行,要我尊重你,我就尊重你,我倒要看看你有啥值得我尊重的。

接下来郦食其倒是让刘季刮目相看,硬是几句话说下了粮草充备的陈留。不费一兵一卒就拿下一个城,这事划得来,刘季本来以为入秦竞赛中铁定要输给项籍,这下有戏。

郦食其立下的最大功劳是说服齐国,而最后的功劳也是说服齐国。之所以最大,是因为齐国有七十多个城。之所以最后呢,是因为郦食其刚说下齐国,那边韩信就不高兴了。为吗不高兴?因为韩信想啊,我花了多少力气才打得下片地方,你一席话就拿下了七十个城,以后还有谁知道我厉害?这就好比你拼命努力,追求上进,终于追上梦寐以求的女孩子,正以为苦心人天不负呢,结果几句花言巧语就跟人家跑了,你说气人不气人?于是韩信就管你有没有说下齐国,带着兄弟就砍过去。齐王听到这个消息,那个气啊,你骗老子说只要投降,刘季不会亏待我的,敢情是诳住我,趁我不备过来砍人哪,来人哪,把这个骗子郦食其扔到锅里煮了。

郦食其出师未捷身先煮,长使儒生心自惊,可怜的高阳酒徒,六十多岁了还不如不出来找工作,兴许能多活几年。不过还有第二个儒生,叫陆贾,他走的是谋臣路线。

陆贾,汉初重儒第一人,最得意的事,两度说服南越王归服;最惊险的事,吕后当政时期,休长期病假,总算躲过一劫;最高兴的事,改变了刘季对诗书的看法;最欣慰的事,引入道家的观点,让儒家恢复生机。

这最后一点非常的重要。乍一看,这位陆贾先生除了喜欢谈论诗书之外,找不出一丁点儿儒家的意思。出使南越,像个纵横家,三寸不烂之舌,胜过百万雄师。谈论治国之道,像个道家,对于经济,政府不要去干涉,什么都不要干涉,顶好的,是让百姓忘记还有政府。不过话又说回来了,孔子门人之中,子贡不也像个纵横家么,颜回不也像个道家么?

陆贾的存亡之道,治国之策,帮了儒家一个忙,因为后世的儒家可以继续结合各家之长，发展出更为实用的新儒家。而且也帮了道家一个忙，因为黄老治国的好处，即将随着陆贾的不干涉主义展现出来。

第三个儒，则是叔孙通，这位叔孙通走的则是专家路线。他最初是秦朝的博士，后来看见秦朝快要不行了，又跟着项梁混。项梁死了，再跟着楚怀王混，再跟着项羽混，最后又跟着刘季混。

表面上看，他最大的本领是懂得各种礼仪，而且会改造各种礼仪。比方说吧，刘季，或者说刘邦当了皇帝之后，手下那帮泥腿子，一个个在朝堂上大呼小叫，吃酒，骂人，剑往柱子上砍，搞得刘季老是在怀疑自己还是不是个皇帝。可叔孙通把古代礼仪简化到那帮泥腿子都能用，再稍加调教之后，一番演练下来，居然像模像样，让刘季不由得感慨道："我今天才知道做皇帝是这么拉风啊。"

不过实际上，叔孙通最大的本领是懂得处世技巧。想想看啊，秦始皇，多么霸道，秦二世，多么无道，项羽，多么残暴，刘邦，多么粗豪，而他居然一一应对自如，硬是混成了政坛不倒翁，你说厉害不厉害？不过呢，说厉害，也不厉害，他那两个不愿意跟他去京城享受荣华富贵，说这样不合古礼的弟子说得好啊，"公所事者且十主，皆面谀以得亲贵"，所谓千穿万穿，马屁不穿。陈胜吴广都造反了，别的专家都在劝秦二世施行仁义，偏偏叔孙通说，皇帝这么圣明，法律这么完备，怎么会有人造反，明明是几个小毛贼嘛，几个警察就搞定了，怕啥？！结果别的专家坐牢，而叔孙通专家升官。他骂那两个弟子不识时务，不知变通，言下之意，就是自己识时务，知变通。所以叔孙通与其说是儒家的传人，倒不是说是专家的祖宗。

使臣郦食其，半个酒徒，半个说客，谋臣陆贾，一边讲诗书，一边讲无为，外加一个政坛不倒翁叔孙通，虽然让刘季对儒家有了更新的认识，但想必也有了更多的困惑。这还是儒家吗，这真的是儒家吗？

墨家辛苦多，法家规矩多，儒家困惑多，只有道家啥都少，为道日损嘛，别人都做加法，道家做减法。所以陆贾提出的黄老治国，越发合乎刘季的胃口。更重要的是，黄老那一套，正是刘季最得意的谋臣张良偏爱的。

56. 过仓海君处，从赤松子游

按那时的标准，张良实在称不上美男子，至少，他的画像让太史公失望了。刘季底下的美男子，陈平算一个，彭越算一个，但似乎没有人提到张良。

但是按照今天的标准，张良简直就是花样美男。因为他是特别清秀的那种，如"妇人好女"，就是说，长得像一个美女。汉文帝对李广说，你真是生不逢时啊，偏偏生在一个和平年代，如果生在高祖那会儿，万户侯对你又算什么呢？咱们或许也可以说，张良也有点儿生不逢时，早生了两千多年，大好的相貌居然没有人欣赏，哪怕晚生五百年也好啊，生在魏晋那种男色时代，潘岳卫玠之外，又岂能少了一个张子房？

但对张良来说，没人欣赏他花样的容颜，也许正好，圣人衣褐怀玉，要那么多的眼球做什么呢？在汉兴三杰里，他或许是野心最小的一个。

萧何，和刘季有过命的交情，年轻时的铁哥们儿，一生谨慎，仍然要通过乱占民田来摆脱嫌疑。

韩信，就不用说了，胯下之辱是他心中永远的痛。他一定要出人头地，说他造反，那是扯淡，但说他没有别的野心，那也是扯淡。为了争功，硬是赔上郦食其一条命，然后要求做假王，合攻项羽垓下之前，也是承诺了很大一片地方才发兵。多年后，废王变侯，又"羞与绛、灌同列"，他是天下无双的名将，他不许别人瞧不起。

可张良在刘季给他三万户的时候，他拒绝了，他说，我是在留那个地方遇到陛下的，后来给陛下出过几次主意，运气还不错，说中了几次，也算是天意了，真要封，封个留侯好啦。韩信"羞与绛、灌同列"，而张子房，竟然主动"与绛、灌同列"，真的是因为他只是"幸而时中"吗？这一点，别人可能不知道，但刘季知道。

刘季猜疑过萧何，猜疑过韩信，甚至猜疑过樊哙，唯独没有猜疑过张良。刘季可能会不听萧何的，不听韩信的，甚至不听樊哙的，但对张良，却几乎是言听计从。别人可能不知道为什么，张良不就是动动嘴皮子么？张良自己也说，不过是运气好，偶尔说中了几次，靠着动动嘴做万户侯，对于一介布衣，已经是荣华到极点了，想放弃这一切，做个世外之人。但刘季知道张良的价值，他把张良当成与萧何，韩信并列的人物，真的是这样吗？

第一次小试牛刀。那时刘季刚入武关，带着两万人要攻打秦兵，张良说不要打，秦兵还是很厉害的，派人烧五万人吃的饭，再在山上布上疑兵，再派郦食其用重金收买秦将，秦将就归降了，对刘季说，刘哥，我们动手吧，一起去打咸阳吧。刘季正要跟秦将同去，张良又说，不要去，秦将是降了，秦兵未必甘心哟，曾经天下无双的秦兵，哪能那么容易便跟着咱们一起攻打他们都城，不如趁其不备打上一回。刘季就这么入了咸阳。

第二次。在秦宫，樊哙力劝正在用下半身思考的刘季，刘季不听，是张良劝下了。

第三次。刘季先入关中，项羽要找刘季算账啦，是张良用项伯的关系，搞定了这场危机，顺便还让刘季和项伯结了儿女亲家，占了项羽一个现成便宜。鸿门宴，看上去是刘项之争，其实是范张之争，所不同的是项羽不听范增的，而刘邦对张良言听计从。在项羽看来，一个市井小混混，带着一个长得像大姑娘似的年轻人当谋士，济得什么事？只有范增知道这两个人的厉害。

第四次，项羽封刘季到汉中，张良劝刘季把栈道烧掉，这样章邯的兵进不来，项羽也对西边放下了心，全力对付齐国的田荣。

第五次，把关东之地许给韩信，英布，彭越三人，一个打运动战，一个打游击战，还有一个打合围战，硬是把一个力拔山兮的西楚霸王玩死。

第六次，郦食其建议立六国之后，张良劝下，理由有一二三四五六七八。

第七次，韩信拿下齐国后要求立假王，刘季马上要翻脸，又是根据张良的建议，说做假王有啥意思，要做就做真王，让韩信彻底倒向刘季，成为项羽的死敌。

第八次，刘季追项羽到阳夏，韩信、彭越放了鸽子，被项羽大败，又是张良的主意，把陈以东傅海，都给韩信，睢阳以北到谷城，都给彭越。两人马上发兵，会师垓下。

第九次，天下平定，诸将没来得及封的，天天坐在沙堆上议论，又是张良出主意，封了一个多次侮辱刘季的雍齿，安定了诸将之心。

第十次，群臣都是东方人，想定都洛阳，又是张良力劝定都长安。

第十一次，请了四个世外高人，站在太子刘盈身后，断了刘季废太子之心。

第十二次，攻打代国，出奇计拿下马邑。

其实还有很多，比如"所与上从容言天下事甚众，非天下所以存亡"，如果没有失传，也未必不是另一场隆中对。

所以张良被埋没的，也许不仅仅是花样的容貌。换到另一个时空，张子房可能就是诸葛亮，留侯就是武侯。以张良的眼光、见识、办法和对人心的把握，内政、外争，都不是太难的问题。

但也许张良更喜欢这种埋没，在他看来，"幸而时中"并不是谦虚，而是事实如此，毕竟人力有时而尽，再好的眼光，再多的办法，与天道比起来，也是拙劣的，肤浅的。在张良看来，他无非就是顺应天道，做些力所能及的事情罢了。黄老思想，对于陆贾来说，是一种治国理论，对张良来说，根本是一种人生实践。

同样是失势贵族，张良的出身显然比韩信要好得多，韩信到处被人侮辱，饥一顿饱一顿，要不是遇到漂母，饿死都有可能。张良在韩亡的时候，家里还有三百家僮，毕竟是五世相韩的人了。张良只是失势，而韩信已经是破落户了。

所以秦灭六国的时候，张良应该归于项梁一类，属于六国旧贵族，他们最有亡秦的决心，至于刘季萧何之类的平民，秦也好楚也好，不都一样过日子吗？

张良家五世相韩，前后也有百年，眼看着大秦国怎样把山东六国玩弄于股掌之上，看着韩国怎样一天天地无力回天。韩亡之后，散尽家财，招募勇士伏击秦皇，误中副车，惹得天下戒严。也许在这时候，他就有人力有时而尽的感慨。天大的本领，对于这个世界，又算得了什么呢？

黄石公授书，也许是蜕变的开始。学礼淮阳，那是儒，东见仓海君，求力士，那是侠，黄石公授书，则是道。从此后，张良所做的一切，无非是顺应天意，一旦你窥见天道的秘密，那这一切的荣枯兴败，也都无关紧要，不过如鸟去鸟来，花开花谢，天地不仁，以万物为刍狗。有些事，是你无能为力的，那就不要去努力；有些人，是你改变不了的，那就不要去改变。

所以刘季要立六国之后，张良劝下了，虽然韩国的复国，曾经是他年轻时燃烧的梦想，虽然一个韩王死于秦王政，另一个韩王死于楚霸王项羽，而辅佐韩王也曾经是他最大的心愿，但他还是劝下了，只因为六国之后不宜立，这个世界早不是六国贵族们的世界，这个世界属于刘季、萧何、樊哙这样的布衣们。

很多年后，当刘季离开人世时，那个清清秀秀的一介书生，那个长得像个美丽的女孩子的张良也老了，他正在辟谷。吕后对张良说，人生这么短暂，何必这么难为自己，连饭都不吃？但吕后又哪里知道，对张良来说，辟谷未必是苦，或者还是乐呢，世间的饕餮盛宴，世外的服露餐霞，未尝不是一样一样的。访仓海君的是张良，从赤松子游的，还是张良，学礼淮阳的是张良，受书黄石公的，还是张良，少年负气欲为韩王复仇的是张良，老年辟谷弃人间事的，还是张良。人这辈子，无非是一种经历，追逐荣华富贵升官发财出人头地，固是虚妄，但贪恋瞬间感官的欢乐，未尝不是一种虚妄，祸与福相倚，苦与乐并在。与天道比起来，人世间那点得了失了的，又有谁能说得清，短暂的是人世，永恒的是天道。

德不孤，必有邻，道不孤，必有继。所以张良之后，又有以黄老治国的道家宰相曹参。

57. 道家宰相曹参

曹参同志，大汉朝伟大的革命家、军事家、政治家，伟大的治国理论实践家，高祖皇帝最可靠最亲密的革命战友之一。

秦二世元年，曹参同志放弃旧秦国优而不厚的国家机关公务员工作，投身伟大的反秦革命运动及抗项革命运动之中，在不长期的革命斗争中，取了伟大的功绩，共灭国二次，攻克县城一百二十二个，俘获王两人，相三人，敌方高级将领六人，省部级高官多人。革命成功后，曹参同志先后担任齐国政务院总理，国务院总理，推行黄老治国的低调理念，让齐国一年一个样，三年大变样，九年总变样，取得了齐国"黄金九年"的经济奇迹。孝惠帝二年，调往中央，任大汉朝国务院总理，继承了萧总理的政策，并继续推行黄老治国的低调理念，为文景之治繁荣盛世的开创，提供了丰厚的治国理论和治国实践。

曹参同志的一生，是光荣的一生，奉献的一生，革命的一生，低调的一生。工作兢兢业业，低低调调，在黄老治国理念下，长期不理政事，大大加快了大汉朝的经济建设。回顾往昔，展望将来，希望我们继续发扬曹参同志"做人要低调"的优良传统，把低调事业进行到底。现在欢迎记者提问，欢迎大家就曹参同志那些最最重要的方面，进行提问，我将一一解答。

这位妹妹，您问曹参的参字，到底是读餐，还是读身，还是读古代的叁是吧？这个问题，好像也的确，那个很重要，这个名字嘛，还是要念好，名字都念不好，那个名不正则言不顺。您说名不正则言不顺是儒家的说法，是的，曹参是信黄老的，而黄老似乎是不在乎名字的，名可名，非常名，但黄老不是还说，无名，万物之母，曹参肯定不是母的嘛，所以还是让他有名字吧。这个曹参的参字，据有关专家研究，应该读餐，理由有二，一是古人的名和字是有关的，曹参的字是敬，所以读餐比较合理，参见的时候要尊敬长官尊敬领导嘛，二呢是因为押韵，读成餐，在诗里就和别的字押上啦。专家的话总是可信的嘛，所以我们也一起读参吧。

还有那位小朋友记者，您要提啥子问题呢？哦，你说为什么曹参同志长期不理朝政，却大大加快了大汉朝的经济建设？这个话题说来话长，也说来沉重，还是等定风波老师等会儿再给我们详细解释，不过您要记住一件事，粮食是农民种出来的，手工艺品是工人做出来的，市场是商人搞活起来的。没明白？这个你长大了就明白啦。现在欢迎定风波老师，他今天带给我们的话题是，曹参同志低调的一生，大家有请。

哼，哈，我是定风波老师；哼，哈，做人要低调；哼，哈，快调调麦克风……

这个楚汉之际，有几个特别低调的人，一个是张良，还有一个就是曹参。张良基本上是刘邦身边的影子，而曹参则是几个人身边的影子。

最早是做萧何的影子，萧何在县委当组织部长的时候，曹参是副部长，打下手，当影子。后来萧何看见革命形势高涨，陈胜吴广都建立革命根据地了，马上和曹参一起找到樊哙，再由樊哙找到据说在从事地下工作，其实有可能是在曹寡妇家开展妇女工作的刘季同志。这是一群低调的人，萧何低调，说自己只适合当二把手，后来也的确一直当二把手，曹参更低调，只想做个影子，樊哙不算低调，可谁叫樊哙娶的是吕二小姐而刘季娶的是吕大小姐呢，一个姐夫叫下去，不低调都不成了，于是刘季做了老大。

但革命不是请客吃饭哪，那可是提着脑袋的活儿，要冒着被革命的风险，去革别人的命。所以曹参自学成才，成长为一个合格的高级军事将领。但曹参是一个低调的人，所以在韩信这个天才名将横空出现之后，曹参又成了韩信的影子。

做影子的代价就是，没有人知道你，大家对楚汉之际那些个将领，知道项羽，知道韩信，知道彭越，知道英布，知道樊哙，但说起曹参，几乎没人知道他打过啥仗，因为仗都是跟着韩信后面打的。但影子的好处是，你跟对了人，沾的光可不是一点半点，所以等到革命成功之后，一数功劳，乖乖，曹参的功劳可真大呀，仅次于韩信。跟对了人就好比考试作弊坐对了桌子，宁坐凤尾，不坐鸡头。

不过革命毕竟成功了，韩信没仗打，没几年，也被灭了。曹参呢，做了齐王的相国，一国之相，虽然比不上中央那个萧相国管整个大汉朝，好歹也有七十多城，这样做不成影子了，怎么办，怎么办？没办法不要急，有专家嘛，高薪诚聘治国专家。

首先是儒家的专家组上场，足足有一个加强连，一百多人。我说儒家组你以为这是去砍人哪，可要砍人吧，你们派出的都是些走路摇摇晃晃的老头子，好不容易有俩年轻的吧，还手无缚鸡之力，到底做什么用。如果不是去砍人还是去干什么，你当是去混饭吃啊，一百多人，齐国七十多个城，一城派一人都放不过来。

总之，儒家组的阵容虽然强大，并没有收到应有的效果。一个人一个说法，一个这样说一个那样说，人少也就罢了，还能理清个头绪，一百多个人，从早吵到晚，还有人没开始。所以显而易见的，失败了。

接下来道家组上场，只派了一个人。哪一个？盖公。盖是盖世英雄的盖，公是天下为公的公。名字很大气，讲话也很靠谱，第一句，治国要低调，就让习惯于做影子的曹参非常受用。于是曹参就奉盖公为师，把正堂留给盖公住，以便耳提面命。黄老治国的精髓就是，莫折腾，少做事。不要老是想搞什么政绩工程，也不要老是想告诉农民怎么种地，工人怎么做工，商人怎么买卖。论种地，农民比你在行；论做工，工人比你在行；论买卖，商人也比你在行。治国嘛要低调一点，顶好的是大家都忘记有你这么个政府，那你就成了。不过天下的领导，大多有一个毛病，就是做领导做久了，就觉得自己比别人高明，哪怕在自己外行的领域，也相信自己指出一个方向，就能让别人走上正确的道路。盖公说啦，那些都要不得。你要说啦，世上的下属都很会恭维，总有办法让你相信自己比别人更高明，而且总会拿那些你不熟悉领域的事来请示你，怎么办？盖公说，只用不会说话的，一问摇头三不知的下属，你自己也少抢镜，少做事，就可以了。

接下来就是齐国大治，黄金九年。等到萧何仙逝的时候，曹参难得地高调一回，对家人说，快收拾东西，我要进京当宰相了。

也真奇怪，还真让他说中了，真的很快就宣布调曹参同志进京当宰相，据说这还是高祖皇帝从前亲自给吕后指定的——知人善任是刘季最大的长处。

可进了京之后，曹参一下子又低调起来了，至少在惠帝看上去是这样。一般来讲，新官上任三把火，总要大张旗鼓地做几件事，把领导班子调整一下，把前任的政策变上一变，到群众中走上一走，发表点重要讲话，亲自指示。可曹参不是，领导班子是调整了，可都调整成啥人啊，没文采，没口才，还没眼力，跟一摆设差不多。自己呢，啥不都干，原来咋样还咋样。这下惠帝急了，不会是对朕有意见吧，有意见就提嘛，看在你是长辈，朕还会说啥？不行，我得派人问问。

可惠帝派出的人，去的时候是人，回的时候都是鬼。难道曹参杀人灭口了？当然不是，曹参是低调的人，怎么会杀人灭口？曹参把他们都变成酒鬼了，也就是说，来一个，灌醉一个，结果啥也没问成。

最后惠帝发了狠招，派曹参儿子去，别人变成酒鬼要送回自己家，醒了之后就问不成，儿子变成酒鬼，醒来之后还可以继续问。曹参心里说，算你狠，不过你忘记了，儿子是用来打的。于是把儿子打一顿，说小兔崽子，国家大事你懂个屁，你也来问！

惠帝这下没招了，只好亲自出马，董事长直接对话总裁，效果当然比较好，所以终于逼出了曹参的一番话。曹参问惠帝，你跟前董事长相比，觉得哪个好些？惠帝说，那不是废话么，撇开前董事长是我爹不说，从一个小卖部开始白手起家，做成一个全球最大的跨国公司，员工数以千万计，我算啥，一个富二代而已。曹参又问惠帝，那我跟前总裁相比呢？惠帝说，你当然也比不上。曹参手一摊，那不就结了，大家都不如前任，干吗要乱改啊，该干吗干吗去，别想着改革啦新政啦啥的了。

这就是萧规曹随，本来终于可以自己做主了，低调的曹参，仍然做了一回影子。

但领导人愿意当影子，却是百姓之福，最起码的，是经济会成长很快，因为市场活啊。而且事情也没完，因为不久之后，又有一个道家皇帝刘恒。

58. 文帝时代

现在人提起汉朝的一哥，第一反应就是刘野猪，汉武大帝啊，大汉天子啊，了不得了不得。但那年月，在两千年以前啊，人们可不是这样想的。至少有三个人要排在刘野猪的前面，刘季就不消说了，刘秀的声名也在刘野猪之上，还有一个就是汉文帝刘恒。

这一点只要看看谥号就知道了，文是第一等的美谥啊，经纬天地曰文，道德博闻曰文，学勤好问曰文，慈惠爱民曰文。而武呢，就要差一个档次了，刚疆直理曰武，威疆敌德曰武，克定祸乱曰武，刑民克服曰武，夸志多穷曰武。文是尧舜禹汤那个档次的，而武呢，就是那种比较威猛的，喜欢用暴力解决问题，让敌人害怕但也让自己人害怕的。比方说吧，文就是那种口碑特别好，退居二线多年，大家还在怀念的好领导，而武呢，是那种非常强势的锐意进取但又大权独揽，有人说好但也有人受不了的领导人。所以翻历史书，看见什么文帝，文宗，就知道那是个好皇帝，穿越爱好者就选择去那里过好日子吧，与之相似的还有仁，比如宋仁宗。

所以如果选择过比较滋润的小日子，文帝时代应该比武帝时代要好。武帝是做大事情的，败匈奴，通西域，服西南夷，而文帝呢，似乎都是些关乎民生经济的小事情，大事情能做大场面，而小事情呢，放在电视剧里，无非是些菜篮子米袋子之类的东西，如果能搞点三角四角恋爱，吵架误会分手和好，婚外情前女友，家庭伦理言情，也许还能看看，偏偏武帝的情感话题也比文帝多而且乱，无怪乎两千年后，会抢过文帝的风头成为汉朝一哥了。

武帝是做加法的，把汉帝国的版图扩大了很多很多，让爱国志士们心潮澎湃，但文帝却是做减法的，对我这等只关心柴米油盐的俗人来说，却最实在。做什么减法？减律，减刑，减税，减政，减兵，减事。

大家都知道，秦帝国的政法好干部萧何同志定汉律时，基本上以秦律为蓝本——事实上也只有秦律可以作为蓝本，所以就保留了不少很不人道的法律，比如连坐，比如说妖言，比如说诽谤。连坐就是说，跟你一个单元的人，做了犯法的事，如果你没有及时举报的话，你也要坐牢。汉文帝说啦，这叫什么话，别人家又没犯法，犯法才要治罪，没犯法治啥罪？给朕废了吧。妖言呢，就是你在网上发表奇怪言论，影响社会安定的；诽谤呢，是你在网上发表不良言论，影响官府形象的。汉文帝说啦，不让老百姓发发牢骚说说怪话，领导又怎么知道自己的过失呢？即使有一些不正确，也是因为小民无知，为这个掉脑袋，这还像话吗？也给朕废了。这是减律。

减刑呢，是因为淳于意的事情。淳于意是一个爱好医学的读书人，做过一段时间的太仓令，因为不喜欢拍马屁，辞了官专门做医生。结果给一个大商人的妻子看病时，没看好，死掉了，那个大商人就告淳于意用错药，弄得淳于意要进京受刑。淳于意没儿子，只有五个女儿，最小的女儿叫缇萦，就为其父上书，说其父亲一直是个好官，清官，但因为一点小事，现在要受刑，人死了不能复生，胳膊断了也不能再长出来，想给人一个改过自新的机会都没有，我现在愿意替我父亲受刑。汉文帝早就对肉刑反感了，于是一下子就把什么砍鼻子剁膝盖的肉刑都废了。

减税方面也是非常给力。继位第二年，就把农业税减去一半，由十五分之一变成三十分之一，人头税由一百二十钱减为四十钱，义务劳动由一年一个月减为三年一个月。继位第十三年的时候，干脆免除全部的农业税，一直免了十余年，直到驾崩。

有同学问啦，税都减掉了，官府拿什么来搞建设啊，汉文帝说啦，不搞建设。话说有一次汉文帝要修一个露台，找工匠做了个预算，乖乖不得了，要百金呢，相当于十个中等人家的资产，这还得了，不修了。所以减了税一定要减政，比如汉文帝的"减诸服御狗马"，"损郎吏员"。这是减政。

建设也减掉了，仗不能不打呀，比方说，匈奴人总是跑过来做坏事情，杀人抢钱抢女人。怎么办？换成汉武帝一定说，揍死他。但汉文帝只是适可而止，也打，但只是人家过来我就打，人家走了我就算了，跑到漠北苦寒之地去跟匈奴躲猫猫，成本太大，老百姓的负担太重，还是算了吧。于是只是打败匈奴，然后派人驻扎守着，建几个营，其中一个就是著名的周亚夫细柳营，同时再加以和亲，争取匈奴内部亲汉的势力。甚至连外藩造反这种事，汉文帝也主张和平解决，比如南越王赵佗自称皇帝，换了别人早就派兵去打人家了，汉文帝也只是说，不必打，人家也是一时糊涂，陆贾你去劝劝他吧，最后在陆贾的劝说之下，南越王赵佗去帝号，算是免了一场刀兵之灾。这是减兵。

其他方面也是一切从简，甚至像陵墓葬礼这种被认为最需要排场的事情，也是一切从简。陵墓依山而建，减少工作量，只用瓦器，不用贵重金属，不起坟。遗嘱中还说，送葬不许动用车马，不要组织老百姓到宫前面哭，不要禁止民间嫁娶吃酒吃肉，等等。这是减事。

现在看出来了吧，为什么刘恒的谥号要比刘野猪好，因为他让大家过上了好日子。其实也算不上他让大家过上好日子，因为他并没有日理万机，也没有修桥修路，大搞建设，而是因为他没有阻止大家过好日子，他把能放开的都放开了，言论的自由，经济的自由，他把朝廷和官府的权力缩到了最小。其实老百姓知道怎么把日子过好的，只要你不要去过多的干涉，越是那些放开的领域，老百姓越能把它发展得好，日子也过得好，而越是那些管得很紧，由官府大操大办的领域，越过得不好，总是半死不活。

所以在刘恒这个史上最不折腾的皇帝统治二十几年后，汉朝的经济蒸蒸日上，与其后的景帝时代一起并称为文景之治，并且涌现了史上最多的企业家。但为什么贾谊却说"可为痛哭者一，可为流涕者二，可为长太息者六"，好像大汉朝马上就要出大事，出大问题呢？

59. 贾生年少虚垂泣

政治就是分蛋糕游戏。据说"宰相"的这个"宰"字，就是拿刀子分蛋糕，啊不对，是拿刀子分胙肉的意思，又据说大汉朝第四任丞相陈平，年轻时候就因为善于分蛋糕，啊又不对，因为善于分肉而闻名乡里。乡亲们说啦，小陈同志不错，分肉分得很公道，年轻人，好好干，将来到朝堂之上分蛋糕，也这么办。

分蛋糕是要拿刀子的，所以虽然原则上说，应该由小陈同志这样分蛋糕分得很公道的人去分，但实际上，要看谁拿着刀子，谁拿刀子拿得稳拿得住，就是说，谁拳头大谁先分。就连小陈同志，有一天真的掌握着拿刀子的权力，吕娘娘一句话，吕氏能不能封王啊，也只能很乖地说，以前是先帝说了算，现在娘娘说了算，吕氏自然可以封王啦。

那么，谁的拳头大呢？大汉朝初年，有三种势力，靠拳头上台的功臣，靠婚姻上位的外戚，以及靠投胎上道的皇族。

功臣主要有两种，以韩信为首的老军头，和以萧何为首的文职干部。刘季上台，有一个很大原因，就是善于许诺，可以说，除了当年一起打拼的铁哥们儿，几乎都是靠着许诺搞定的。所以建国之际，倒有半壁河山给了那伙老军头，什么齐王楚王梁王赵王燕王代王吴王淮南王，一共有十个，没办法，谁叫人家拳头大呢，承诺不兑现的话，这伙老军头一齐动手，江山说不定就不姓刘了。

然后就是收拾这些老军头的过程，靠的是三种力量，一种是功臣集团中的文职人员如萧何，张良，陈平，一种是外戚集团，吕后和樊哙，樊哙虽然是武将，但谁叫人家娶了刘季的小姨子呢，枕边风一吹，哪里还分得清谁亲谁疏，还有一种是老军头下面的小军头，如周勃，灌婴。

收拾完这些老军头之后，刘季做了两件事，一是让自己的儿子或兄弟，来做各国的国王，二是据说立下了个白马之盟，盟约的内容有两条，非刘氏不得王，非有功不得封侯，违反的人，天下共击之。前者是让皇族上位，制约功臣集团或别的什么集团。后者是皇帝和功臣集团之间订了一个盟约，形成了一个利益交换，以保护皇族和功臣的各自利益，王侯利益神圣不可侵犯。

非刘氏不得王，意味着皇族的利益得到保证。非有功不得封侯，意味着功臣的利益得到了保护，为什么？因为如果没有功劳都能封侯，那侯还有啥值钱的？深受扩招之苦找不到工作的大学毕业生们，一定很羡慕三十年前大学生工作好找美眉好泡的日子。非刘氏不得王，非有功不得封侯，意味着不用担心其他人来抢他们的蛋糕。

不过这个白马之盟还是有些疑点，因为第一，非刘氏的王并没有完全消失，比如说长沙王吴芮就一直存在，第二呢，刘季一死，这两句话都被吕后打破，而吕后据说是白马之盟的见证者之一。

但白马之盟还是被一遍遍地被提及，那就姑且认为是真的吧，皇族和功臣之前订立了一个攻守同盟，为了对付一个新兴的势力。这个新兴势力是谁呢？显然是外戚集团。理由之一是老军头中有几位就直接或间接死于吕后之手，理由之二是刘季临死前交代说要把樊哙杀了，理由之三是刘季给定的丞相人选，从萧何到曹参到王陵到陈平到周勃，全是功臣集团，而没有提到樊哙。

外戚集团在吕后当政时，达到了顶峰，外戚集团有四个做了王，有六个做了侯，把不支持吕氏的王陵贬回老家，刘季的儿子里，除了妈妈一向不得宠自己也一向低调的代王刘恒和淮南王刘长外，基本上都被除掉。这简直就是宣布与功臣和皇族决裂，所谓双拳难敌四手，更要命的是，除了吕氏姐妹外，外戚集团都是些政治新贵兼政治白痴，所以在吕后死后会被收拾也就理所当然了。

外戚集团出局，小军头早已变成老军头，中央朝政被周勃、灌婴为首的功臣集团彻底把持，外围则主要是刘季的孙子辈。功臣和皇族分据中央和地方，这就是贾谊初入长安时的情景。

很多年以后，善做翻案文章的苏东坡说，贾谊啊，太没耐心，你再聪明，再有能耐，指望一下子与那帮老军头平起平坐，怎么可能？周勃，亲自把玉玺交给汉文帝，灌婴，领兵数十万，都在军方中影响深远，你哪里搞得过。反正你还年轻，多与他们交往交往，沟通沟通，来日方长嘛。

但苏大胡子也是光知道说别人，他自己要是能和王安石或司马光搞好关系，同其光和其尘，又岂会一生不如意？道理谁都知道，但贾生年少啊！

这世上有一句话，叫话不投机半句多，想想就知道了，贾谊和周勃、灌婴那帮人怎么可能搞到一块去，怎么可能？

贾谊是什么人，十八岁，就以诗书全郡闻名，因为熟悉诸子百家，二十一岁成为当时最年轻的博士。在朝廷之上，议论政事掌故，就没有什么能难得到的，那些老博士们说不出来的，贾谊都能替他们说出来，像是他们自己说出来的一样，所以一年之后，又做了太中大夫。

而那些老军头呢，一辈子没啥文化，周勃是做小手艺的，灌婴是做小买卖的，贾谊那些诗书啊诸子啊，他们不知道，也不想知道。他们只知道，那个嘴上没毛办事不牢的小青年，就凭着读过几年书，会写几篇文章，学了些新名词，就要抢班夺权啦，想抢班夺权可以，当年咱哥几个是流了多少血,花了多少人命换来的,你也拿同样的人命换走。他们只知道,如果不是自己打江山,在秦朝,你这种小青年连读诗书的机会都没有,还不是老子流了血拼了命打下这江山,你才有机会过上好日子,写什么《过秦论》,现在不感谢老子,倒来抢班夺权了。他们只知道,当年打江山,每攻一城,每灭一敌,有多难,不是靠几句诗书就能搞定的,如果把江山交到这帮只知道诗书啊诸子啊的小青年手里,非得搞乱不可,他们能挡得住匈奴吗?他们能镇得住东海和南越吗?他们能服得了外面那些个同姓王吗?他们非吓趴不可,江山啊,还是放在咱们,以及咱们的娃娃们手里才最放心。于是贾生只能"年少虚垂泣"了。

但贾谊又提出些什么新奇理论,又是怎样让老军头们以为要抢班夺权的呢?

60. 贾谊的政改计划

贾谊和李广都是生错了时代。

李广生得太晚了,早生个五十年,跟着刘季后面闹革命,怎么说也不至于连个侯都封不上,"使李将军,遇高皇帝,万户侯何足道哉?"贾谊呢,生得又太早了,他应该生在武帝时代,因为他和刘野猪一样,都是有理想的人,也都是想大干一番事业的人,还都是年轻气盛的人,更都是锐意进取的人,哪像那个文帝,就知道无为,无为!无为能赶跑匈奴?无为能削平诸侯国?要是在武帝时代,他哪里会郁郁而终、三十三岁就死掉?他那一身治国安邦的办法,全都能派上用场。

可见即使摊上个好皇帝,也并不意味着都能梦想成真。对于普通百姓来说,文帝时代很适宜居住,但对于多数穿越爱好者来说,跑到文帝时代,会生生憋屈死。《水浒传》中的阮氏兄弟不是没吃没喝,也没有碰到哀鸿遍野民不聊生,反倒生在一个太平盛世,可就是觉得不如意,他们说得好啊,我弟兄三个的本事,又不是不如别人,谁是识我们的?英雄是要"疾没世而名不称"的,士是要为知己者死的,如果一辈子只是吃了睡睡了吃，读书挣钱买房生娃，娃再读书挣钱买房生娃，那和蝼蚁有什么区别？对于普通人来说，贾谊命运已经够好，二十岁出头，又不是出身什么权贵之家，做到太中大夫，厅局级干部啊，还有什么不知足的？但对于贾谊来说，那些不是他想要的，他想要的，是一个更为理想的社会，那个社会公平，正义，稳定，文明，人们安居乐业，熟识礼仪，不用担心社会分裂，不用担心街头失业，也不用担心外国的欺凌侵略。

所以在多数看起来很美好的文帝时代，贾谊看过去，却到处都是问题，要为之号啕大哭的，有一个，要为之淌眼抹泪的，有两个，要为之长吁短叹的，有七个，而要为之愁眉不展的，也不知道有多少个。在这些问题里，最最主要的，是四大矛盾。哪四大矛盾？新国家与旧秦制的矛盾，郡县制与新封建的矛盾，匈奴的得寸进尺与大汉朝忍气吞声的矛盾，日益增长的社会财富与公平缺失的矛盾。

什么是新国家与旧秦制的矛盾？简单地说，就是秦朝那一套东西很坏很坏，继续沿用那一套东西，带来的影响将是十分恶劣的，会毒坏我们的青年，带坏我们的社会，破坏我们的家庭，败坏我们的未来。可以说，把秦朝的坏处上升到理论高度，重视到决裂程度的，贾谊是第一个。在这之前，虽然大伙闹革命的时候，也都暴秦暴秦地叫着，但还没有坏到如此无以复加的程度，萧何以秦法为基础定汉律，大家也觉得很正常。那为啥贾谊要这么说呢？他凭什么这么说呢？凭的是四条。

第一条，自从商鞅变法之后，民风就坏了。怎么坏了？有钱的儿子大了就要分家，没钱的儿子大了就要入赘，父母兄弟之间，借个锄头都要打欠条，这是什么世道？大搞私有制，大搞斗争，多的欺负少的，力气大的欺负力气小的，人人都为了自己，这跟畜生有什么分别？人是懂得谦让的，要鼓励让，而商鞅呢，不主张让，只主张争，争来争去争来争去，到现在整个社会还是争来争去，撑死胆大的饿死胆小的。你说这秦制还能要吗？

第二条，只知道法，不知道礼。法那是治标的，是人家做了坏事进行惩罚，这是我们要的社会吗？我们要的社会，是没有做坏事之前，就进行教育，引导，熏陶，感化，那还得靠礼，靠仁，靠义。法再严密，也无非是冤假错案少一点，那又怎么样呢？孔子说得好，这个断案子，我也不比别人高明多少，我最希望的，是世上根本没有案子给我断，看看这才叫文明。尧舜禹汤们讲仁讲义，传了几百年，秦讲刑讲法，二世而亡，这个教训还不够深刻吗？

第三条，不重视知识分子，把知识分子当贼防。却不知道你把人家当贼，人家又岂能把你当好人？豫让，一开始是跟中行氏的，后来跟智伯，中行氏亡的时候没做啥，智伯被灭后，不惜毁容、吞炭，也要报仇，为什么？因为中行氏只当他是个普通人，而智伯当他是个国士。你把知识分子当贼防的结果，就是知识分子真的成了贼，反正不当白不当。

第四条，把以前的王子教育全都废了。从前的太师太傅太保，王子们都是当长辈一样敬着，而这些太师太傅太保，也会对王子耳提面命，谆谆教导，努力让王子们德智体美劳全面发展。可秦朝呢，什么样的人跟着胡亥？赵高！结果只是算计，你算计我，我算计你，让这样的人来治理国家，想想就知道了，会是什么样子？

秦朝有这些遗毒也就罢了，要命的是我们明知道这些毛病还不去改。生了病不去扎针喝药，天天都说，休息一会就好了，休息能把病赶跑？不怕狼一样的对手，就怕猪一样的队友，有秦朝的遗毒不可怕，可怕的是，天天有人在皇帝面前说什么无为啊，不要动啊，莫折腾啊。本来，大汉朝革了暴秦的命，就应该建立新的典章制度，就应该兴礼乐，改正朔，易服色，变官名，结果现在都建国几十年了，他们还说不要动，真不知道他们打算什么时候动，是不是就不打算动了。

这第一大矛盾，以及其解决办法，是贾谊一揽子方案里，最最核心的部分。贾谊刚刚做博士的时候，就大谈政治体制改革，大谈精神文明建设，什么兴礼乐，改正朔，不过一向不喜欢折腾的汉文帝认为，自己刚登基，还不合适，恐有扰民之嫌，就没怎么理。后来从长沙回来，贾谊上治安策时，除其他三大要对之大哭的问题外，主要谈的，还是这些改革。

从这些改革思路来看，贾谊算是个儒家人物，比如主张礼治，主张学习尧舜禹汤，以及一只手打法家，一只手打黄老。所以贾谊也是汉朝儒家对黄老展开反击的一个开始，以有为对无为，以深化改革对自由放任，以大政府对小政府。那么另外三个矛盾，及其解决办法是什么呢？

61. 新时期三大矛盾

在贾谊看来，除了新国家与旧秦制的矛盾外，还有三大矛盾，让大汉朝处在危险之中。危险到了什么程度呢，贾谊说啦，就像一个人睡在秋天里最干燥的柴堆上，柴堆下面还有火星，只是因为火没烧起来，就说没事儿，就说天下太平、不要折腾，这简直就是误国啊。

那么，贾谊又为什么说那三大矛盾让大汉朝处在危险之中呢？且按程度重轻，一一道来。

第一个，郡县制与新封建的矛盾。虽然儒家的前辈们纷纷说封建好啊封建好，可贾谊显然不同意这个结论，境内搞那么多么大的封国，不怕人家造反吗？

当时显然还有些同学不同意，认为异姓王会造反，现在是同姓王，都是刘季的自家人，还会自相残杀？贾谊说，切，你们这些人根本不知道人在什么情况下才会造反。男人无所谓正派，正派是因为受到的引诱不够，女人无所谓忠诚，忠诚是因为背叛的筹码太低。异姓王就一定会造反吗？长沙王吴芮就一直很听话；同姓王就一定靠得住吗？淮南王刘长，是高祖的儿子，陛下的兄弟，不还是造反了？

为什么会造反？还不是因为能够造反。造反是个掉脑袋的事，没把握谁会去造反，嫌活得太长了？造反又是一个高风险高回报的买卖，成功了就能统治天下万民，要什么就是什么，所以造反有胜算的话，又有多少人会不造反？一切都是形势，形势！

淮阴侯韩信为啥最先造反，因为他厉害啊，用兵天下无双啊。韩王韩信呢，虽然比不上另一个韩信，但他有匈奴帮忙啊。贯高占着赵地，彭越占着魏地，陈豨兵精，也跟着反了，接着才是占着淮南的英布，卢绾更弱一些，最后反。而长沙王吴芮呢，一直都不反，并不是因为他多么高尚，多么无私，只是因为他才两万五千户啊，拿什么反？没办法反嘛！一切都是形势，形势！假如两个韩信，一个英布，一个彭越，从一开始就只做列侯，封个一两万户，兴许到现在也都好好的。

对啦，有的同学还在说，那些人是因为关系太疏远了。好，那就拣关系近的说吧，假使陛下继位时，齐国还是悼惠王，楚国还是元王，赵国还是中子，淮阳国还是幽王，梁国还是共王，燕国还是灵王，淮南国还是厉王，这些大佬可都是陛下的兄弟叔伯，都是自家人哪，可陛下能安心吗？嗯，有的同学又说啦，他们不是都死了吗？现在都是皇帝的侄儿，没关系。那你们就睁开眼看看吧，这些个国王们，在境内自己授人爵位，自己赦免死罪，甚至使用皇帝一样的仪仗，建立皇帝一样的宫殿，他们想做什么，还不是很清楚吗？

有的同学现在相信了吧，问我该怎么办了吧。好，我来告诉你怎么办，办法就是"化整为零"。他们不是地盘大嘛，几十个城，上百个县嘛，我就把这几十个城上百个县分成十几个国家，每个国家不就小了吗？你问我怎么分？笨，那些个国王们不是有儿子吗？就让他们儿子分，有三个儿子就分成三份儿，有五个儿子就分成五份儿，过个两三代，不就都分成小国家了吗？一个国家三两个城，拿啥造反？你问没儿子咋办？你问这三五个儿子，二三十个孙子不可能都有后代，到后面怎么办？更好办哪，没有继承人是吧？收归中央！

现在是第二个矛盾——匈奴的得寸进尺与大汉朝忍气吞声的矛盾。如果说同姓王是最大的内忧，那么匈奴人则是最大的外患。

可匈奴人凭什么就成了大汉朝最大的外患了呢？不就是出了一个弑父称王的冒顿单于吗？不就是去了个卖国求荣的中行说吗？可人家就那么几十万人，大汉朝一个大县就比下去了，真的就那么不可战胜？凭什么没事儿到边境杀人放火、抢劫妇女，而我们呢还要送公主去和亲，每年还要送金银财宝绫罗绸缎去拉关系，而人家还是没事到边境杀人放火，抢劫妇女，再对大汉朝出言不敬？真是丢人哪，这么大一个帝国，给人家一个县的人弄得没脾气，低声下气，还好意思自称天朝上国，自称世界第一大国！年年给匈奴人送礼的时候，不觉得脸上无光吗？

可现在倒好，边境上，老百姓根本不敢随便出门，怕匈奴过来打劫啊，当兵的穿着盔甲睡觉，怕匈奴过来进犯哪。而京中的大佬们在做什么呢？不是去打匈奴，而是去打野兔，不是去边疆上为国家争口气，而是在酒会上为女人争口气，不觉得丢脸吗？依我看，早就该打了，要把匈奴打怕，把单于拷到长安判刑，把中行说狠狠地用鞭子抽，让匈奴人都听大汉天子的号令。

对了，还有第三个矛盾，日益增长的社会财富与公平缺失的矛盾。这个矛盾就更重要了，关系到国计民生哩。

咱们也都知道，皇帝是个节俭皇帝，修个百金的露台都舍不得，皇后的衣服，都没有一件能挨到地上的，怕费布。可皇帝你睁眼看看，看看那些资本家过的是什么日子？连资本家家养的奴隶，别看没有自由，可人家穿的衣服，可是皇帝祭祀时才会穿的绣衣丝鞋。皇帝平时穿的衣服不过是黑色的丝衣，而资本家用黼绣来装饰墙面，皇后装饰衣领的东西，资本家的二奶们保姆们用来缝鞋边。这些东西从哪里来？都是劳动人民生产出来的。皇帝怜惜农民，免了农业税，可资本家的剥削要厉害得多，贫富差距越来越大，一百个农民生产出来的东西，还不够一个资本家浪费，一百个人做衣服，不够一个人穿。长此以往，怎么会没有人挨冻挨饿？等到四处都是饥民的时候，天下就要乱起来了，而皇上身边的人，还在说什么无为呀，不要动呀，别折腾呀，你说这是不是非常危险？

第一条的解决办法是化整为零，第二条的解决办法是兴兵征讨，第三条，贾谊没有说。为什么没有说，也许是因为根本不用说，资本家不是钱多么？收过来便是。资本家看起来很厉害，毕竟手上没有兵，跟军事家比起来，资本家就是个屁，更何况，其实当时最大的两个资本家，可不是什么平头百姓，都是皇亲国戚，他们两个垄断了天下货币的供应，一个是吴王刘濞，一个是汉文帝的宠臣邓通，后者后来成了财神爷的化身。可见跟资本比起来，权力在大多数情况，占绝对优势，只是沾了黄老治国理论的光，权力暂时打了个盹，资本才得以发达，等到汉文帝的孙子继位，国进民退之后，大汉王朝资产阶级的黄金时代就该结束了。

不过在这之前，又有一个叫晁错的人物出场，呼吁解决大汉朝的问题。

第七章　道黜儒升　民退国进

62. 两个惹祸精

到底该把晁错归于法家，还是儒家，这是个问题。

按司马迁老人家的观点，不光晁错是法家，连贾谊都有法家的嫌疑，"明申商"得很哩。贾谊好歹是根正苗红的儒家出身，只是心有余力读了点诸子，而晁错出身就是刑名，学的就是商鞅那一套，虽然后来专门跟着伏生学过《尚书》，算是《尚书》第一人伏生的嫡传，但那都是半路出家，相当于跨学科报考研究生，底子还是法家那一套。所以法家的脾气，就很明显。法家有什么脾气？一往无前，把人往死里得罪，善谋国而不善谋身，治国是很有一套，但没有几个有好下场。贾谊不被重用，不过是因为让老军头们看不惯外加羡慕嫉妒恨，晁错呢，不管是君子还是小人，不管忠奸，一概恨他。

不过话又说回来了，如果仅仅是晁错有这个坏毛病也就罢了，汉文帝说得好啊，你嘛不过是个出主意的，言者无罪，有什么狂不狂的，关键是那用主意的，要有主意，不能听风就是雨的，那就麻烦大了。

所以在文帝时代，晁错虽然也大胆，也激烈，却很安全，因为有文帝在那里给他把关呢。他也提出了一系列的主张，比贾谊那个治安策更激进，更具体，但汉文帝只用那些该用的。比如对诸侯国削藩哪，就是一句话"知道了"，就给打发了，毕竟是自家兄弟，要慎重。对付匈奴呢，匈奴是外人，所以十成可以用个六七成，只要不是太劳民伤财，都可以用，什么招募内地人支援边疆建设啦，什么对边民进行军事化训练啦，什么团结其他少数民族一起抵抗匈奴啦，都可以酌情用之。至于那个主张太子不能死读书，读死书，要让太子知道治国之道谋国之术，也好办，直接把晁错派到太子身边就得了，多好的解决办法！

不过要命的是，晁错往太子身边那么一派，成全了他，也葬送了他。因为太子也是个暴脾气，做事不顾后果，也是一个惹祸的祖宗，惹祸精碰到惹祸精，当然是意气相投，宠信有加。但惹祸精碰到惹祸精，能不闯出滔天大祸，那也算是奇迹。

所以景帝到底能不能算个道家皇帝，也是个问题。汉文帝刘恒，标准的道家皇帝，垂拱而治，小政府，无为，脾气好，淡定，不爱惹事，不爱折腾，虽然也有点儿迷信，但神仙家与道家本来就是近亲嘛。汉景帝刘启嘛，做太子的时候，就闯了个滔天大祸。啥大祸？

原来刘启虽是个暴脾气，可他爸爸，他奶奶，他妈妈全都信道家，天天都讲什么无为啊心静啊，刘启大约也想改改自己的性子，所以没事就下点围棋。围棋最大的长处是要坐得，现代围棋搞读秒制，一下几个钟头，对于五子棋是慢，对于围棋简直不是一般的快，以至于很多人怪读秒制搞得没有名局。要知道在古代，一下几天那是正常的事，没事就长考，就封盘。长考那事儿，就跟打禅差不多，听说东洋有个和尚出身的棋手，终极绝招就是长考，几个时辰不落一子，一动不动，弄得没人敢跟他下。

下棋是好事，手谈嘛，陶冶情操，修身养性。可金子放哪里都能放光，暴脾气放哪里都能点着。只要下棋就会悔棋，只要悔棋就会争棋，结果刘启与吴国太子争棋，一言不合，拿起棋盘就往吴国太子头上打，一下子就把吴国太子打死了。

吴国太子是谁？当然是吴王的乖儿子。吴王是谁？是同姓王里的大哥大，同姓王里经济最富，实力最强的一个，统治三郡五十三城，有两大宗财政收入，煮盐之利，铜山之利。富到了啥程度呢？不仅免除了境内的农业税，而且对于中央派下的劳役，也由政府用钱抵消，还在境内修运河，带动造船业、运输业、渔业、纺织业、建筑业、竹器制造业、漆器制造业的发展。牛到了啥程度呢？文帝时代，吴国垄断了东南的货币供应，与邓通中分天下的铜钱制造，人称南吴北邓。刘启打死了他的太子，可想而知，虽然刘濞当时硬着脸没说啥，心里就没一丁点儿想法？所以晁错对于刘濞，是削藩之恨，而跟刘启则是杀子之仇，后日里有人说刘濞一大把岁数，头发都白了，干吗要造反，还不是晁错逼的！但你也不想想刘濞白发人送黑发人时，心中何等苦痛，杀子仇人就坐在龙庭上面，人家为什么不造反？

所以这对惹祸精刚一上位，就做了几件大事，害死了两个大人物。哪两个大人物？一个是天下首富，汉文帝的弄臣邓通，另一个是当时的丞相，跟着刘季出生入死的功臣申屠嘉。为什么这惹祸精会害死这两个人呢，这个说来话长，且一一道来。

其实邓通不是啥坏人，倒算是个老实人，但老实人有老实福，天上掉下大馅饼，一个飞来横福砸在了他身上。

原因是这样子的。汉文帝刘恒是信道家的，身子又不大好，多少就有点迷信。开始遇到了个叫新垣平的人，自称善于望气，人家是看云识天气，他能看云识吉凶，还搞点什么"人主延寿"的玉杯这种小惊喜让汉文帝意外得到，把一代明君刘恒弄得五迷三道的。不过常言说得好，捣鬼有效，有术，也有限，居然就被识破了，然后当然的，给杀掉了。

不过就像看多了玄幻小说的人会做飞仙的梦一般，那年月神仙家的故事着实不少，汉文帝听得太多，也会胡乱做梦。有一天做了个梦，梦见自己要上天做神仙，可是想要飞呀怎么也飞不高，恰好一个戴黄帽子、衣带后穿的人推了自己一把，这就上了天庭。醒来后就到梦中登天地点去找那个黄头郎，正好看见一个，戴黄帽子，衣带后穿，简直与梦中那个人一模一样的，一问名字，叫邓通，邓通那就不是"登通"吗？就是他了！

但一个读了一肚子书的贾谊都能让老军头们羡慕嫉妒恨，何况毫无背景也毫无才情的邓通？功臣集团之一的当时的丞相申屠嘉，就因为邓通在朝堂对皇帝没有足够尊敬要斩他，弄得邓通跑到丞相府磕头磕到出血，再加上皇帝亲自求情才放过一马。权力没指望，但钱还是可以给的，正好还有相面的预测邓通将来会饿死，汉文帝就把一座铜山都赐给了邓通。铜山哪，在当时可算是一座大型造币厂，靠着这个造币厂，加上邓通做事算得上小心，为人也算得上兢兢业业，钱币质量优良，厚薄均匀，硬是把邓氏钱经营得与吴钱并分天下。汉文帝想，这下邓通可不会饿死了吧？可谁知邓通把一个人得罪了，这个人就是汉文帝的儿子，将来的景帝刘启。

邓通为吗会得罪刘启呢？原来汉文帝身上长了毒疮，化了脓，邓通就给汉文帝吸吮，吸着吸着，汉文帝就感慨地说，你说天下谁最爱我呢？邓通大约也是好心，就说当然是您的儿子最爱你了。可谁知这话惹出了事。等到刘启来的时候，汉文帝也叫他吸，你想那脓疮，又臭又毒，叫人怎么下嘴，刘启一边吸一边恶心，差点没吐出来，事后听说邓通居然吸得很欢乐，这就把邓通恨上了。

所以汉文帝驾崩，刘启一登基，马上就收回邓通的铜山以及所有财产，邓通身无分文，竟然真的饿死街头。

那么申屠嘉又是怎么被害死的呢？且听下回分解。

63. 冤家路窄

申屠嘉和晁错这对冤家，输就输在名字里。

屠嘉听起来像屠家，像个杀猪的，打架不错，但脾气多半有点大，吵架不行。为啥脾气大的吵架不行，因为容易给气倒啊，都气倒了还怎么吵得过别人，吵架最适合慢条斯理地说几句，能把人呛死，自己还不生气。

晁错呢，听起来像做错，就是一做就错的意思。怎么做都是错，还混什么混。所以申屠嘉和晁错掐起来，恐怕最后谁都讨不了好去。

其实申屠嘉在功臣集团里，只能算个零头。

虽然也是很早就跟着刘季闹革命，但跟着闹革命的，也不知道有多少万，哪能个个都记得？一将功成万骨枯，闹革命那是刀尖上舐血的买卖，九死一生，要是死后能在某块碑上刻个名字，那都是祖坟上冒青烟了。但如果还能活下来，没有成为那枯掉的万骨，机遇总是会垂青的。所以在战争年代，最大的问题不是消灭多少个敌人，而是不让敌人消灭自己。韩信消灭的敌人够多吧，然后呢？

打项羽那会，韩信功封齐王，而申屠嘉只是做个小排长，等到刘季得天下，讨伐英布，才升到团长。县团级县团级，革命成功后，大约也做过县一级的干部，到惠帝时，升到省部级。一直等到文帝登基，革命成功后都二十多年的时候，刘恒为感谢那些为革命事业做出杰出贡献的革命前辈，把二十四个省部级以上的官员封了关内侯，其中包括申屠嘉。啥叫关内侯，就是有个侯爷的头衔，也能得到相应户数的税收，却没有封地。申屠嘉是五百户。

那时张苍是总理，申屠嘉就做了最高检察院检察长。等到张苍致仕退休，外戚集团里虽然有个窦广国还不错，可他是文帝的小舅子，皇帝怕人说闲话，功臣集团里，又死的死，病的病，只有申屠嘉这个当年的红小鬼还在朝廷上，就让他做了丞相。

张苍是个佞臣杀手，曾经搞垮了新垣平造假集团，而申屠嘉也是。他搞得邓通跑到丞相府前面磕头磕出血来，直到皇帝求情才放过他。但是皇帝也没有办法，因为申屠嘉都是按原则办事，而且是个"门不受私谒"的好官。啥叫"门不受私谒"？就是别人到他家里找他办事情，那里绝对不可以的，家里不接待客人，有事情，到办公室谈，公开谈。

等到文帝驾崩，景帝刘启登基，申屠嘉以为自己又发现了个佞臣，那就是晁错，因为他符合佞臣的一切特征。第一，极度受宠，刘启对他是言听计从，有时候简直就是出双入对嘛。第二，尽出馊主意，这不，居然出主意挑诸侯王的小毛病，然后收回封地，这不是要害得天下大乱吗？可气的是，皇帝只听信他一面之词，居然不听自己好言相劝。第三，恃宠而骄，这不，就因为内史府门从东边出觉得不爽，就在南边对着太庙开了个门，把太庙的外墙都给拆了，这还得了，得治治他。

于是申屠嘉就打算第二天上朝时，奏请把晁错杀掉，拆太庙的墙，这是大逆不道啊。可惜的是，这个消息居然就被晁错知道了，晁错连夜进宫见了刘启。刘启说，你放心，放着我来。结果第二天申屠嘉一奏明，刘启哈哈大笑，丞相多虑了，这是我吩咐他做的，而且那也不是太庙的墙，里面还住着其他官员哩，里面那道墙才是。申屠嘉那个气啊，悔啊，悔不该没有先斩后奏啊，回到家里，就此吐血而亡。

饿死了邓通，气死了申屠嘉，刘启和晁错这对惹祸精，下一个目标就直指吴王刘濞。据说这两个人的交谈是这样子的。

晁错说，刘濞都不上朝，胆子很大啊。刘启说，错。晁错说，我说的没错啊。刘启说，错，我是在喊你。晁错说，吓我一跳，我还以为我哪里说错了呢。刘启说，错，你看怎么办。晁错说，不如削了他吧。刘启说，错，削了他会不会造反哪？晁错说，还是别喊我名字了吧，喊得以为自己一说就错。刘启说，那，爱卿，削了他会不会造反哪？晁错说，他早就想反了，削了他也是反，不削他也是反，还不如削了痛快，至少能减少敌人的力量。刘启说，错，啊不，也对，那啥时候削呢？晁错说，现在就削，早削不如晚削，如果有什么难题需要面对，那就早点儿面对吧。刘启说，错，啊不，你说得很对，那你看削多少合适？晁错说，吴王现在有三郡，三缺一，有地也有力，咱给他弄个一缺三，看他怎么玩儿？刘启说，别的王要不要削？晁错说，当然要削，吴楚赵三个王，占了天下一半的地，好比三只老虎睡在皇上身边，皇上觉得安全吗？不削怎么成？统统削了，只留一郡，只有一郡的地，就好比老虎没有爪子没有牙。刘启说，那咱们就试试？晁错说，试试就试试！相信我，没错的！

刘启第二天就把这事拿到朝廷上廷议，结果大多数人保持了沉默。想想就知道了，申屠嘉都给气死了，还有谁敢说半个不字？打架晁错不行，但在朝廷上吵架嘛，晁错是法家张恢的弟子，又是大儒伏生的得意门生，学贯儒法，辩才无碍，人称智囊，有谁吵得过他？吵下去只有被气死的份儿。

只有刘启的妈妈的爸爸的兄弟的儿子的儿子，也有可能是刘启的妈妈的爸爸的爸爸的兄弟的儿子的儿子的儿子窦婴不信这个邪，和晁错大吵一顿，窦婴倒是没给气死，但早已把晁错恨死，两人就此结了怨。结怨归结怨，削藩令还是发下去了，在刘启心中，妈妈的爸爸的兄弟的儿子的儿子，当然比不上情投意合的晁错。

申屠嘉气死，窦婴恨死，吴王刘濞可不是省油的灯，人家直接打死你。

结果吴王还没等到削藩令下来，仅仅听说晁错为这事和窦婴吵架，就联合了其他六个国家起兵啦，喊出的口号也真是气人，居然是"打倒晁错"（诛晁错，清君侧）。这一来，刘启和晁错才意识到事情闹大了，真的闹大了，虽然想到吴王会造反，但是没想到居然这么快，快到一点儿心理准备都没有。而且想不到的是，吴王会这么猛，几乎势如破竹，没有什么能挡得住的。刘启问，错，咱们怎么办？晁错答，办法我来想。

其实晁错能有啥好办法呢？晁错不过是个读书人，读书人太相信那些名词，什么精神呀意志呀主义呀思想呀，或者仁呀爱呀民心所向呀，而不知道战争有战争的规律，铁木真所到之处血流成河，有啥民心所向，不照样能赢？正如很多年后，南京城里另一伙主张削藩的读书人，听到燕王朱棣造反了，也没啥好主意一样。但是主意还得出啊，谁叫自己是刘启的主心骨哩，于是晁错出了两个主意。

一个主意是让刘启御驾亲征，自己在长安城中留守。用屁股想想也知道，这个主意有多馊了。刘启御驾亲征，军队的士气值上升到满，净出暴击，军队一个顶俩，打得吴王落花流水，看上去很美，但假如还是打不过呢，军队没有出暴击呢，皇帝的万乘之躯，谁负得起那个责？你要是能陪在皇帝左右也就罢了，居然自己躲在京城，你安的什么心？想等皇帝有个什么闪失，乘机上位？皇帝和晁错的关系是好，好得跟哥们儿似的，但有这样做哥们儿的吗？为朋友两肋插刀，为江山插朋友两刀？

如果仅仅是这个主意，无非是刘启有点疑心，或许连疑心都没有，也没什么大不了的。可怕的是，晁错又出了第二个主意，要杀袁盎立威。这个主意直接导致了晁错的死。

那么这个躺着也中枪，爬起来后，却补了晁错两枪的袁盎，又是何许人呢？晁错为什么要杀他，而又为什么反死于他之手呢？

64. 爱提意见的人

袁盎同样输在名字上，这名字听起来像是"冤啊"。事实上也的确如此，他躺着也中枪的次数，超过了多数人。常言说得好，逃得了初一，逃不了十五，中枪的次数多了，想不冤死也难。

但真要说冤吧，也不算太冤，司马迁老人家说他是因为名望而死，说得也差不多。他这人最大的毛病就是爱给领导提意见，大家也知道，给领导提意见的人，群众中的口碑多半不错，但领导眼中的看法多半不佳。即使他碰到的，是好领导，不怕提意见，或者即使他提的意见，是为领导好，又或者，他给一把手提的意见对二把手或三把手不利，难道别的领导就没意见？

袁盎给汉文帝提过周勃的意见。话说周勃诛除诸吕之后，把传国玉玺交到当时的代王、后来的汉文帝刘恒手上，一时如日中天哪。当时周勃是丞相，每次退朝时，都很匆忙，也不等皇帝退朝就走，好像他比皇帝还忙似的，而刘恒还经常亲自送他出门。这简直就是君不君臣不臣嘛，于是袁盎就提建议刘恒威严一点，刘恒是威严了，但周勃能没意见？老子跟高祖打天下时，你这小毛孩还不知道在哪吃奶呢，现在倒好，提建议来了。老子当年跟高祖皇帝，也是称兄道弟，也没这么多讲究，现在你倒好，说老子没君臣之礼来了。

不过等到周勃退休之后，有人告他谋反因而进了号子的时候，别的大臣都没人敢帮他说话。谋反是啥罪名？是叛国罪，是反革命罪，是危害国家安全罪，谁敢帮他说话？一不小心搞出个反革命集团，一家老小都得陪葬。但袁盎帮周勃说话，想办法证明周勃无罪，为此出了不少力。所以等周勃放出来之后，对袁盎很是感激啊，还是你小子仁义啊，我算没看错你。

还给刘恒提意见。话说刘恒登基的时候，刘季的儿子里就剩下两个了，一个是刘恒，另一个是淮南王刘长。所以刘恒对刘长还算不错，这个刘长也没把自己当外人，胆子也很大，比如说打死审食其这事吧，就他敢做。

这是什么一回事呢？话说刘季当年有个同乡叫审食其的，因为刘季这人脚底抹油的功夫相当不错，常常就把老婆儿子扔到最危险的地方去了，结果都是审食其陪伴着吕雉，保护着吕雉，算是吕雉的保镖兼蓝颜知己了。常言说得好，不要让你的女朋友有蓝颜，因为她蓝着蓝着你就绿了；也不要让你的男朋友有红颜，因为他红着红着你俩就黄了。也许审食其和吕雉真的是纯洁的男女关系，但是不管你信不信，外面的人是不信的。但刘季也真是大度，大手一挥，就封了审食其辟阳侯。

刘季大度，他儿子不大度啊。老爸不在的时候，阿妈老是和那个怪叔叔行为亲密，老爸死了之后，阿妈还是和那个怪叔叔行为亲密，外人都说些什么闲话你们不知道吗？所以刘季的嫡子，惠帝刘盈就打算杀他，结果给他跑了。刘盈是个老实孩子，没继续追杀。接下来登基的刘恒呢，是个厚道人，更不会追杀。但刘长不干了，喊审食其过来，然后二话没说，从怀里掏出个大锤子就打过去，见没打死，又喊手下的人继续打，就把审食其给杀了。刘恒问起来，他也没证据说审食其和吕雉真有啥关系，于是说了三个罪名。第一，吕后造成刘长亲妈自杀时，没有帮忙说好话。第二，吕后杀戚姬和赵王如意时，没有帮忙说好话。第三，吕后杀其他刘氏王时，没有帮忙说好话。其实刘长亲妈自杀这事，也不能怪审食其，刘长亲妈怀了刘季的骨肉，刘季都不帮忙说好话，指望审食其说，恐怕用处也不大。但对刘长来说，亲妈悲愤自杀的阴影，总是不能消除的吧。现在吕后死了，而且亲妈自杀后，自己还是吕后养大的，只剩下一个当事人审食其，不杀了他，难咽心头一口气。

但不管怎么说，对审食其先斩后奏这种事，可以看出刘长没把自己当外人。其他方面也是一样，出门打猎，和刘恒在一个车并排而坐，谁叫咱是兄弟呢？在自己的封国，汉律是不用的，自己单独搞一套，为什么，咱和当今天子是兄弟啊，是平起平坐的啊。

这下袁盎当然又看不惯了，提意见要求削减刘长的封国，否则以后会有大患。但对于这种建议，刘恒就像听到晁错类似建议一样，一句话，朕知道了，就给打发了。但该来的还是要来的，刘长终于因为柴武太子谋反的事受牵连，刘恒就把刘长贬到蜀地去，还用囚车押送。

但从并肩而坐，到用囚车押送，反差未免太大。人与人之间的交往，最需要的就是保持合适的距离，宁可开始疏点，慢慢接近。一开始太亲密，一旦难以为继，或以密生狎，后来再疏远，反目成仇的比比皆是。所以袁盎又提意见了，说皇上这样做不好，你一开始对刘长那么好，现在又这么不好，刘长心高气傲，路上想不开了，世人都会说皇上的。这个意见，刘恒没有采纳。事实上，群众提的意见，领导大多数都不会采纳，难道领导不知道怎么做合适，要你来说？到底谁是领导？如果你真的那么聪明，那么善于决策，为啥你不是领导？

但不出袁盎所料，在路上刘长就死了，有人说是病死的，也有人说是绝食死的。刘恒问袁盎怎么办，袁盎说，刘长还有三个儿子，皇上看着办吧。刘恒便把刘长的三个儿子都封成王，其中一个就是后来的淮南王刘安。

经此一事，袁盎的名声大振，被称为"无双国士"。可刘恒的名声毁了，坊间有闲话云，"一尺布，尚可缝，一斗粟，尚可舂，兄弟二人不相容"。

啥叫"无双国士"？这个士嘛，是知识分子，国士，是大知识分子，无双国士，是唯一的大知识分子。背着这么个称号，后日能和那个"智囊"，即最聪明的知识分子晁错搞好关系，才怪！

当然，还没轮到晁错，领导已经意见很大了。刘恒是个好皇帝，但也容不了接二连三毁皇帝名声成全自己名声的事啊，所以没多久，就把这个"无双国士"袁盎弄到陇西那块去了，让他去给边疆的同志们提建议去。不过又听说边疆的群众倒是很欢迎他，所以又安排他当吴王的丞相，让他给吴王提建议，让吴王那个坏老头去收拾他。

不过也不知道是因为吴王心怀天下，因此就虚怀若谷，还是因为袁盎担心一旦说了吴王的坏话，就会被吴王暗杀，吴王倒待袁盎相当相当客气，而袁盎也帮吴王说好话，说吴王不会造反。这也很好说，吴王减免税收，振兴经济，你也可以说是有不臣之心，但也可以说人家就是一心爱民，为皇帝分忧。

但晁错看不惯哪，晁错当了最高检察院检察长之后，就对袁盎开展调查，发现居然拿过吴王的东西。难怪帮吴王说好话了，吃人嘴软拿人手短嘛，没说的，撤销朝廷内外一切职务。

等到吴王造反之后，晁错出的第二个主意，就是杀袁盎：看吧，袁盎说吴王不会造反，现在反了，这人该不该杀？

但就当晁错在办公室讨论杀袁盎的时候，袁盎已经听到消息反戈一击了。唯一的大知识分子，轻易不暗算人，但如果给逼急了的话，暗算起来就不是人。晁错和刘启关系再铁又怎么样，只要功夫到位，山盟海誓的情人咱都能拆散，何况是两个大男人。为此，袁盎又拉上了刘启的妈妈的爸爸的兄弟的儿子的儿子窦婴。一年前晁错气死申屠嘉的那一幕又重演了，就在那天晚上晁错还在家里想着第二天早上的美事时，自己的命运已经悄悄地被决定了。

65. 离间攻略

听说那天晚上，袁盎听到晁错将要求处死自己的消息后，找到了晁错的宿敌窦婴，两个人想来想去，认为要救袁盎，只有一条路可走，那就是先弄死晁错。

是暗杀晁错吗？当然不是，袁盎好歹是个知识分子，窦婴虽然是当兵的，但也规矩人家出身，怎么会做这种事。而且最最重要的，暗杀了晁错，刘启能不追查？追查起来，谁负得了这个责？袁盎还是得死。那么剩下的办法，就只有请求刘启处死晁错了，越快越好，不要给对手反击的机会，毕竟晁错和刘启是多年的老交情了，铁得跟哥们儿似的，哥们儿得跟铁似的，刘启特相信晁错，刘启对晁错简直是言听计从，一旦有翻盘的机会，就夜长梦多了。

有同学要问了，既然晁错和刘启关系这么好，还怎么让刘启杀晁错呢？这一点可以参考以弘扬三角恋爱为己任的韩剧或台湾言情剧，看看那些短命鸳鸯们是如何被拆散的。

第一步，一定要让对方生出疑心。

苍蝇不叮没缝的蛋嘛，有了疑心，才能听得进去后面那些煞风景的话。哪怕对方不承认自己有疑心，只要心里有，都可以。疑心是爱的毒药，疑心存在的地方，爱将消融。不过值得欣慰的，这世上的鸳鸯们几乎都是有疑心的，山盟海誓其实正是缺乏足够信任的产物。过近的距离，将一天天彰显理想与现实的区别，患得患失又是恋爱中的常态。任盈盈坚持不按父亲的暗示，站到令狐冲的对面，这很好。因为她知道，如果令狐冲心里有自己，何必站，如果令狐冲心里没有自己，站过去，得了还是失。但世上逼着对方说爱自己，哄着对方发誓，或用各种方法考验对方爱自己有多深的，也不知凡几。

不过这一步一定要选好时机，选好主题。苍蝇不叮没缝的蛋，要等待缝隙的出现。那么有哪些缝隙呢？庸俗言情剧提供了很多很多的思路。

比如某次约着看电影男主放了鸽子。这是庸俗言情剧的常见剧情，按庸俗言情剧的发展，通常是由于男主学习雷锋好榜样，医生遇到了急救病人，非医生路上碰到一个人或晕倒，或被撞，也没考虑自己很可能已经身处彭宇同学的险境，义不容辞地把病人救到医院，看着病人脱离危险，回头一看表，哟，约会迟到啦。而女主左等不来右等不来，电影都散场了还没人来，电话没人接，打到单位已经下班，就是不知道在什么地方，于是误会产生了。不过真实的情况，有可能是男主只是被狐朋狗友拉到别处玩去了。

比如看见男主和另一个姑娘在一起。按庸俗言情剧的发展，那个姑娘是男主生活在另一个城市的妹妹，但没来得及告诉女友，于是误会产生了。虽然我弄不清为什么男主有个妹妹，女主却不知道，去接自己妹妹，又为吗不让女主知道呢？但是庸俗言情剧总是有它的道理的。不过真实的情况，还真的可能是别的多少有点暧昧的关系。

还比如男主某段时间不怎么理女主了。按庸俗言情剧的发展，那一定是男主自知得了不治之症，为了不连累女主，就故意疏远，为了让女主能过上好日子，于是误会产生了。虽然我不知道不治之症为什么偏偏会找上男主，也想不通为什么用疏远的办法才是为女主着想，但庸俗言情剧还是有它的道理的。不过真实的情况，有可能是男主的钱包被偷了，最近没钱啦。

但不管怎么说，哪怕是如胶似漆的恋人，想找误会那都是一挑一大把，何况其他呢？在袁盎和窦婴看来，刘启对晁错的疑心至少有两个。第一个，从七国造反的处置方法来看，晁错并非无所不能，晁错在刘启心里的地位已经动摇，刘启需要别人给他出主意了。第二个，主张刘启御驾亲征，自己留守长安，"黑锅我来背，送死你去"，这已经在刘启心里播下了疑心。所以袁盎和窦婴一定确定以及肯定可以说动刘启，只看怎么说。

那么第二步，一定要陈之以利害。

这又是为什么呢？因为对方不是感情好吗，你动之以情，不容易见效不说，还容易让对方想起双方的感情，会更婆婆妈妈，难舍难分，不离不弃。

晓之以理呢，这世上公说公有理，婆说婆有理，人们只听自己想听的理，你讲的道理再有道理，对方也最多只觉得你也有道理，不过回头嘛，人家还想听听自己那亲爱的有没有更多的道理。对方回去这么一问，你的一番道理就全黄了。理可以说，但仅作为辅助，说理最大的好处，是为对方后面的背叛找到道义上的依据，减轻对方的内疚，但关键还是第三个办法，陈之以利害。

陈之以利害，这利害一定要大。通常的可选项有，财富，名望，地位，生死，依次递增。财富的确能诱惑一些人背叛，但是说实话，真仅仅为了钱背叛的，并不会太多，富二代们并不会无往而不胜。但如果可能会失去名望，可能会身败名裂，心中的天平就会明显倾斜了。如果再加上地位呢？如果有一个明显提高自己地位的机会，或另一种选择会让自己永远失去地位呢？功名是凤凰男永远的诱惑，高加林不是一个人在战斗，霍小玉们莺莺们金玉奴们，也不用担心自己没有人陪伴。最后一个就是生死，自古艰难唯一死嘛。话说朱棣快要打到南京城时，城里的几位重臣，解缙、胡靖、王艮、吴溥都是邻居，解缙陈说大义，胡靖慷慨激昂，好像自己马上就要为建文帝捐躯似的，只有王艮只掉眼泪不作声，吴溥的儿子说，胡叔叔大概是要牺牲了，吴溥说，不对，只有王叔叔会死，过一会儿，听到胡叔叔在院子里说，外面太乱了，你们把猪看好，吴溥回头对儿子说，听到没有，连猪都舍不得，怎么会舍得命呢？

所以袁盎劝说刘启时，一开始就说，七国起兵，都是因为晁错削藩，打的是诛晁错的旗号。这就黑锅先推到晁错身上，变成公说公有理，婆说婆有理的局面，把水先搅浑，刘启一听，说吴王二十年不上朝，早就想造反，好像也对，说晁错刚一提到削藩，那边就造反，是晁错闹的，好像也对。水搅浑之后，杀袁盎就没理由了，而杀晁错似乎也不完全冤枉了，但仅此还不够。

接下来是陈之以利害，对刘启来说，以前的责任倒在其次，重点是解决办法，只要不让朕亲征，又能退七国之兵，什么办法都行。这个问题解决不好，慢说九五之尊的地位会失去，性命都难保。对此，袁盎的建议是这样子的，七国不是打着诛晁错的旗号么，不是反对削藩么，我现在就答应你们全部的条件，我把晁错杀了，我取消削藩，而且以后再也不削了，你们还不退吗？刘启一想，也对啊，晁错都死了，你们还有什么理由造反，不过，晁错也是对大汉朝有功，就这么杀了不好吧？袁盎说，不这样，七国之兵退不了，天下要乱哪！而且七国之兵都是晁错弄出来的，应该由他负责。刘启说，唉，也只能这样了，为了百姓的安居乐业，为了不生灵涂炭，为了救天下，朕不会爱惜一个人的。

于是某天，刘启派使臣对晁错说要上朝议事，晁错穿着朝服出门，走到半路上，使臣摸出诏书，宣布晁错要被立即腰斩。晁错甚至来不及到刘启面前辩白，也来不及向家人告别，就这么被朝衣腰斩于东市了。

有同学问，可怜的晁错死了，七国之兵退了吗？你当刘濞傻帽么，开弓没有回头箭，兵都带出来了，还能带回去不成？晁错虽然死了，刘启真的不会秋后算账？哪天把什么楚王赵王临淄王都弄死了，再来收拾孤，孤还有办法么？或者等孤老死了，收拾孤的儿子，孤有办法么？况且，孤的世子，就是给刘启打死的，此仇不共戴天，现在有机会，干吗不报？

又有同学问，那么七国之兵最后又该怎么办呢？那个死里逃生，绝地反击，最后弄死对手的袁盎，命运又会如何呢？且听下回分解。

66. 两千年前的南北战争

两千年前发生在旧大陆东边那场被称为七国之乱的战争，足以与两千年后，发生在新大陆东边的南北战争相提并论。

不过呢，七国之乱，那是胜利者的称呼，在七国看来，那是可恶的晁错，刘启想办法破坏他们美好生活的战争，是他们首先毫无理由地就要削减王国三分之二的领土，破坏人民安居乐业，破坏白马之盟，破坏……总之是坏透了，然后居然说自己是在作乱。如果由东南各王国来命名这场战争的话，也许应该叫独立战争。正如在斯佳丽或阿什利们看来，可恶的并不是他们这些南方的奴隶主，而是北方的资本家，是那些北方佬，是他们打破了南方宁静的田园牧歌般的生活。在战争之前，南方有繁华的舞会，有高贵的礼仪，有一望无际的原野，有绿树成荫的庄园，有无忧无虑的青葱岁月，但战争之后呢，只有钱、钱、钱。

两千年前那场战争，也是一样。在七国百姓看来，战争之后比起战争之前，日子不见得会更好一些。至少在吴国，战争之前，整个境内不收税赋，战争之后呢，没有证据表明刘启也会减免税收——没多收就不错了。很多年后，一个叫朱重八的人为了惩罚那些怀念张九四的苏州人民，弄得"苏松财赋半天下"。但老百姓有什么错呢？张九四减免税收，还不准人家说句好吗？幸而刘启是信道家的，或者哪怕刘启不怎么信，刘启的奶奶信道家，爸爸信道家，妈妈也信道家，自己大约应该也是信的吧。道家不喜欢折腾，以税收最小化政府开支最小化为己任，所以也没有证据表明吴地的税收比其他地方来得高。

但不管从哪种视角解读，结局都是相同的，那就是中央政府赢了。中央政府在全国人民的拥护下，粉碎了地方分裂势力，帝国更为统一，也更为强大了。

还有一点相同的，就是两个战争，都是两条道路的选择。

七国之乱时，吴王自称东帝，啥叫东帝，战国时代齐国和秦国曾分别称为东帝和西帝,基本上和项羽那个西楚霸王差不多。也就是说,他不一定会取代刘启做皇帝,很可能会是列国的领袖,如果他们能成事,神州大地又将回到封建时代,将有很多个国家彼此独立,其中可能有个老大。每个国家都有自己的法律,自己的制度,也许会兼并,但短期内兼并应该不会太激烈。

所以这实际上是一场封建与郡县的战争。汉初,刘邦封同姓王时,天下五十四郡,中央只有十五郡;全国两百七十七万户,中央只有九十七万户;全国一千三百万口,中央只有四百五十万口。到战争结束后,完全反了过来,诸侯国只有三分之一,而且各国国王失去了人事任免权,征收税赋权,只不过是地方政府把这些个税收送给他们享用,其他事不劳他们操心罢了。封建与郡县之争,郡县完胜,并且两千年间,再无机会翻盘,此后最多只有割据,而无封建。

南北战争呢,是联邦与邦联之争。联邦赢了,政府权力将扩大,将能以联邦政府的名义进行内政外交。如果邦联赢了呢,美国只不过一个多国联合体,是很多个主权国家根据条约进行的联合而已,各国可以自由退出。

仍然还有一点相同,那就是战争初期,地方势力很了不得啊,仿佛马上就能赢,可打着打着,又完全不行。据那些事后诸葛亮的专家们说,那是因为南方代表着落后,代表着分裂,代表着……总之活该被打败一万次。但是事实上,对北半球的民族来说,南与北斗,北方赢面更大,与先进落后何干?近代化前夜的宋朝真的比金国或蒙古人落后吗?西风东渐的大明朝真的比闭关锁国的清朝落后吗?风波以为北胜南有一个非常重要的因素,就是南方人多半不愿意往北方打,北方冷啊,打过去有什么好处?只要南方这点日子能过得下去,就不愿意去抢北边的地方。一个只想保住自己的利益,另一个非要把对方吃掉不可,哪个赢哪个输就可想而知啦。

好啦,闲话休提,还是先关注这场两千年前的南北战争吧。

战争第一阶段,七国起兵,到晁错被腰斩。

哪七国?除晁错说的吴楚赵三个大佬外,还有齐地四国,胶西、胶东、淄川、济南。这四国又是哪根葱呢?原来这几个国家都是源于刘季娶妻前和曹寡妇生的私生子刘肥。刘肥虽然没啥名分，毕竟是刘季的第一个娃，封地最大也最好，占了齐地九郡。后来一方面刘肥的儿子多，另一方面文帝觉着贾谊的话还有点道理，就顺手把齐国分成六个国家。

这齐地四国都在东边，所以也许应该叫东西战争。但叫南北战争，似乎也无不妥，毕竟七国还是以吴王濞为领袖，而且呢，东西战争，听起来像是为了点东西打仗，不是太难听么。

这一阶段，吴楚赵都被削藩令深深伤害，大部分领土眼看就要失去，所以起兵算得上名正言顺。齐地四国除胶西王被削了一点儿，影响不大，但不许人家路见不平一场吼么。

不过等到晁错被腰斩之后就不太一样了。虽说玩儿政治就得一不做二不休，最忌讳拖泥带水，婆婆妈妈，但晁错都死了，削藩令都取消了，其正义性就要打了个折扣，早知如此，还不如一开始就直接历数刘启的过错，从当太子时怒杀吴王太子数起，搞个七大恨啥的，好歹也能博点眼泪。

第二阶段，晁错被腰斩，派袁盎奉诏书出使齐国。事实证明，在强大的刘濞面前，不仅"智囊"同学成了痴忙，"无双国士"也成了带霜的西红柿，整个儿一蒋干，不仅没有说服刘濞，连自己都还是在老朋友的帮助下才偷偷跑了回来。没办法，谁叫人家叫刘濞呢？刘濞这名字一听就牛逼。这个阶段，强大的刘濞兵临梁国，而北方的盟友也兵临齐国。

不过再牛逼的人也有他的克星，牛逼的刘濞，克星就是周亚夫。为什么？周亚夫，揍压服，揍你压你服你，刘濞再牛逼，也架不住这样招呼啊。

第三阶段，汉朝出兵，从太尉周亚夫，大将军窦婴率三十六将军，到刘濞被杀，三个月完事儿。刘濞的军队，在周亚夫面前溃不成军。

事实证明，晁错最大的错误，不是削藩错了，而是削藩之后应变失措。他就该在吴楚起兵后，一口咬定刘濞不用多久就会被击败。刘濞虽然名字取得很牛逼，虽然很有钱，虽然在境内口碑也不坏，算是个贤王，甚至也招了不少贤人，但那些贤人没有一个派得上用场的，那些贤人不是枚乘那种文学爱好者，就是汉朝的通缉犯，能济得什么事？像枚乘那种文学爱好者，吴王濞死了他们投奔梁孝王，梁孝王没了他们投奔淮南王刘安，但你说他们对这些王们有什么帮助？没看见。而中央呢？功臣集团余威尚在，像周亚夫，不就是周勃的儿子么，行兵打仗，看也看会了，而且还跟匈奴玩儿了很多年，打不过吴楚？中央论经济虽然钱没有刘濞多，但关中沃野千里，又有崤函之固，当年秦以此并六国，刘季以此败项羽，真搞不定吴楚？可见这世上，唯大勇者方能大智，否则只是半截聪明；唯大智者方能大勇，否则只是一时意气。

对了，你问袁盎后来怎么样？后来啊，过了三年，刘启的太子不是刘野猪刘彻么，可梁王也想当这个太子，爱提意见的袁盎就提意见说梁王不合适。结果梁王派杀手杀他，第一个杀手过去一打听，袁盎在群众中口碑是这么的好，就没下手，对袁盎说，你是好人，我不杀你，做好准备吧，后面还有十几批杀手。十几批啊，袁盎有十条命也挡不住啊，于是，就终于结束了爱提意见的一生。

战争结束之后，贾谊指出的三大矛盾之一的郡县制与新封建的矛盾，就算是解决了。那么另外几个矛盾，又有什么结果呢？

67. 多血质皇帝

惠帝是抑郁质，文帝是黏液质，景帝是胆汁质，而武帝则是多血质。

刘盈，典型的抑郁质，敏感、温和、细腻、多愁。最想说的话：谁能给我一个快乐的理由。最大的愿望：做一个平凡的人，父母兄弟姐妹，尽享天伦之乐。最大的心声：我想有个家，一个不需要多华丽的地方，在我疲倦的时候，我会想到它；我想有个家，一个不需要多大的地方，在我受惊吓的时候，我才不会害怕。

刘盈自小与父亲聚少离多，父亲年轻时处处留情，自己虽是长子，但沛县人都知道，父亲在结婚前就给自己制造了个哥哥叫刘肥。后来兵荒马乱，在项羽追杀时，父亲两次三番地把自己往车下推，只为自己跑得快些。处处留情的父亲，处处强势的母亲，对刘盈来说，也许只有姐姐与自己相依为命。姐姐出嫁后，刘盈最关心的，就是那个同父异母的弟弟刘如意。

刘盈不是个杀伐决断的人，父亲去世后，大事都是母亲做主。但刘盈知道自己也有要做的事，那就是保住每一个弟弟。所以听说母亲要召如意到长安，就亲自迎接，让弟弟和自己住在一起，吃在一起。但即使这样，还是没能保住弟弟，自己只是早起了那么一会儿，弟弟就被母亲毒死了。

下一个遭殃的是如意的母亲，被手足俱断腌在坛子里。这让刘盈彻底自暴自弃，这就是我的母亲吗？想要父母兄弟姐妹，尽享天伦之乐，就那么难吗？刘盈登基后仅仅七年，就郁郁而终。

刘恒，典型的黏液质，安静，沉默，稳重，内敛。最想说的话：低调，低调，低到尘埃里。最大的愿望：远离尘世的喧嚣，餐霞吸露，访道成仙。最大的心声：不知天上宫阙，今夕是何年，我欲乘风归去，又恐琼楼玉宇，高处不胜寒，起舞弄清影，何似在人间。

刘恒的性格，很大程度上来自于他的母亲薄姬。薄这个姓不太好，所以宜处事以厚。薄姬年轻时也的确命薄，先嫁的是魏豹，魏豹被韩信打败后，稀里糊涂进了汉宫。但宫心计哪是她玩的？论漂亮和才艺，不如戚夫人，论地位和心计，不如吕雉，就连薄姬的闺蜜管姬与赵姬，都比她更有机会。虽说闺蜜们也约定过，彼此要苟富贵勿相忘，但大家都知道，就凭薄姬这么一个毫不起眼的小宫女，长相不起眼，性格不起眼，出身也不起眼，哪里会有富贵的时候。但她们不知道，薄姬有一个最大的优点，那就是低调。

就连刘恒的诞生，也是稀里糊涂。薄姬恰恰被人嘲笑的时候，刘季听到了，注意了那么一下下，于是有了春风一度，事后又把这个毫不起眼的宫女忘掉了。但这一次，却有了刘恒。

后来最漂亮的，多才多艺的戚夫人，变成了没有手没有脚没有视觉没有听觉也不能说话的人彘，最刚烈的赵美人自杀，薄姬却被吕后忘记了。刘季的八个儿子，死的死，残的残，只剩下赵美人那个被吕后养大的遗孤刘长，和那个显然被吕后忘记了的刘恒。

理解了薄姬和刘恒的身世，就能理解为什么他们那么相信黄老那一套。柔弱者可以胜刚强，出头的橼子先烂，舌头总是比牙齿生存得久一些。刘恒是典型的道家治国，清静、无为、宽容、低调，事实也证明，低调的政府，并不意味着沉闷的社会，而且恰恰相反，那是最繁荣的时代。但对刘恒来说，那个繁荣、富足、和平的国家，并不是自己的最终愿望，自己的愿望是庄周的逍遥游，是张子房的从赤松子，是"藐姑射之山，有神人居焉，肌肤若冰雪，绰约如处子，不食五谷，吸风饮露；乘云气，御飞龙，而游乎四海之外"。后人叽叽歪歪，说什么"可怜夜半虚前席，不问苍生问鬼神"，他们哪里知道道家的智慧，苍生其实是能自己过好的，只要你不去折腾他们。你越折腾越想做事情他们越过不好，反倒是神仙之事，最值得追求，仙人的逍遥自在，最叫人神往。

刘启，典型的胆汁质，直率、大胆、冲动、暴躁。最想说的话：世界如此美妙，我却如此暴躁。最大的愿望：我的朝廷我做主，我的地盘谁敢松土。最大的心声：也许我是被妈妈宠坏的孩子，我任性，我希望每一个时刻，都像彩色蜡笔那样美丽，我希望，能在心爱的白纸上画画，画出笨拙的自由，画下一只永远不会流泪的眼睛。

对于别人来说，说永远比做容易，心动不如行动，对于刘启来说，却恰恰相反，手总比嘴快，嘴也总比心快。当太子的时候，失手打死吴太子，又与邓通结下梁子。当皇帝之后，邓通倒是很快搞掉了，但吴王刘濞，却在另一次草率的削藩之后，惹出了一场天大的战事。所幸周亚夫给力，终于也给平定了。但金子真是放到哪里都闪光，胆汁质告诉你什么样的人才叫心直口快。

事情是这样子的。刘季的八个儿子，到刘恒登基时只有刘恒和刘长两个，而刘恒的八个儿子，到刘启登基时，又只剩下两个，刘启和刘武。

这两个儿子都是窦太后生的，刘启心直口快，他弟弟刘武呢，虽然被窦太后宠得更坏一些，但大约也是快人快语，所以哥俩好得跟哥俩似的，那个出双入对。有一次大约是在兴头上，刘启就一顺嘴说将来要把江山留给弟弟。冲动是魔鬼啊，这话让刘武心潮澎湃，让窦太后内心狂喜，却让刘启心里后悔不已，因为刘启有儿子啊，儿子还不止一个，自己有儿子，怎么可能把皇位就给弟弟，让儿子喊叔叔喊陛下呢？

但皇帝说的话，驷马难追，刘启没办法，只好说这么大的事，得让大臣们议议。第一个提反对意见的是窦太后爸爸的兄弟的儿子的儿子窦婴，算是窦太后家里人，可人家胳膊肘子向外拐，居然说这样不好。窦太后很生气，一下子把窦婴从家族名单里删除，他不是我们窦家人。接下来又有别的大臣说一堆古训啦祖制啦之类的，刘启就以民意难违为由，马上立自己儿子刘荣做太子。可刘荣虽然有神一样的运气，却奈何母亲有猪一样的头脑，因为刘启姐姐刘嫖经常送美女给刘启，很生气，连刘嫖联姻的建议都拒绝，最后弄得刘荣很快被废。刘武的机会又来了，这一次提反对意见的是袁盎，刘启又顺水推舟立了刘彻做太子。刘武心里那个怒啊，哥哥不向着自己也就罢了，你们这些外臣凑啥热闹，于是袁盎就真的冤死了。

刘彻则是典型的多血质，热情，活泼，敏捷，朝气。最想说的话：活过，爱过，欣赏过，征服过。最大的心愿：千山万水行遍，江南，大漠，草原，西域，苗疆，那些地方都该是朕的。最大的心声：我的热情，好像一把火，燃烧了整个沙漠，太阳见了我也会躲着我，它也会怕我这把爱情的火，沙漠有了我永远不寂寞，开满了青春的花朵。

所以对于刘彻这样的多血质皇帝来说，道家那套清静无为的治国理念，就成了最大的束缚，那就好比让顽童一个假期都坐在家里不要出门，而奶奶窦太后也就成了刘彻遇到的第一个强劲对手。

68. 黄老的守护人

窦太后是黄老思想在汉朝的最后一个守护人，在她生命的最后阶段，她用余力阻止着儒家，也许还有穿着儒家马甲的法家的全面进攻。

窦太后也是自由主义经济的见证人，从文帝到景帝，再到武帝初年，她眼见着自由放任的经济政策，怎样让社会安康，经济繁荣，文化昌盛。

窦太后就像一个护巢的母鸡，宠爱着自己的小儿子刘武，也拼命守护着黄老治国的理念。她要求自己的儿子一定要熟读《老子》，也要求窦家人一定要熟读《老子》。但是就像她的小儿子刘武终于还是英年早逝样,她的黄老治国理念也终于在她去世后被全面推翻。

对于儒家那些大声疾呼,好像天下不改就马上要不行了似的,刘恒是一笑而过,刘启是将信将疑,而窦太后则是彻底反感。折腾,你们就折腾吧,岂不闻"国家多忌讳而民弥贫,法令滋彰,盗贼多有"?

第一个撞到窦太后枪口上的,是辕固生博士。

那年月博士还没扩招,只有对某本经典能做到业内第一人,才能当博士,辕固生是搞《诗经》的博士。那年月博士们也经常在一起辩论,辩论的内容很多,上到天文下到地理,前到尧舜后到当今,外到匈奴内到民生,博士嘛,就要够博。

辕固生最出名的一次辩论,是在刘启面前和黄生争论商汤王和周武王到底是革命还是造反,是受命还是弑君,是替天行道还是大逆不道,是该遭到表扬还是该遭到谴责。这个问题实在是后期儒家——董仲舒以后的儒家的一个硬伤,一个大儒告诉我君为臣纲,皇帝不管做得对不对那都得尊重,另一个大儒又告诉我造反有理,皇帝如果是坏皇帝,就该被推翻。该听谁的?当然,这时候的人或许还没有这个困惑,毕竟君为臣纲还没有被董仲舒发明。不过呢,这个时候的人,也许也将要遇到这个困惑了,毕竟皇帝这个东西已经被发明一百年了。

这不,辕固生和黄生就产生了分歧。黄生认为是造反,理由是汤武是臣,桀纣是君,而辕固生认为是革命,理由是汤武革命是民心所向,是老百姓要求的。黄生说,切,君做得再不对,那也是君,就好像帽子再破也得戴在头上,鞋子再新也得穿在脚上,哪能因为破了就上下颠倒呢?君做得不对,作为臣就应该去规劝,帮助,怎么能取而代之呢?取而代之,还把人杀了,这不是造反是啥?黄生这话很给力,但辕固生还有杀手锏,他说照你这么说,咱们高祖皇帝也是秦二世的臣民,咱们高祖皇帝也是造反而不是革命喽?这话让刘启很为难,说汤武是革命吧,将来朝廷事情做得不对,岂不又有些别有用心的人打着民心所向的旗号来取而代之?说汤武是造反吧,明摆着自己的江山都是造反来的,弑君来的,岂不合法性都没有了?但别看刘启是个暴脾气,脾气不暴时还是相当的英明的,一句话,搁置异议,共同研究,依我看,这个问题到此为止,吃马肉不吃马肝,不等于不懂得味道嘛，作为专家、博士，不研究汤武征伐，也还是专家、博士嘛，这个问题就这么定了，以后就不要讨论了。

但辕固生遇到窦太后，可算是遇到克星啦。窦太后根本不管商汤王和周武王算不算革命，直接问辕固生，你认为《老子》这本书咋样？如果换成汉初陆贾叔孙通，肯定会说《老子》了不得啊，可辕固生大概真是儒家的铁杆粉丝，号称要"无曲学以阿世"的，又仗着自己是个博士，就顺口说，《老子》嘛，一般般，没啥道理，给家庭妇女看的普通畅销书，心灵老鸭汤而已。把窦太后那个气得啊，靠，《老子》没啥道理，难道儒家那些总把老百姓当小人教育，当坏人管制的东西就有道理啦？《老子》是给家庭妇女看的，儒家那一套不过是给狱卒看的。可再气，又不能杀他啊，言者无罪啊，就给他一个任务，去，到猪圈里给我把那只猪宰了，回头请你吃猪排。

有过养猪经验的同学大概都知道，别看猪平时很乖，除了吃就是睡，除了睡就是吃，可真要去宰猪啊，非得三四个壮汉不可。因为猪在临死前，会回归其野猪的本性，那个歇斯底里啊，那个疯狂啊，那个尖叫啊，可比牛羊难得多啦。博士做学问可以，叫他去宰猪，还不如直接坐牢呢。好在刘启很同情他，悄悄塞了一把削铁如泥的匕首，让辕固生圆满完成任务，事后又送给清河王当老师，总算免了麻烦。

第二个和第三个撞到窦太后枪口上的儒家，却是两个朝廷高官，御史大夫赵绾和郎中令王臧。

这两个人可是三公九卿啊，一个管皇帝的耳根子，一个管皇帝的脚跟子，一个管的是皇帝外面的官员不要乱做坏事，一个管的是宫内的侍卫们把皇帝照顾好。那个时候是刘彻这个坏小孩当皇帝，窦太后早就对孙子亲近儒家不满了，可这两个儒家官员不仅没一点眼色，而且欺负窦太后眼色不好——这个时候窦太后可能已经失明了，居然又把一个号称大儒的申公请进来，还建议搞什么改正朔，易服色，还有什么封禅巡狩等等等等，总之就是可劲儿折腾。仅仅是折腾也就罢了，居然还建议刘彻别理自己奶奶，自己的事自己做主，儒家不是天天讲孝道，叫孙子不听奶奶的，这就是儒家吗？

所以窦太后这次彻底怒了，撤职撤职，一撤到底，以后朝中不要再见到这些儒，一个也不要见到。

但是窦太后忘记了，或许是记得起也只能假装忘记，最大的一个儒家信徒就坐在金銮殿上，他的名字叫刘彻。

对于一个多血质的孩子来说，听过儒家说的那一套改正朔，易服色的排场，就不可能再对汉文帝那连衣服边都比别人短一寸的土里土气的规矩再有兴趣了，听过儒家的封禅啦巡狩啦的东西，就不可能还有心思整天宅在深宫之中了。封禅巡狩多有意思，每年都可以变着花样带上一堆人到名山大川去玩了。更要命的是，儒家支持打匈奴，往死里打。而奶奶怎么说的，奶奶说，虽然现在人民富了，国家强了，但还是不能打匈奴，一打，就会让国家倒退五十年，匈奴有好马，咱们没好马，匈奴马多，咱们马少，匈奴天天打仗，咱们好久没打过仗，打下去肯定天长地久旷日持久，国家的钱会花光，老百姓的钱会征光，大家又得勒紧裤腰带过日子了。就连南边的闽越和东瓯两个小国打架，也是在奶奶的要求下和平解决。

但即使窦太后清楚地知道也无济于事，因为刘彻毕竟是她的孙子，是名副其实的皇帝，你永远也斗不赢你的孙子，因为他有一件最强大的武器，那就是时间。

69. 自由主义经济之殇

政治是什么？政治就是权力游戏。权力又是什么？权力就是支配他人的能力。

为什么有的人能支配他人而有的人被他人支配？因为他们有更多的力量，拳头大比拳头小有力量，弟兄多的比弟兄少的有力量，有钱的比没钱的有力量，有话语权的比没有话语权的有力量，资格老的比资格嫩的有力量，家里养四条狼狗的比家里没养狗的有力量。为什么有时候多数派能支配少数派？因为人多势就众，你要争取一切可以团结的力量。为什么有时候少数人能支配多数人？因为那少数人更有组织，更能抱团，而多数人一盘散沙，乌合之众，只能做随机的布朗运动，就好像大的上市公司，三成股票就能控股。为什么有时候一个人能支配一群人？因为他会培养亲信，所以当官要培养自己人，当吏要站好队，而皇帝要更信任太监和外戚而不是文臣，因为他会借力打力，他会分化瓦解，他会树对立面，他会拉一派打一派。为什么玩政治必有朋党？因为他们需要合力，因为所有的政治斗争都是党同伐异。为什么农业社会更容易专制？不是因为农民的力量太小了，而是因为农民的力量太散了，无法形成足够大的组织进行博弈，除非临界点到来，翻天覆地。

政治就是那星球形成的星系，两个星球之间，两个星系之间作何运动，完全取决于各方的质量，或环绕，或双星，或吞噬。各个力量之间，不全是博弈，也有奴役，也有起义，也有战役。

经济又是什么？经济就是财富游戏。财富又是什么？财富是对资源的掌握能力。

为什么自由竞争的市场下经济最为繁荣？因为这最顺应天道，天地不仁，以万物为刍狗，物竞天择，自然界就是这么过来的。假如真有一个上帝，他也会发现，与其按照自己的蓝图一步步设计每个生命的每个细节，还不如顺其自然物竞天择更省心省力。为什么市场经济下必然会两极分化？因为竞争就会有胜负，有输赢，同样是单细胞进化来的，有的偏偏就成了羊，有的偏偏就成了狼。为什么宝石不能吃不能穿却非常昂贵，水和空气最有用却不值钱？因为市场经济基础在于交换，价格高低在于供求，交换让资源流动，供求选择生产内容，稀缺的东西才会值钱，宝石最为稀缺，水和空气到处都是。为什么自由竞争也会走向垄断？因为资本的本质不在于寻找竞争，而在于寻找利润，如果可以人为制造稀缺，为什么还要苦苦等待商机？如果垄断得来利润更容易，为什么还要进行竞争？如果资源不对称、信息不对称让自己有条件垄断，为什么不垄断？为什么几乎没有出现过劳动者为王的局面，即使偶尔出现也会很快变质？因为粮食可以垄断，金属可以垄断，而劳动力市场无法垄断。为什么哪怕没有任何垄断，劳心者也总是比劳力者挣得多，资本家也总是比工人挣得多，商人也总是比农民挣得多？因为劳心者比劳力者更为稀缺，资本家比工人更为稀缺，商人比农民更为稀缺，但是如果能做一个稀缺的人，哪怕是劳力者，也能挣很多，比如当拳王。为什么市场经济总摆脱不了周期性的经济危机？因为周期性的荣衰就是物竞天择的一部分，狼多了羊少了，羊少了狼也少了，羊多了草就少了草少了羊就少了。

为什么说经济自由是政治自由的前提？因为有钱连鬼都能推磨，何况是人？夫妻两个，收入高的通常说话都要响亮一点，要是连劳动所得都支配不了，又怎么能支配自己的命运，女性不工作的国家就谈不上女权，连什么时候种地都要听指挥的指令经济下也无所谓民权。为什么政治自由又常常是经济自由的条件？因为政治是玩人的，经济是玩物的，物玩得再转，哪比得上人家连人都玩了？经济是搞生产的，而政治是搞分配的，挣钱的再会挣，也架不住人家管钱的会管，能把你挣的钱都管了去。

文化又是什么？文化就是民族的性格。什么是性格？性格就是对世界的解释，就是行为的模式。有什么样的解释就有什么样的模式。普通动物把世界解释成四种：食物、交配的对象、逃跑的对象、石头，这就是它们的文化。所以如果你恰好变成了某个动物的食物，那也是文化冲突，在它的文化里，饿了吃食物，那是天经地义。

解释产生行为，行为又强化解释，除非外界干预或自行演变，内部无法证伪。伯虑国的人把睡觉解释成死亡，他们千方百计阻止任何人睡觉，结果那些终于睡倒的人就再也醒不来，正好证明了睡觉即死亡。甲小孩大，乙小孩小，乙小孩把甲小孩的到来解释要打自己，于是甲小孩刚一到来乙小孩就开始哭着喊对方打自己，甲小孩为了不白担罪名真的去打乙小孩然后跑，于是证明乙小孩的解释正确。但是你也真不能说他们就有什么不对，或许伯虑国的人就是那个素质，或许甲小孩真的看见乙小孩就想揍。左三圈右三圈只是不同的解释，人们总是看自己想看的，听自己想听的，脖子扭扭屁股扭扭还是自己的看法最靠谱。

政治是你寇了我王了，经济是你赔了我赚了，文化是你错了我对了。所以有时候真的不要太把文化当回事，很多年以后有个叫海明威的洋人说得好，我觉得好的就是道德的，我觉得不好的就不道德的。文化不是思考出来的，而是演进出来的，制度不是设计出来的，而是生长出来的。文化的演进恰如阅历的增进、性格的完成，制度的生长恰如星系的诞生、地质的变迁。

所以很多年以后，有人把独尊儒术说成一切的渊源，实在是不分主次，不辨因果。公元前二世纪，的确有大量的密度空前的企业家，的确形成了"资产阶级"，但指望资本家革命还不如指望鸭子革命。军人的天性是服从，商人的天性是妥协，如果能用钱解决问题，为什么要玩命？所有的资产阶级革命其实都是资产阶级摘桃子的革命，他们要么是在封建领主的夹缝中长大，要么是怂恿工农革命或市民革命后上位。公元前二世纪，市民阶层还未诞生，而半封建制度已经被周亚夫断送。公元前二世纪，摆在"资产阶级"面前的道路不是三条，也不是两条，而是只有一条，那就是被权力收编，因为中央集权已经完成，连吴王刘濞都不再牛逼了，那几个土财主又有什么能力？

公元前二世纪快要到头的时候，经济决定政治的机会已经失去，政治决定经济的时代开始。公元前一世纪开始的时候，自由主义经济结束，中国模式诞生。

70. 月光族刘彻

穿越爱好者们一提到古代，往往跃跃欲试，恨不能三年内打造一支宇宙无敌的军队，恨不能十年内平遍东夷西戎南蛮北狄。他们以为回到古代最大的问题，是碰到一群啥也不懂的土包子，一群暮气沉沉的老头子，他们只会抱残守缺，食古不化，守着祖宗家法啥也不敢动。自己只要一声令下，就能全部换成血气方刚的年轻人，然后凭着那自以为是的所谓千年后的智慧把他们镇住，让他们带着自己的梦想去南征北战，热血沸腾。其实他们不知道，真要移身到那古代，坐上那宝座之后，最重要的问题，一个是权，另一个是钱。

权不是说你坐在那个位置就有权了，有多少身居万万人之上，最后连人身自由都没有的。就说汉朝吧，后汉那些被宫里的残疾人和宫外的娘舅们玩弄于股掌之上的也不提了,只提前汉,昌邑王是怎么玩儿完的?人家好歹也是个皇帝,可不仅玩儿完了,做的坏事据说有一千一百二十七件,二十七天的时间,平均每天要做四十多件坏事。一个人做一件坏事不难,难的是每天都做四十多件坏事,不做一件好事。但如果昌邑王当初真的坏到这个程度,又怎么可能顺利当上皇帝?算了吧,穿越爱好者那点数理化生的常识,吓得住谁哟!真要比智慧,千载以下这些人,还真不一定是千载以上那些人的对手,千载以上的人在河边钓鱼,千载以下的人在网上钓鱼,千载以上的人对着书卷沉思,千载以下的人对着电脑傻乐。就那点数理化生的常识,说不定明天早上史官就在史册里写上一笔,"帝行迹轻佻,近方士,好言灾异,屡无故废黜大臣,都中苦之,丞相某某,太尉某某曰,今人心浮动,天下将乱,社稷危矣,清河王天资英断,堪为民主",于是你就这么被"民主"了。

钱也不是说你有权就一定有钱了,想想崇祯皇帝吧,做啥事都没钱,打仗没钱,国库那点钱,打不了三个月;救灾没钱,那点救灾粮,发不了几升米,号召官员捐款,杯水车薪,增加税收吧,扬汤止沸,火上浇油。还想练兵,想过练兵要多少钱吗?什么?克扣官员工资?不想让他以后给你干活啦?抓贪官?真以为贪官家里整箱的财宝等你拿,然后国库就会充足?崇祯没想过这招?人家连魏公公都整掉了,最后在临死前那几年居然后悔,因为别的公公经常说,要是魏公公在,人家就能对付眼前这种局面。

这不,多血质的刘彻在最为血气方刚的年纪,就遇到了权和钱的问题。

首先就是权。爸爸死后,本以为自己马上就能成为这个国家的主人,却谁知,权力实际上掌握在奶奶手上。而且是牢牢的,因为自己一个皇帝,加上一个御史大夫和一个郎中令,居然不费吹灰之力就被奶奶搞定了,只好忍痛割爱,舍卒保车,把那两个倒霉蛋一撤到底。自己呢,好歹是孙子,做孙子惯了,也不存在装孙子的问题,先保住皇位再说,儒家那些人全部赶走,奶奶喜欢谁,那就是谁。

其次还有钱。虽然爸爸留下的钱真的是很多,据说国库里穿钱的绳子都烂了。但所有的月光族都告诉我们，挣的永远没有花的多。刘彻为啥就那么会花呢？据知情人士透露，除历代都有的政府正常开支，和皇室日常开支外，刘彻还有三个重要的花钱地方。

第一，打围子。

自从匈奴冒顿单于弑父自立之后，与大汉朝打围子就成了历代单于的头一件大事。比如在白登这个地方，就把刘季围过，刘季好不容易才脱身，后来又邀请吕后到大草原上去耍耍，吕后说自己太老了，不想去。一直到刘彻亲政，这才正式接受匈奴的邀请，准备在长城内外搓一盘很大的麻将，要早打，要大打，要打世纪大战。

而要打世纪大战，首先就要有常备军，以前那种老百姓自带粮草，跟临时出差似的兵役制就不太合适，必须由国家出钱。光养这些兵还不够，还要有武器，比如弓兵吧，那弓箭的成本可不是玩儿的。

而最最重要的，是养马，匈奴GDP不到汉朝的零头，为啥能跟大汉朝打围子？就因为有马。马是啥，马就是古代的坦克，那速度，那冲击力，那机动性，在火枪出来之前，几乎没有敌手。马少一点儿也就罢了，靠着密集的弓箭还能应付，但匈奴几十万匹好马，你人少吧，他左右前后包抄，让你跑都没地方跑；你人多吧，人家冲过来打过去，把你分割得鸡零狗碎；你败了吧，跑不过人家；你赢了吧，追不上人家。这仗还怎么打？

所以要打匈奴，首先得养马，要有好牧场，还要有好马种，而好马种当然不能去求匈奴，要去西域，去大宛，大宛不给怎么办？打！这些都是成本，更要命的，马不仅前期投入成本，后期维护成本一样高，养马比养车还费钱，因为马不光要吃草，还要有马夫，车至少不一定要用车夫吧。

第二，盖房子。

想当初萧何那个杀千刀的趁着刘季在前面打仗，在长安修起了非常豪华的宫殿，周围二十八里，刘季算是有良心的，大骂萧何，说天天打仗，老百姓过得这么苦，你居然大修宫殿，忘记了阿房宫吗？结果萧何强词夺理，说做皇帝么，这个办公大楼就不能和县政府大楼一个档次，否则没人瞧得起您，再说了，你现在建得很一般，后面的皇帝忍受不了，就会越来越豪华，还不如一步到位，建个超级拉风的，二十八里，一天都逛不完，后面的皇帝也不会再有动作啦。

可谁都知道，一步到位这种事情从来就到位不了，你一步到位买个iPhone4，结果人家iPhone5出来了，你赚了点小钱，想一步到位买个奔驰，家里的婆娘就知足了，可过几年赚了大钱，外面的小蜜却看上了法拉利。所以几代下来，到刘野猪的时候，那个在刘季看来已经豪华到无以复加的未央宫，就未免太寒酸了。太业余了，看我的。刘彻不仅把未央宫翻建一新，增加了高门、武台、麒麟、凤凰、白虎、玉常、金华等殿，而且新修了更为阔气的长乐、建章、甘泉。四大宫殿之外，又有上林苑，里面有离宫七十所，二十八里算什么，直接三百里。什么，阿房宫也是三百里，那不行，咱再来两个，甘泉苑五百四十里，宫殿一百多个，西郊苑四百余里，离宫三百多个。

别的不说，单凭这基础建设的投资，刘彻算是彻底奠定了汉朝一哥的位置，秦皇汉武秦皇汉武，那个搞投资的大手笔，也只有秦皇能与之相提并论。但这些都是要钱的啊。

第三，铺场子。

光打仗，光盖房子，人生还是少了点乐趣，所以刘彻还要做很多事情。比如封禅，五岳剑派从何而来？自五岳而来。五岳又自何而来，自刘彻而来。想当年秦皇也只是封泰山上面一棵树做五大夫，刘彻更厉害，直接封了五座山，那排场，那赏赐，来过的一辈子也忘不了。比如巡狩，刘彻还是个旅游爱好者，不像刘恒就爱宅在宫里，所以时不时就带上一帮驴友，带足行头、装备、车马，到处观光、打猎、游玩，再顺便祭一下皇天、后土、江神啥的。可旅游也是很花钱的——不花钱那叫流浪，路费、住宿费、导游费、小费、景点娱乐费，当然，也许不用皇帝自己去花，但花谁的钱，最后不都是大汉朝的钱吗？

这些都是与前任比起来，很大很大的开支。那么，这些开支靠着汉初八十年的积累，是不是够呢？刘彻又有什么新的生财之道呢？

71. 汉朝的收支账

在武帝初年，朝廷有哪些收入，又有哪些支出呢？

收入总的来说，有两大块，一块是政府收入，一块是皇室收入。支出么，当然也是两大块，政府支出，皇室支出。

政府的收支由大司农——当时还叫大农令——管理，大农令曾经还叫治粟内史，又是农又是粟的，听名字就知道，跟农民有关，跟粮食有关。

所以政府收入里，最大的一块就是田赋和算赋。田赋就是你种多少田，交多少粮，算赋就是你家里有几口人，交多少钱。

田赋一开始是粮食产出的十五分之一，后来汉文帝有可能是天性仁慈，也有可能是与免租赋的吴王竞争，免掉了农业税，到景帝时，再恢复，不过只有三十分之一，百分之三点三，算得上薄赋了。

不过有两点不好，一是田赋以百亩为单位，就是说你家哪怕只有一亩地，也必须按百亩来交租，你说这不是坑爹吗？你说这不是逼着土地集中吗？二是除了交田赋外，还要交人头税。如果人头税少收一点点也就罢了，可人头税分量还真不轻，每人一百二十文。按照晁错的计算，五口之家，假设收一百石米，田赋就是三点三石，算赋是多少呢？因为算赋只收十五至五十六岁的，不算老人小孩，假设五口之家有三个大人，则算赋三百六十文，也相当于三石米，几乎相当于田赋乘以二。

但是且慢，还有更赋。啥是更赋，就是国家要求每年参加若干天义务劳动，不想参加义务劳动的同志，可以交钱，由官府雇人替你干。有同学说啦，那不是好事么，有钱出钱，无钱出力，对穷人应该没啥影响吧。这位同学就不知道啦，义务劳动有两种，一种是每年在本地劳动一个月，另一种是去边疆劳动或站岗三天。

这第一种劳动也就罢了，反正在本地，一个月咱就忍了，第二种劳动尤其坑爹。有同学问，才三天耶，为吗坑爹啊？真笨，也不想想是去什么地方。咱家在江南，去西北凉州去义务劳动，万里之遥，靠两条腿走过去，得走多久，这都不坑爹还有啥坑爹？还得食宿行自理，这都不坑爹还有啥坑爹？现在知道为什么大秦朝的人似乎总在路上了吧，知道为什么陈胜在路上，吴广在路上，刘季也是和一伙人在路上，别人跑光了自己只好也逃亡了吧？对的，这个坑爹的制度就是大秦朝留下来的，而大秦朝的制度又是秦国继承下来的。本来对于秦国，去边疆义务劳动三天，去半个月回半个月也能接受，可秦国变成秦朝之后，去半年回半年，这日子就没办法过了，家里的地没人种，还得带足干粮盘缠，你说这不是坑爹是什么？还有那更远的，半年都不够，还没回来又要去了，大秦朝就下了死命令，必须多长时间内给我赶到，结果倒好，陈胜吴广等一伙人在路上遇到连日大雨，就闹了事。

所以汉朝就吸取教训，坑爹的制度虽然坑爹，但没有也不行，因为政府没那么多钱去雇人，人可以不去，但必须给钱。如果不参加本地一个月的义务劳动，你可以交两千钱的"践更"，差不多相当于十八石的粮食，如果不参加边疆三天的义务劳动，必须交三百钱的"过更"，相当于两石半的粮食。

所以大致算一下农民的负担，按五口之家百亩之田，在风调雨顺的情况下，全部大约占十分之一，算是孟子理想中的情况。但是考虑到田赋以百亩为基数，再考虑到算赋和更赋都以货币交税，就是说要把粮食换成钱再交税，中间又有奸商们的抽头，再考虑到风不调雨不顺，就比较多一点了。如果"践更"也要交的话，就有占重了。

也就是说，政府收入这边，算不上苛捐杂税，但也只是一个比较合理的数值。政府支出呢，一年大约有四十多亿，一半用于公务员工资，另一半做其他用处，打仗啦修河啦，然后就是存着，老子存给儿子，儿子存给孙子，最后被孙子一下子花光。

那么皇室收入呢？名堂就比较多啦，皇庄、皇田、皇家园林的收入，工商税收、关税、矿产收入等。这些收入有多少呢？非常多，有八十多亿，是政府收入的两倍，如果政府税收只是合理的话，大约是因为当时的工商业的确比较发达。

皇室收支由少府管理，这是皇家的零花钱，衣食啦，车马啦，游玩啦，小费啦，修建园林啦。

这下就知道为什么刘野猪必须要寻找新的财政收入了。想想看就知道了，皇室的支出假设增加一倍——比较一下刘野猪和刘恒、刘启的花钱做派就知道增加一倍已经是往少处算了，就是八十亿，哪怕政府收入的所有节余不打仗不修河，也只有二十亿，不够塞牙缝的。但是假如打仗呢？军费有多厉害呢？就以宋朝为例吧，宋朝公务员工资出了名的高，养官也只有养兵的一个零头，这还是养兵，不是用兵。所以刘彻必须有新的财政收入来源。

加税，不可取，很多年后一个叫朱由检的皇帝已经尝试过了，农民是真会造反的。算赋这一块，文帝以现在人口增加了，每人不需要那么多税为由，减少到了四十文，刘彻又恢复到一百二十文，同时，未成年人，又增加口赋二十三文。但也还是杯水车薪。

那么只能在工商业上面打主意了，自古只有农民造反，没有商人造反的。那么怎么把资本家的钱转移到朝廷这里来呢？直接没收？不好，那样会出乱子，那样一来，就没有人愿意做资本家啦，然后大家都是穷人，还收个屁税啊！

那位同学说什么，卖地？说得好，可惜错了。地在明朝清朝的确值钱，一块地还要分两次卖，一次所有权，一次使用权，叫田底田面，或叫田骨田皮。可在汉朝地不算值钱，为什么？因为工商业利润高啊，工商业平均利润据司马迁说，至少有百分之二十，不到百分之二十的行业，没人愿意做。

所以很多年后有人说中国人就是喜欢买地，中国资本主义发展不好，就是因为中国人太喜欢买房置地，那是扯淡。有更赚钱的投资途径，谁还愿意守着一块地？还不是因为其他行业都赚不了什么钱，或即使能赚钱风险也太高，担心被官府侵占，这才去买地，利润低是低点儿，可是能保值。比如汉朝吧，一亩地平均六百钱，一年产米一石，值一百二十钱，就是说买一亩地，一年挣百分之二十，虽然只有其他行业的下限，但风险较低，但如果地价高出一倍，利润就太小了，人家还不如投资工商。

所以刘彻卖地是卖不了啥钱的，汉朝六百钱一亩地，清朝四十两银子，相当于四万钱一亩地，简直不是一个数量级的。

又不能加税，又不能卖地，刘彻还有啥办法？刘彻说，我没有办法，但别人有。谁有？资本家有。小文人最善于治大文人，商人也最善于去治商人，因为洞悉心理。招安一批资本家，让他们来当管家，当皇帝你不行，赚钱我不行，国库里的赤字就拜托给各位啦。

72. 国进民退

多血质的刘彻算是个不拘一格的人，让小舅子打仗，让商人执政，向匈奴王子托孤，充分展示了一个多血质的皇帝，在没有奶奶管教之后，能做出多少出格的事。

整个武帝一朝，算得上人才辈出，玩儿思想得看董仲舒，写文章最好是司马相如，搞外交得靠张骞，拼经济咱有桑弘羊，讲法律得找张汤，讲风气得学公孙弘，打匈奴哪能没有霍去病，说笑话还得是东方朔。这个时候，汉朝立国快百年了，慢说功臣，就是红小鬼们功二代们，也慢慢退出历史舞台，也由着刘野猪尽情撒野，不拘一格用人才。

常言说得好，闻道有先后，术业有专攻，很多穿越爱好者不懂得这一点，回到古代，打起仗来总以为自己比岳飞还要高明，《孙子兵法》都没读全，就要学赵光义搞什么锦囊；玩儿起经济呢又以为自己是巴菲特，真以为自己有根点铁成金的手指，以为自己懂得几个做多做空的金融名词，就凭空多了两千年的智慧，能到古代大发其财。但刘彻显然知道自己没有金手指，虽然自己也是个聪明绝顶的皇帝，但皇帝做得好不一定等于打仗打得好，打仗打得好不一定等于经商经得好。刘彻知道，理财嘛，还是资本家最为拿手。

所以刘彻亲政之后，就大胆地用了几个资本家，包括大盐商东郭咸阳、大钢铁制造商孔仅，而最最著名的，是洛阳大资本家的儿子桑弘羊。

刘彻的理财主要有一个中心，四大措施。哪一个中心？国进民退。哪四大措施？第一盐铁酒官营，第二平准和均输，第三金融改革，第四算缗和告缗。

第一大措施盐铁酒官营，是把那些利润高的，关系到国计民生的行业抓到国家手里，实行国有化。说是官营，其实应该叫统购统销，就是在盐官和铁官监督下，进行制盐和炼铁，做好后必须卖给国家，然后由国家再卖给私人。

为什么是盐和铁，这个管仲同学在很多年前已经说过。至于这个酒嘛，和很多年以后的烟草有相似之处，选择酒是因为利润高。为什么烟酒利润高？因为烟酒都是上瘾品，想想就知道啦，别的产品价格哪怕涨了一点点，销量也会下降，涨了一大点，销量就会明显下降，再涨上一大点，可以根本不买，比如牛肉。可对于一个老烟鬼或老酒鬼，就是烟酒涨上一倍，宁愿不吃肉，也不能不抽烟不喝酒不是？用经济学名词来说，这个成瘾品就是需求缺乏弹性，就是"刚需"。

不过酒的官营有一个最大的缺点，就是太容易山寨啦。只要家里有粮食，或者有水果，或者有任何含糖分的作物，都可以酿酒，简直防不胜防，简直能让任何禁酒政策成为笑话。相比之下，盐和铁就不一样了，盐场和矿山毕竟有数目的，比方说吧，汉朝有盐官三十六处，铁官四十八处，加起来不过八十四处，几百个官员足矣。所以酒的专卖到武帝之后，就改为征税，而盐铁官营则一直坚持了很多年很多年。等到茶叶兴起，又有茶叶专卖。总之言之，国进民退的要诀在于，抓大放小。小钱可以让资本家赚一点，但大钱，一定得是官府和朝廷的。

如果说第一大措施是制造业的国进民退，那么第二大措施，则是商业的国进民退。

啥叫平准？就是看见街上啥东西价格跌了，跌得跟白菜价似的，官府就买进，看见啥东西价格涨了，涨得离谱，官府就把以前买的东西卖掉，贱买贵卖。有同学说，这不就是做生意么，是的，就是做生意。那为啥要叫"平准"呢，平是平抑物价的意思，准嘛就是有个准头，让价格不要太离谱，所以其本意是为了防止商人囤积居奇，操纵物价。所以这事就有个两说，说它好的，就说怎样稳定了市场，怎样保障了消费者的利益，说它不好的，自然就说它"与民争利"，官府和商人一起做生意，怎么能保证官府不利用权力排挤对手，牟取暴利？裁判下场一起踢球，怎么保证还能判罚公正？所幸的是，这种制度仅仅在京城使用，不论好坏，影响嘛总不会太大，而且天子脚下，平准官也不至于怎么样强买强卖，如果到了地方，情况就不一样了。

那啥叫均输呢？据说有两种，一种呢是地方本来要交实物税，但官府折成钱，直接收钱，然后在京城再买；另一种是仍然交实物，不过由老百姓自己运，运到邻境，邻境把这些东西接过来，加上自己交的，再一起运到邻邻境，这样接力一般地运到京师。据说是可以为朝廷省钱，老百姓也不会增加太多负担，但天下没有免费的午餐，说白了，就是运输费用由老百姓来承担。比如第一种吧，京师的东西当然不会比原产地便宜，所以如果原价换成钱，到京师买，还不是要贴差价？官府当然不会吃亏，所以折钱的时候都是以一年最高价来折，结果老百姓必须卖掉更多的东西，才能凑够钱，中间还得加上商人的抽头。再比如第二种，老百姓自己运，但运的还不止是自己的，还有邻县的，邻邻县的，还要赔上马车牛车啥的，官府还要增加管理的人力。

但是不管怎么说，平准和均输的确为朝廷省了很多钱，还谋了一些利。

制造业，商业，接下来，则是金融业。第三大措施金融改革，包含了两个内容，一个是货币由国家统一铸造，另一个是币制改革。

在汉武帝之前，货币是谁都可以发行的，有同学要问了，私人发行货币，那不是一本万利么，那不乱了套了？这位同学就不知道了，那年头没有纸币——实际上连纸都没有，要发行货币，必须有够多的铜，又要能架起炉子，也不算是一本万利，你把一个只值一文钱的铜片，印成值万钱，没人要啊。而且奇怪的是，从汉朝建立，到汉武帝金融改革，私人发行货币一百年，也没有乱套，也不知道是不是真有什么看不见的手。但还是能挣大钱的，一来是可以占据铜山，二来是可以掺别的材料，少掺一丁点儿，就能挣大钱。所以金融一定要控制在国家手里，为了这个，汉武帝除少府和大司农外，又设了个专管金融的官职水衡都尉。

铸币权为国家所有，接下来就是币制改革。在这方面，多血质的刘彻，摸着石头过河，进行了反复的试验，什么废半两行三铢，罢三铢复半两，销半两铸三铢，废三铢行五铢，折腾了很久之后，大概是想搞一个钱币面值和实际价值分离，由国家信用保证的币制，又铸出了以一当五的赤侧，要是搞成功了，倒是可以彻底解决货币不足的问题，等到造纸术出来，再顺势发明纸币。结果老百姓不认账，老百姓不认账也就罢了，连地方官府都不买账，拒收赤侧币，抓了坐牢也不怕。

思想超前的刘野猪并没有就此放弃，在元狩四年的时候，又用白鹿皮造出了面值四十万钱的皮币，用银和锡造出了面值分别为三千，五百和三百的白金币。可惜的是，这种金融思想太超前了，伪造白金币的不计其数，杀不胜杀，因为利润巨大啊。结果不仅没成功，倒制造了中国史上第一次通货膨胀。最后还是铸最最普通的五铢铜钱，俗称孔方兄的那东西。

第四大措施算缗和告缗则是直接向资本家开刀。算缗是征收财产税，让资本家自报财产，然后分别收财产税。收多少呢？收百分之十，二千钱，就是二缗，收一算，一算为二百文。要是资本家不肯如实上报财产，隐瞒、转移资本，怎么办呢？还有告缗，就是提倡大家告发，被告的人，如果查证属实，财产全部没收，本人充军一年，告发者能拿到这个财产的一半。这个甜头大啊，而且如何证明告发是否属实呢？靠官府的十大酷刑。如果不属实，告发者会不会有惩罚呢？不知道，自古告密者，惩罚总是很小的。所以结果也如大家所料，"中家以上大抵遇告"，政府"得民财以亿计，奴婢以千万数，田大县数百顷，小县百余顷，宅亦如之"。

这四大措施就像四大组合拳，招招击向资本家的命门，把资本家的钱弄到了官府和朝廷，从而成功实现了"民不益赋而天下用饶"，朝廷有钱打仗了，官员有钱发奖金了。但是除了已经失去话语权的资本家，有没有反对的呢？

73. 中国模式

前工业时代，政府的收入通常不会太高，政府的规模通常不会太大，基本上中央就是皇室与侍臣，地方上要么干脆就是封建领主，层层附庸，和周朝似的封建制度，要么就是些总督啊亲王啊之类的，也是一群土皇帝。有时也会派一些官员下去，但都是国君的亲戚、兄弟，或功臣、大贵族，很少有什么县令市长，更很少有任期制，更很少能做到从平民中选拔绝大部分官员，更不可能对成千上万的官员发薪水，做考核。为什么呢？因为它们的财政，支撑不了一个完全的文官政府。

不过西方不亮东方亮，在中国，汉武之后，文官阶层蒸蒸日上。到科举制大兴之后，从最顶层到最基层，所有的官员都由中央任命，从平民中公平公开的选拔，由中央考核，由中央发薪水，有任期，有制度，有淘汰，与现代社会别无二致。这实在是一种奇迹。毕竟这么多官员的薪水，不是一个小数目，通常都在千万贯钱或千万两白银的级别。

为什么能维持这种制度，有很多原因。比如一个强有力的国家机器，这种国家机器，让资产阶级任何时候都无法挑战，稍稍冒一点儿头儿，就会被打击。比如郡县制度，让政府能控制到社会的最基层，从政治到经济到文化。比如汉代的造纸术，唐宋的印刷术，儒家的教育术，造就了一个智识阶层。比如北方游牧民族的威胁，这个可比那个什么"治水社会"合理多了，没有哪两个村子会为了灌溉自愿合并，相反他们还会争水，但他们却可能为了强大的单独无法对付的外敌，长久地联合在一起。但有一个最最重要的原因，就是从汉武帝时形成的一个独具中国特色的制度，这个制度有个最大的特点，就是所谓"民不益赋而天下用饶"，他们有钱哪，有着最为庞大的中央财政呢，而且是在长期保持百分之十以下的名义税率的基础上做到的。毕竟前工业时代，主要的产业就是种植业，光种田能种出多少财富？如果胡乱增加农业税收，可是会造反的，如果不增加农业税收，又哪里有那么多的中央财政呢？不过中国有办法。

"民不益赋而天下用饶"，很多年后又有一句话，"民不加赋而国用足"，意思都是一样的，就是不动农业的税收，从工商业着手。农业求稳，工业求富，商业求活。搞市场经济、劳动市场、土地市场和资本市场，全面放开，什么都可以交易。但同时又是管制经济，官府什么都可以管，你生意做得大可以管，你摊位没摆对地方可以管，你卖的东西价格不对也可以管。但又都是可以管，不是一定要管，也可以今天管，明天不管，也可以对他不管，对你管，也可以表面管，实际不管，也可以大的管，小的不管，也可以小的不管，大的管，运用之妙，存乎一心，这种事情，你懂的。

经济不景气了，就把政策放开一点，放手让资本家赚钱，就搞私有化，甚至一些国家的东西都可以放开，都可以让资本家去经营。经济景气了，资本家赚得够了，再把政策收收，搞搞国有化，官府就又有钱了。羊要等羊毛养长才能剪，猪要养肥了才能杀。暴利行业，一定要由国家垄断，其他的小钱嘛，可以让资本家赚赚，不过如果真碰到那种天才，在小道中也能挣到大钱，富可敌国，那也要打击一下"豪强"，毕竟咱要维护公平，不能贫富差距太大不是？利用市场经济的财富增殖能力，再利用国家机器把这些财富集中起来，"利出一孔"，就是前工业时代，也能有足够的中央财政，去养兵百万，养官十万了。此之谓前工业时代的"中国模式"。

这种模式，好处是显然的，在生产力还是很低的情况下，让中国两千年之间，一直是世界上最富的地区之一。而且也够强，虽然也有过两次异族征服，但你看看其他地区，异族征服？那算是好的，亡国灭种都多少次了。印度，每一次改朝换代都是异族入侵，而且都把原住民打成最低最低的种姓。英国人、凯尔特人、罗马人、维京人、盎格鲁人、撒克逊人，那个热闹啊，征服者甚至拥有初夜权。就不提美索不达米亚了，数不过来。而在中国，从秦到清，对北方游牧民族占据优势的时间，至少与占据劣势的时间，相差不是太远。

而且还算得上公平。有同学就要说啦，那种世道也能叫公平？这位同学不知道了，什么叫"最不坏的制度"，所谓"最不坏的制度"就是矮子里拔将军。现代民主制度是最不坏的制度，虽然搞得高雅绝迹，娱乐至死，不仅是三俗，三十俗也有了，但相比之下，真没有哪个比它更好。汉武帝时形成的这个制度也是这样：虽然贪官恶吏们把国家、社会搞得污烟瘴气，可相比西欧和日本封建社会那种等级森严，或相比印度那种种姓森严，一个人生下来是什么阶层，那么死的时候还是什么阶层，老子是什么地位，儿子也只能是什么地位，中国那简直是叫人羡慕的所在。想想看哪，汉朝可以举秀才，举孝廉，哪怕出身不好。到了宋代，更是"朝为田舍郎，暮登天子堂"，朝中大佬，居然基本上都是平民出身。只要你好好读书，板凳甘坐十年冷，你就有机会飞黄腾达，比起来，还真是"最不坏的制度"了。

但坏处呢？这种制度虽然有资本主义的几乎所有特征，市场化、货币化、土地私有、劳动力自由雇佣、贸易开放，等等，但却永远也长不大，因为所有能挣大钱能催生工业革命的行业都被官府垄断。前提没有，因为即使挣了大钱，也很可能意味着财富被权力拥有者夺走；动力也没有，资本只能流向土地。

有好处，就会有人赞同，叫好。有坏处呢，又会有人反对，叫骂。不过站在两千年前的当口，今天所看到的这些坏处，实际上都不是坏处。为什么？那个年月，谁知道亚欧大陆西边，那些森林里的日耳曼人，会在多年后成为世界的主宰，把华夏子民落下很远很远？站在十三世纪，蒙古人还风光无限呢，后来呢？所以以古非今，以今非古，都很无聊，历史就是那个样子，它就长成那个样子，所有的假设、分析、判断，都不能脱离那个时代。有些东西，即使是自以为戴了金手指的穿越爱好者也无能为力。

那么站在两千年前的当口，又会有哪些反对意见呢？

74. 反对的声音

判断一个社会是专制还是独裁、民主还是混乱，只消看看有没有反对的声音，只消看看反对的声音会有什么样的待遇就够了。

只有一个声音高高在上地说话，其他人都匍匐在地，那是独裁。只有少数几个声音，大多数人沉默，反对的声音有，但很微弱，那是专制。反对的声音很强，而且和赞同的声音有同样的机会进行表达，并进行和平的转换，那是民主。反对的声音很强大，和赞同的声音拳头相见，视同仇雠，互相非让对方消失不可，那是混乱。那么，所有的人都用同一个声音说话,百分之百赞同,偶有反对的声音,也会被愤怒的大多数给打击下去,那是什么呢?要么是美丽新世界,要么是精神病世界。

武帝朝谈不上民主,当然也算不上独裁,所以自然有反对的声音。那么都有哪些反对的声音呢?

最强大的反对者,当然是刘彻的奶奶窦太后窦漪房。别看人家腰也佝了,腿也抽了,眼也瞎了,可只要她在世,依然让刘彻不敢有任何异动,不敢提及儒家,只能提黄老,黄老,黄老。

最多才多艺的反对者,淮南王刘安。

刘安是伟大的思想家、文学家、音乐家、科学家、政治家和发明家,爱好读书、写作、弹琴、做实验,擅长学术研究、发现人才、治国安邦。在科学方面,刘安好"黄白之术",经常群集民间科学家一起做各种物理化学实验,成绩是显著的。他们进行了最早的热气球升空实验,并且发明了中国人最爱吃的食物——豆腐。在文学方面,有著名的文学理论著作《离骚体》,并有诗文传世。在政治方面,大量招致人才,淮南国国泰民安,成为黄老思想无为而治的最后一块乐土。

当然,最最有名的,还是那个包罗万有、上天入地通古化今,涉及政治、思想、经济、天文、地理、农业、医学等等等等的《淮南子》。这本书虽然常被归为杂家,但却算是道家的集大成者,以道家为根基,算是道家治国的实践总结,也是道家治国的理论指导。其实杂家这种称呼,不过是汉代人对于学术爆炸的无奈反映,与其称之为杂家,倒不如称之为百科全书。当然,《淮南子》也和另一个包罗万有的百科全书《吕氏春秋》遭遇了相同的命运——其主人在政治斗争中失败,百科全书被束之高阁。吕不韦的治国理念与秦王政南辕北辙,而刘安的治国理念也和刘彻南辕北辙,再加上刘安的爸爸是谁?是那个涉及谋反、死在路上的刘长。所以刘安也就据说要谋反,然后是被告发,然后是亡身。不过也许是淮南国的人民都太怀念刘安的无为而治啦,所以到最后仍然奉献给刘安一个典故——一人得道,鸡犬升天。据说——淮南国的人都这么说——刘安不是经常做实验吗?不是经常发明点儿新鲜东西吗?所以就和几个白胡子老头制造出了一些仙丹,刘彻派人来抓刘安时,刘安吃了粒,就成仙啦,就升天啦,他家的宾客啦朋友啦也都升天啦，连小猫小狗小鸡小鸭子什么的，吃了实验废渣，也都升了天。

最谨小慎微的反对者，公孙弘。

公孙弘本来能成为后来盐铁大辩论贤良文学的先声，因为从其观点来看，更近于贤良文学，而不是桑弘羊那帮人。而且他也的确是六十岁时，以贤良文学的身份被任命为博士的。

不过这个公孙弘太谨小慎微啦，太在乎名位——也许是为了推行儒学所作的妥协，结果倒一直像个马屁精。比如他和汲黯商量好观点，结果上朝时，见到汲黯的观点刘彻不喜欢，他马上改口，赞同另一个观点，搞得汲黯很反感他。公孙弘的谨小慎微不仅表现在观点上，也表现在生活上，他生活俭朴，吃饭都不吃两样荤菜，家无余财，钱都用于慈善事业。但你要说他是柳下惠那样的君子吧，也不对，因为主父偃因为他而灭族，董仲舒也因为他被弄到胶西。

但是即使是他这样的谨小慎微，仍然在朔方郡的问题下露出了马脚，说出了自己的真正观点。他说朝廷在万里之外建朔方郡，完全是瞎胡闹，是浪费，因为那些鸟不拉屎的大漠里的荒地，要来也没啥用，干吗要劳民伤财地去占领，还要筑城，还要守城呢？刘彻当然不这么看——朕要和匈奴搓一盘很大的麻将，朔方，那是很关键的一张牌啊，朱买臣，主父偃，给我上！结果人家都陈述了十条理由，公孙弘还是一句"敝中国以奉无用之地"，当然只能停止一切职务，深刻进行检查啦。

最大胆的反对者，右内史义纵。

义纵算是个京城的行政长官，在京城那种地方当长官，最大的问题，就是你不知道谁的上面都有谁，那地方有权有势的人太多啊。可他一生大胆，办案从来不避权贵，不畏黑恶势力，算是当时的"打黑第一人"。而最最有名的，是对告缗令的反对——他虽然打黑，却反对黑打，对于通过鼓励告密让资本家家破人亡的办法，并不喜欢。所以告缗令下来后，他不仅没有大力执行，反而把那些告发别人财产有隐瞒的人加以搜捕，这种公然违背朝廷政策的事，当然让刘彻很震怒，最后不仅丢了官，而且丢了命。

最委屈的反对者，颜异。

颜异这个名字取得很有特点，颜异，颜色不同，颜色都不同，声音哪能一样。所以颜异虽然曾是武帝朝的财政部长、大农令，却是武帝朝财政政策的最大反对者。他反对算缗和告缗，但让他丢了命的，却不是算缗和告缗，而是武帝那次制造了中国史上第一次通货膨胀的货币改革。那次武帝不是用白鹿皮造出了面值四十万钱的皮币、用银和锡造出了面值分别为三千、五百和三百的白金币吗？颜异说啦，这不是瞎胡闹吗？你说值四十万就四十万吗？我借你一百万，然后拿一片破布，说这个值一百万，你答应吗？刘彻当然也很不高兴，恰好有人告发颜异，于是刘彻就让著名的酷吏张汤去审他。张汤又恰好与颜异有点不对付，于是颜异只能死掉啦，罪名是"腹诽"。啥叫"腹诽"，就是你肚子里有坏水，你心里在说坏话，在攻击国家政策。有同学要问啦，人家心里说的坏话你怎么知道？张汤说啦，根据表情，因为别人谈到这个问题时，颜异的脸色有异，嘴动了动。所以颜异真的生于颜异，死于颜异——死于脸色有异，而张汤也算是"表情罪"的发明人，如果生到周厉王时代，"道路以目"都成问题了，因为"道路以目"显然也是"腹诽"的一种。

最奇怪的反对者，刘彻本人。

有同学要问了，刘彻本人怎么会反对自己呢？这话还真问对啦。对于刘彻自己反对自己的问题，很多学者研究了很多年，最后归结了五个原因。第一个原因，对巫蛊之祸杀死自己儿子的事情后悔了。老啦，江山万里，也比不上思子之情。第二个原因，备受打击的国民经济严重衰退，以至于国库空啦，又空啦，以至于要卖爵位啦。第三个原因，李广利——李夫人的兄弟显然不及卫子夫的兄弟和侄子——兵败投降匈奴。第四个原因，去海上寻仙，结果寻到了狂风、大浪和迷雾。第五个原因，居然有人开始造反啦，想改朝换代啦，认为汉朝气数将尽啦。这么多的原因，即使是自负天下最为英明的刘野猪，也不禁怀疑自己是不是做错啦，按照董仲舒的天人感应说，是不是自己真的惹上天生气啦，上天真的要厌弃自己啦？

于是刘彻下了一个《轮台罪己诏》，大致说自己以前真的很荒唐，搞得天下虚耗，朕错啦，朕真的错啦，朕一开始就不该做皇帝，朕不做皇帝，奶奶就不会死，奶奶要是不死，朕也就不会沦落到这么一个伤心的田地。轮台不要建了，朕不想再打仗啦，让老百姓好好过日子吧。朕现在才知道，世上哪有什么仙人哟，那些方士都是骗人的，骗人的。

这算是史上第一个"罪己诏"，也把汉武与秦皇区别开，让汉朝在悬崖边上停下来，缓缓地向另一个方向前进。

因为这个"罪己诏"，八年之后，一场史无前例的大辩论，在京城展开。

第八章　盐铁之辩　足立古今

75. 团结的大会

　　始元六年，大汉帝国全国政治协商会议在长安隆重召开，来自三辅、太常和各郡国的民意代表、社会贤达，以及最高检察院检察长桑弘羊等多名政府高级官员共同出席了会议。会议期间，与会委员们热烈讨论了国民经济，社会发展，政治改革，人口素质，环境卫生，国防建设等多项主题。会议始终在紧张而热烈的气氛中进行，团结、紧张、严肃、活泼，是与会委员们最大的感受。来自南阳郡的委员表示，会议的召开是重要的，是及时的，是鼓舞人心的，自己能来参加这次会议，感到非常荣幸，这次会议提高了自己的视野，丰富了自己的政治理论水平，也让自己深刻认识到了全国一盘棋的重要性。

　　会议结束后，当今圣上，在丞相霍光，车千秋等人的陪同下，亲切看望了与会委员，并发表了重要讲话。圣上指出，承前启后，继往开来，是这个时代的主题，一百年来，大汉帝国无论是内政还是外交，都取得了长足的发展，远远领先于周边国家，处于世界先进水平，但是也要看到，还存在一些局部问题，人民群众还存在一些困难，我们召开此次会议，就是请大家拿意见，出主意，群策群力。特别是民间代表们，你们来自群众，最能代表群众的呼声，也要请你们把国家的政策传达给群众，给群众打打气，让群众相信朝廷，朝廷有信心继续带领大汉帝国进入发展的快车道。丞相霍光，车千秋，也在随后发表了重要讲话，就朝廷的政策、措施，同与会委员进行了充分交流，达成了充分的共识。

总之，这是一次成功的大会，团结的大会，胜利的大会，经过此次大会，与会委员们纷纷表示，对于大汉帝国的发展增添了信心，大家将继续团结在以当今圣上和霍光丞相为核心的朝廷周围，为大汉帝国的建设贡献自己的一份力。

哎呀拿错了，这是大汉新闻社拿到的通稿。

这里还有一份坊间八卦小报的新闻稿，标题是《政协会议上大打出手：贤良不贤良，大夫不大夫》。标题很醒目啊，内容如何呢？"打倒桑弘羊，打倒桑弘羊，六十多名贤良文学齐声呐喊着，让场内气氛一下子胶着起来，像是快要点着的火药桶。桑弘羊饶是久经官场，也变得紧张不安，额头上布满了汗珠，但他仍然要表现得气定神闲，摆出一副舌战群儒的架势，寻找贤良文学们言论中的漏洞，一一应对。"描写很传神，观察也很仔细，连桑弘羊额头上的汗珠都能看见，真让人身临其境，就是不知道作者当时都在什么地方，莫非是桑弘羊身边擦汗的小宦官？

新闻通稿很和谐，八卦小稿很刺激，到底该相信哪一个？不管你信不信，反正我是不信的。那么再看看别的。

据说是醇儒舆论阵地的洛阳早报，打出的标题是《法家余孽意欲何为，贤良文学为民请命》。内容呢？"桑弘羊执天下财柄三十余年，以搜刮百姓财富，供少数集团挥霍为己任"，"国际关系紧张，为了抢大宛国几匹马，无辜牺牲八万良家子弟兵"，"民不聊生，天下户口减半，中产阶级大都破产"，"官员从上到下，不再谈仁义，只谈利益，上行下效，人人争权夺利，世风日下，人心不古"，"以桑弘羊为首的酷吏集团，排斥异己，以腹诽这种秦始皇都不敢用的罪名杀死了颜异"，"其复辟秦朝法家政治的意图，昭然若揭""在辩论中，以桑弘羊为首的法家余孽多次被问得哑口无言""以桑弘羊为首的法家余孽，还有什么面目腼存于朝廷？还不赶紧引咎辞职？"

再看看另一方，铁血强汉网站的两篇首页强推文章。一篇是《民意代表究竟代表百姓还是代表资本家》，"贤良文学自己也承认，盐铁放开后，垄断盐场和矿山的，都是地方豪强，他们招募亡命之徒，将国家财产据为己有，短期内聚敛大量不法财富，危害社会安定，国家没钱打仗，他们骄奢淫逸""盐场和矿山根本没有普通百姓什么事，但他们仍然口口声声说要藏富于民，藏富于民，他们究竟是谁的代表，还不是显而易见吗"。另一篇是《空谈误国，仁义能打败匈奴吗》，"大汉朝从高祖以来，对匈奴不是仁义，而是非常仁义。赏赐、和亲，结果匈奴得寸进尺，连年侵略，贤良文学们却认为是我们不够仁义造成了关系紧张，简直是倒因为果，他们不知道国家与国家之间，友谊都是暂时的，永恒的只是利益，他们不知道匈奴这种豺狼民族，信奉的是暴力，只有彻底打败他们，他们才会臣服，否则他们就会一直谋图侵略"。

还真是公说公有理，婆说婆有理。最后再看看西域楼兰国的报道，《内幕揭秘：大汉帝国高层斗争白热化？》，"新帝继位以来，霍光、车千秋集团与上官桀、桑弘羊集团的斗争，日益激烈""桑弘羊得意政策为盐铁官营、均输、平准及货币改革，要想打击桑弘羊，必从财政政策着手"，"武帝为桑弘羊的总靠山，攻击桑弘羊财政政策，必先攻击武帝"，"第一步，抬高文帝，贬低武帝，借辈分更高的文帝打压武帝，此乃霍光、车千秋集团的釜底抽薪之计"；"第二步，借力民意，打击桑弘羊，做得好，能让桑弘羊下台，做得不好，也能让桑弘羊站到民意的对面，此乃霍光、车千秋集团的借刀杀人之计"，"没有了桑弘羊，上官桀只能坐以待毙"，"上官桀、桑弘羊必会孤注一掷，反戈一击，不在今年，便在明年"。有分析，有预测，算是上佳的技术帖，只是有点儿阴谋论的嫌疑。

这么多的言论，到底该相信哪一个呢？谁能借我一双慧眼，让我看个清清楚楚明明白白真真切切呢？

算了，还是亲眼看看这场大辩论的全程记录吧。

76. 辩论是个团体赛

先秦的诸子口水战，相当于华山论剑。真正的巅峰对决，好处呢，其参加者都是当世一等一的绝顶高手，宗师级人物；坏处之一是周期太长，第一届跟第二届，第二届跟第三届，坏处之二是江湖中的小辈们，没有几个能一睹其风采，只能从传说中听到一二。

而汉朝的盐铁口水战，相当于决战光明顶。很精彩，有顶级高手对决，也有中手低手的混战，有一对多，也有多对多。好处是时间短，短短几天之内，见识武林中真正的决战，见识到武学别有天地；坏处也是周期太短，还没过瘾，就戛然而止，只留下回忆。

盐铁口水战中的双方，一方被称为御史大夫，另一方被称为贤良文学。其实应该分开称呼，分别是御史、大夫，贤良、文学，他们是两伙人。发言最多的，是大夫和文学，听上去像是医生与小说家在吵架，拿刀杆的与拿笔杆的，在比拼。当然，稍稍有点儿古文化常识的都知道，此大夫非彼大夫，正如西洋人那里，同一个词既是医生也是博士一样，在那年月，大夫这是大官；此文学也非彼文学，那年月，写小说的还没有出世。那么这两伙人都是些什么人呢？

御史大夫这伙人，当然以大名鼎鼎的，执大汉朝财政三十年的桑弘羊为首。桑弘羊当时是御史大夫，是御史的头，后面跟着一群御史，所以会议记录中，就把桑弘羊记成大夫，把后面那群人记成御史。从秦始皇开始，御史大夫就算是丞相，太尉之后的三把手，所以这个阵容看上去很强大，可是别细看。

为什么不能细看？这就好比很多党政工团一字儿排下来，工会主席在很多地方也能排到前几把交椅，可跟党政一把手比起来，相去不可以道里计。这个御史大夫相当于最高检察院检察长，看上去是管官的官，可是只有监察权，比不得丞相有人事任免权。桑弘羊本来是刘野猪的大司农，管财政的，可是后来家里有亲戚犯了点小错，就成了搜粟都尉，行使大司农职务，从财政部长变成常务副部长。再后来，刘野猪岁数大了，性子不那么野了，下了有名的《轮台罪己诏》，狠狠自我批评了一番，顺带着把桑弘羊也批评了一番。为吗要批评桑弘羊呢？因为他请求在轮台那个地方屯田，那地方在西域很远的地方，有五千多亩，搞得好，能就地养活很多士兵，不用依赖后方供应，如果打匈奴，算是很好的阵地。但刘野猪为什么不同意呢？因为玩儿过帝国的同学都知道，在敌方前沿采集资源和种地，那是一件风险很大的事，因为很容易被敌方破坏，后方资源如果紧张，可以这么做，但一定要派大量军队到前方去，打得敌人没有还手之力，自然可以尽情砍柴种地。刘野猪还是刘小猪的时候，还有可能，现在都是垂垂老矣，又接二连三受到打击，自然想法就不同。所以除了狠狠批评自己之外，还狠狠批评桑弘羊无事生非，劳民伤财。刘野猪现在仗都不想打了，自然不会做这种风险大的事情。所以这个时候，桑弘羊地位就有那么点危险啦。

再再后来，刘野猪在那个咽气之前，一口气指定了五个辅政大臣，为啥要有五个？大约是为了搞平衡，不让一方独大，桑弘羊就在这五个辅政大臣之列。桑弘羊就被提拔成御史大夫，其他几个分别是丞相车千秋，大将军大司马霍光，左将军上官桀，车骑将军金日䃅。从职务就看得出来，车千秋是行政部门的一把手，霍光是军方的一把手，就是说，一个是国务院总理，一个是军委主席，显然都比桑弘羊这个最高检察院检察长，地位要高得多。另外两个呢，金日䃅的位置也比较高，在军方里排到第三，不过人家是匈奴王子出身，大约也不太想与另几位玩儿权力游戏。还有一个上官桀，在军方里也就排到五六位。从这个安排也看得出，看上去比较老实的霍光和车千秋，显然更得刘野猪的信任，而"有才力"的上官桀，和商业天才桑弘羊，不过是为了搞平衡，弄几个改革派进去，不至于让下一届领导班子全是老气横秋的保守派而存在。刘野猪这么安排也是合理的，就像组织部门更倾向于让老成持重之人当一把手，再搞个锐意进取之人做副手，方能收放自如，霍光和车千秋第一是持重，顾全大局，第二是忠心，这点毫不用怀疑，刘野猪考察了很多年。结果就像组织部门如上安排领导班子，往往变成有才干的副手不服没有才干只会打太极的一把手，弄得班子不团结一样，等刘野猪一死，就演变成了霍光大权独揽，车千秋抱成一团，而上官桀不服的局面。至于桑弘羊，他服不服那个一生谨慎服侍刘野猪最后登上最高权力的霍光，我们不知道，只知道，后来他在反对霍光的斗争中被杀。

这就是正方的阵容。看上去很强大——有位列三公的辅政大臣，有御史府的御史，有丞相府的丞相史，可内有隐疾。疾在哪里呢？疾就在那个主持辩论的车千秋以及坐镇的霍光。

再看反方。反方有六十多人，分为贤良、文学两种。

啥叫贤良？据说文帝十五年的时候已经要求提拔天下贤良，不过真正弄出这个名目的，还是刘彻。从名字上看，贤就是能人，良就是好人，贤良就是有能力的好人。可一个人有没有能力还好办，是不是好人怎么判断呢？只能搞政治审查，怎么审？"治申，商，韩非，苏秦，张仪之言"的，不能入选，"独尊儒术"，也不是光嘴上说说的。可见所谓的贤良，大多是被提拔的儒生。而且这次参加辩论的贤良，全部来自三辅和太常，就是长安及其周边地区。可见还是有京城户口，有一定政治经验的儒生。

文学呢？文学不是写小说的，他的出处，是来源于孔氏大学的四个系。孔门弟子中，子游子夏就出于文学系，他们的任务不是写小说，也不是写诗，而是研究儒家经典。儒家四门之中，德行是玩儿思想品德的，言语是玩儿纵横捭阖的，政事是玩儿摸石头过河的，而文学呢，是玩儿《孟子他说》的。说来说去，这个文学，还是一群儒生。

所以闹来闹去，六十多个贤良文学，实际上就是六十多个儒生组织的儒家团队。

有同学就要说了，汉初不是也有个儒家团队给道家一个盖公给打败了么？这位同学有所不知，此一时，彼一时。那个儒家团队虽然有一百多个人，可没个主心骨，东说一套西说一套，也不知道哪套归哪套，自己都服不了自己，怎么能服人？可现在不同，六十多个儒生，有了自己唯一的精神领袖，那个人就是董仲舒。董仲舒把儒家带到了一个新的高度，对秦皇统一以来的新形势，做了全新的解释，并且提出了全新的政治理想和施政方针。新的解释就是天人感应，新的政治理想就是王道，新的施政方针就是以德治国，再具体一点，就是春秋决狱，禹贡治水，等等等等。

对于武帝的财政政策，董仲舒根据自己的德治而非法治，王道而非霸道的儒家观点，认为盐铁专卖是不应当的，朝廷官府不应该与民争利。他的理由与洋人亚当·斯密不同，不是说与民争利会影响经济的长久发展，而是说与民争利会造成一个人人争利的坏社会，而不是一个人人谦让的好社会。

是的，这六十多个贤良文学组织的反方辩论团队，虽然除贤良中的魏相，文学中有几个有名无姓的之外，基本上都没有留下名字，可心还是很齐的。有精神领袖董仲舒，有政治纲领，而且还分成贤良和文学两个阶层，前者出身"长安豪富民"，有地位有政治经验，后者出身平民，有广泛代表性。所以算是一个高效的团队。

强大而力量要打上折扣的正方，不强大但却团结一致的反方，结果就是虽然在朝廷上辩论，虽然正方是辅政大臣桑弘羊带的官方团队，却打出了一场势均力敌的口水仗。

反方一上场，就抛出了一个观点，"请罢盐铁"，不要"与民争利"。那么其理由又是什么，而正方又将如何应答呢？

77. 务实与务虚

三十年后，没有人能记得那场大辩论一共进行了几天，进行了几场。但是三十年后的一本书，据说是根据当时会议记录整理出来的一本书，却有整整十卷，六十节。

说是十卷，内容却都是连的，好像是一群话痨子，口若悬河口干舌燥口水横飞地说了整整十卷书。可你说是只搞了一场吧，把那十卷东西你来念念看，口干舌燥不说，要花多久才能念完？再说啦，打口水仗费心费力，要抓漏洞，找证据，针锋相对，据理力争，内容还极为丰富，内政外交军事政治经济无所不包，可不比摇头晃脑念书。一节辩论就好比一节篮球比赛，再厉害的人能六十节比赛一口气打下来？

所以也有可能像今天的总统电视辩论似的，搞了好几场，那么一共搞了几场？古人不知道，也不想知道，咱们当然也不必知道，姑妄言之，姑妄信之，既然是十卷书，就当是十场好啦，还是一场场地看他们都是如何打口水仗吧。

第一场是反方开始发言的。

反方一上场，就抛出了一个观点，"愿罢盐，铁，酒榷，均输"，理由是什么呢？

理由是治国者，要有一颗仁慈的心，有了仁慈的心，治国就不再是治国，而是治心。不要动不动就谈钱，最讨厌人家谈钱，谈钱伤感情。谈钱都不好，何况是捞钱，统治者天天想着办法捞钱，你让老百姓怎么安居乐业，怎么知书达理？你看你们搞的，天天就谈财政收入增长多少多少，结果搞得全国上下都在捞钱，人心浮躁，人人缺乏安全感，人人都在想办法捞钱，想办法从别人那里多赚一点。没人愿意种地，因为种地不来钱哪，没人愿意守礼，因为守礼不值钱哪，没有人愿意爱别人，因为不知道爱多少钱一斤哪，红豆生南国是很遥远的事，相思算什么早无人在意，守着爱怕人笑，还怕人看清，这都是为啥？都是统治者捞钱捞的，都是统治者用捞钱代替治国给闹的。

而最最要不得的政策，就是盐铁酒官营和均输。为什么？这是与民争利啊。为什么只能由官府来卖铁卖盐卖酒？为什么私人就不能卖？还不是担心钱都给私人赚去了？钱为什么非要给官府赚？为什么要这么算计？朝廷和官府都这样算计，你怎么让百姓淳朴？你天天算计别人，别人逼也给逼奸了逼坏了。不要怪老百姓变成了刁民，刁民都是逼出来的。

依我看哪，你们这都是轻重不分，本末倒置。啥东西轻？钱轻；啥东西重？仁义最重。啥是本？对于国家来说，粮食就是根本，耕地就是根本，这关系到养活多少人的问题，其他钱多钱少都是末。对社会来说，人心就是根本，人心安定，人民淳朴，其他财政收入，那都是末，有钱就多用点儿，没钱就少用点儿，打什么紧？

所以这个盐铁酒官营和均输，一定要停，要快停，要早停，要歇立停。

反方的这个理由很充分，充分到几乎没办法反驳。你能说朝廷没有与民争利吗？你能说现在没有人心浮躁吗？但是辩论的技巧就在于从几乎没办法反驳中找出那个反驳点来。

反方的弱点在于太虚，人不能只谈恋爱不吃饭，国家不能只谈仁义不生产，所以反击之道在于务实。怎么务实，从匈奴开始，咱们为啥差钱，为啥要谈钱？都是匈奴逼的，都是胡人亡我之心不死。所以正方说啦，你说要罢盐铁酒专卖和均输，罢了之后呢？国家财政没钱，没钱发军饷，让边疆的战士们忍冻挨饿吗？

果然不出正方所料，这番话果然打中了反方的七寸。反方接下来的应对就比较牵强。反方先后两次引用了孔子的话，什么"远人不服，则修文德以来之"啦，什么"不患贫而患不均，不患寡而患不安"啦，先说如果施行仁义，可以无敌于天下，又说如果施行仁义，人民过得幸福，匈奴人民也希望过得幸福啊，为什么非要打打杀杀呢？而你们，迷信武力，打来打去，你又不能把草原上那些人杀光，今天打了明天还来，能解决啥问题呢？无非是劳民伤财罢了。

这话同样很有道理，可能不能实行，也在未知之列。因为那种理想的国际关系，在冷兵器时代，还没有出现，施行仁义，能不能让汉朝和匈奴从此和平相处，谁也不知道。但正方也不好反驳就是不行哪，一反驳，那个觉悟就给比下去了。所以正方虚晃一枪，接着说这是为了拼经济。

正方说啦，为什么要搞盐铁酒官营和均输呢？这是为了发展经济，拉动内需。什么叫本，什么叫末，农业是根本，工商业就不是根本了么，没有制造业，农具都没有，刀耕火种，农业的生产力怎么能提高呢？没有商业，怎么能互通有无呢？所以哪样都不能少，无农不稳，无工不富，无商不活。盐铁酒专卖和均输不能停，停了朝廷还怎么拉动内需，还怎么能发挥经济杠杆作用，调节市场？

正方抛出的这个观点其实有很多问题，稍稍读过点亚当·斯密或马歇尔的同学都能马上指出，官营工商业会利用权力带来垄断，而垄断有害经济。不过也许是因为反方中缺少一个读过亚当·斯密的穿越者，也许是因为在前面唱高调唱得太多，现在不好拉下层次来跟反方谈钱，谈怎么才能让大家有钱,所以反方还是反反复复地说,不能示民以利,要示民以德,工商业不必太重视,等等。

结果出现了一个很奇怪的现象。一方明明是在损害经济的可持续性发展,明明是在压制资产阶级,却扮演出一个资产阶级代言人的身份,鼓吹大力发展工商业;而另一方明明是在保护资本家的利益,明明是在维护经济的可持续发展,却偏说要崇本抑末,重农轻商。这种身份错位,怎一个乱字了得!

这种身份错位显然对反方不利,因为工商业的确有用,的确有利于整个社会的发展,反方的有力武器给正方用了,自己一味务虚,哪能有什么出路?因为谈到了经济,孔子孟子们的话就不太适用,所以正反方都请来了外援。正方请的管仲,很牛逼的人物,重商主义的理论者和实践者;反方呢,请来的是老子。本来请老子也没什么不对,先秦诸子里,最能与亚当·斯密有共同语言的,就是老子啦,无非是政府不要干涉,越干涉老百姓越穷之类。可反方起始的调子定得太高,所以居然没有用老子的不干涉主义,而是用了老子的清心寡欲主义,什么人之所以觉得自己穷,是因为心里的欲望太多,欲望越多,越难以满足,越难以满足,社会就越匮乏之类。正方当然就是拿管子的那套理论来证明欲望是合理的,治国之道必先富民之类。

这一番奇怪的较量,硬是把反方逼到了死胡同,怎么琢磨怎么不对劲儿,盐铁酒官营和均输,这和富民有毛关系啊?所以反方被逼之下,只好弃虚就实,论证这些政策并不能富民。为什么呢?

"行奸卖平,农民重苦,女工再税,未见输之均也",你说你搞的均输吧,人家明明只种地不产钱,你不收粮只收钱,结果人家为了交钱把粮食贱卖,而你们却按一年中最高价来收税赋,这不是增加人民负担吗?"豪吏富商积货储物以待其急,轻贾奸吏收贱以取贵,未见准之平也",再说平准吧,官府见到便宜的东西就买,结果老百姓好不容易等到物价降下来,东西给官府收去了,只好花高价买,等到价格高得不能再高时,官府放出东西来了,你说这是为民谋利,还是向民取利呢?买东西被商人坑了还可以告状,被官府坑了,只能自认倒霉。

正方大谈工商利民，在反方被逼务实之后，给驳得体无完肤。那么正方还有什么别的理由吗？但不管正方有什么理由，第一场辩论，正反方就进入白热化，也意味后面还有更精彩的内容。

鉴于辩论的精彩，第二场辩论，我们还是把镜头拉近，离开外围评述，一起来到辩论的现场吧。

78. 功过商鞅

"欢迎回来，盐铁电视大辩论第二场比赛正式开始，我是主持人车千秋，现在有请正反方的辩手。正方是，正方是御史大夫桑弘羊带领的官方团队，有请桑大夫，掌声鼓励。"

"桑大夫真的是好厉害啊，桑大夫不仅是天下理财第一人，口才也是第一流啊，经过紧张的第一场辩论，依然精神饱满，看样子是信心在握了，让我们祝福他。"

"现在再有请反方团队，反方是由贤良和文学组成的儒家军团，阵容真的是好强大啊。他们来自于民间，代表民间的声音。在上一场我们已经看到了他们的精彩表现，那么这一场他们又将带给我们什么惊喜呢？好，有请反方团队上场，掌声有请。"

"好，正反双方都已经跃跃欲试了，大家现在可以短信支持你喜欢的一方。现在我宣布第二场电视辩论的议题。商鞅究竟是在治国还是在误国？现在请正反方分别发言。"

"我知道反方是很不喜欢商鞅的。这也难怪，家财万贯，靠着政策漏洞大量聚敛财富的豪富民，资本家，怎么可能会喜欢商鞅？但我还是要说，商鞅了不起，他实现了人治到法治的转变，从制度出发，明确刑罚，让不法之徒无所遁形。他更了不起的，是经济上的成就，他把经济牢牢控制在国家手里，全国一盘棋，集中力量办大事，国富民强，让秦国由一个落后的小国一下子成了超级大国，没有一个国家是他们的对手。商鞅的政策告诉我们，像盐铁这种关系到国计民生的产业，控制在国家手里，有多么重要。"

"正方既然提到了我们不喜欢商鞅，我们也可以明确地告诉正方，我们就是不喜欢商鞅。而且我们可以随机采访一百个人，问问商鞅时期和文帝时期，大家更愿意选择哪一个。财富从哪里来？从官府来吗？在座的各位官员，你们生产了多少产品？种了多少粮食？从天上来吗？还是水里冒出来的？财富是由百姓创造的，你们多收一分，百姓就少一分，你们觉得自己赚大了，却不知道祸患已经埋下。我听说有人怕狐皮大衣的毛掉了，就反过来穿，把皮放在外面，却不知道，如果皮给磨掉了，毛又哪里能够存在？百姓才是天下的根本哪，要爱惜百姓哪。商鞅搞严刑峻法，秦国的结局就注定了，吴起搞严刑峻法，楚国的结局也注定了。一时风光，改变不了最终的结果。"

"自古无不亡之国，无不败之家，如果把败亡都归结于创业者，天下又哪有值得尊敬的创业者呢？比如周朝吧，文王武王创下的基业，没有周公，能存在那么久吗？秦朝的确二世而亡，但赵高那个奸臣做的事情，能把黑锅扣到商鞅头上吗？别忘了，商鞅这时都死上百年了。"

"灭六国，那是商鞅的功劳，二世而亡，那是赵高惹的祸，正方真会替商鞅开脱。不要忘了，灭六国时，商鞅也死了百年，灭六国和二世而亡，只差区区十五年。我听说盖房子，地基首先要打好，地基都没打好就想盖好房子，那是没听说过的事。周朝是以革命和民主为根基的，所以有千年基业，而秦朝呢？严刑峻法！以严刑峻法为根基，又怎么能不二世而亡呢？"

"说永远比做容易啊，反方辩友。不当家不知柴米贵啊，反方辩友。空谈误国，实干兴邦啊，反方辩友。我们说商鞅好，不是因为他话说得好听，他的理论多么美妙，也不是他口口声声把百姓挂在嘴上，而什么也不做，空谈什么仁义啊无为啊。别看广告看疗效，商鞅有办法，有魄力，有胆识。商鞅来之前，秦国被魏国欺负成啥样子，商鞅来了之后呢，东方各国又被秦国欺负成啥样子？连不可一世的匈奴都不敢南下牧马，这不叫功绩，什么叫功绩呢？高谈阔论叫功绩？"

"商鞅治国有些办法，我们承认，威震天下，我们也承认，但这就算治国之道吗？这就没有祸患了吗？知进而不知退，靠着严刑峻法，靠着权谋小道，把天下变成兵营，把朝廷变成名利场，又能赢多久呢？"

"嫉妒，赤裸裸的嫉妒。商鞅一介布衣，得到大用，创造了不朽的功业，名气大，到现在大家还念念不忘。那些庸人又怎能不羡慕嫉妒恨呢？生前有人嫉妒，死后还有。"

"哎哟，我们会嫉妒商鞅？笑死人了。还名气大，妲己的名气大不大？商纣王现在也是人人提起呢，有人嫉妒吗？商鞅的确很风光，别忘记他是怎么死的，他是死于自己的法！因为他规定没有身份证不给住宿，结果跑都跑不掉。作法自毙啊，正方辩友。君子进退有道，这些道理正方大约是不懂的吧。"

"不错，商鞅是死得很惨，可乐毅被燕昭王重用，却受惠王的猜疑，伍子胥受阖闾重用，却被夫差杀死，文种开始也被重用，后来却被赐死。箕子贤不贤？比干忠不忠？伴君如伴虎啊，有些君主听信谗言啊，这岂是商鞅的过错啊，反方辩友！没见识！"

"箕子、比干、伍子胥，是因为什么被杀？是因为死谏！所以虽然他们死了，国人都在怀念他们。而商鞅呢？秦孝公死的时候，大家都想他死，他想逃掉，却没有一个人愿意帮他。这算不算自食其果呢？没头脑！"

"你们还真是巧舌如簧啊，不知道的人，差点被你们忽悠住了。商鞅为了让秦国强大，冒死变法，居然成了咎由自取、作法自毙。孔子怎么说的，三年不改父之道，可谓孝也。盐铁均输，先帝搞了几十年了，你们倒好，先帝死了没几年，就想全部否定掉，你们想干什么？没教养！"

"亏你好意思说，先帝是搞盐铁均输，文帝和景帝可没搞，文景的政策在哪里？没文化！"

"没水平！懒得理你们！"

"没智商！跟你们辩论嫌丢人！"

"没良心！"

"没廉耻！"

"没人格！"

"没人性!"

"好了好了,大家不要吵了啊!大家好,我是主持人车千秋,第二场比赛正式结束,请大家在下周同一时间收看第三场电视辩论,同时,大家可以短信参加竞猜,为您看好的队伍投上一票。现在是广告时间——"

79. 儒家是个什么玩意

"大家好,我是主持人车千秋,这里是盐铁大辩论的第三场比赛,感谢来到现场的朋友们,感谢电视机前的朋友们,大家晚上好。(噼里啪啦噼里啪啦)好,大家的热情很高涨啊,好,现在有请正反方辩手上场。首先上场的是由御史大夫桑弘羊桑大人带领的正方辩手团队,有请桑大夫,掌声鼓励!"(噼里啪啦噼里啪啦)

"看来桑大夫在前两场中给大家留下了非常深刻的印象。现在我们再欢迎反方团队上场,有请贤良文学辩论团,掌声鼓励!"(噼里啪啦噼里啪啦)

"大家的热情很高啊,我刚才还听到有好几个人在喊桑大夫加油,看来还有不少桑大夫的粉丝来到了现场。那么我想在这里顺便采访一下桑大夫,桑大夫在正方团队里处于一种中流砥柱的位置,有一个非常超前的词汇,叫舌战群儒,我想您也给广大观众留下了舌战群儒的印象,您自己怎么看?"

"我没怎么看,也不用怎么看,儒家是个什么玩意,大家都清楚。"

"你再说一遍,你再说一遍,你说儒家是个玩意?"

"不好意思,我说错了,儒家不是个什么玩意。"

"你们在人身攻击!主持人,我投诉正方人身攻击。"

"这个,在上一场辩论中我已经提醒过大家了,不要恶意攻击,桑大人,还有反方,大家都要稍微注意一下措辞,批评可以,但尽量避免明显的人身攻击。"

"可以,不过有一点我要强调一下,我看不起儒家之徒是有原因的。"

"你当然有原因,因为你有权有势有地位嘛,在先帝时你很风光嘛,一声令下,全国的中产阶级,能破产一半,你多厉害,你哪里会瞧得起安贫乐道的儒生呢。"

"有原因,但不是你说的原因,你既然提到了安贫乐道,老夫就跟你掰掰什么叫安贫乐道。安贫乐道嘛,就是要知道自己该做什么,不该做什么,不要有非分之想,商人就好好做生意,农民就好好种地。可儒生呢?不做生意也不种地,靠嘴皮子吃饭,骗吃骗喝,四体不勤五谷不分,还生出很多议论,扰乱朝政,让别人种不好地,做不好工,治不好国。你说这儒家都做的什么破事儿啊?"

"狐狸尾巴露出来了,狐狸尾巴露出来了,现在是言论自由的大汉朝,可不是你向往的搞愚民教育的暴秦。嫌我们政见不同,想让我们回家种田是吧?你怎么不劝劝大禹,叫他不要治水,回家种田去?你怎么不劝劝孔子、墨子,不要周游列国,不要著书立说,回家种田去?敢情是读书人都回家种田了,天下就没人反对你们乱折腾了是吧?你怎么不把读书人都赶到牛棚里放牛去?"

"哦,原来你们觉得我们治国不好,觉得你们儒家那一套更管用是吧?可以啊,让大家看看你们把国家治成啥样子好不好?就说儒家的根据地鲁国吧,鲁穆公时候,公仪为相,子思啊子柳啊为卿,真是儒家当道,正人盈朝啊,可怎么样呢,北边被齐国欺负,割地割到泗水,南边被楚国欺负,西边还被秦国欺负。再说一个吧,孟轲,厉害吧,眼睛向天的人,住在梁国,梁王对他也不错,结果呢,梁国东边被齐国打败,连太子都给抓了,西边被秦国打败,河内河外都丢光了。再说孔子,够牛吧,身边还跟着几十个大牛,鲁国卫国还有别的什么国转了一圈,乱解决了吗?没有,好像还更乱了。所以啊,儒家就是那么回事。"

"法家余孽啊,也就会这招。真是好笑,孔子去过卫国,就得对卫国负责?孟子去过梁国,就得对梁国负责?我们还在朝廷之上和桑大夫辩论过,我们也得对桑大夫造成的恶果负责?只要是儒家站过的地方,去过的城市,就一定得保证那地方千秋万代永远强盛,儒家是神仙?君主用,或者不用,当摆设的用,重用,那是一个样子?纣王时候,还有箕子微子比干那些贤人呢,救得了谁?百里奚,在虞国时,虞国亡了,在秦国时,秦国称霸了,这是两个人?"

"儒家也就会这几句,碰到好事情,功劳都是自己的,碰到不好的事情,那都是别人的责任。知道为什么没人用你们吗,哪个老板喜欢用一个遇到业绩下滑只会把责任推给老板的员工呢?没出息就是没出息,不要怪别人了好吗,我相信你们做得到的。"

"强词夺理!人要是不肯打针吃药,连扁鹊都没办法。我就奇怪了,比干啊,关龙逢啊,箕子啊,这些人没受重用,都是因为没出息?"

"我也觉得奇怪了,儒家不是号称能说会道吗,怎么孔子和孟子游了那么多国家,就遇不到一个明主呢?还是自己推销的东西不行啊,都是陈年老货,保质期一年的东西,你都过期十年了,还拿去卖,谁买?除非人家是傻子!"

"巧言令色!你就是有太阳那么强的光,瞎子也是看不见的,你就是打雷打得跟地震一样,聋子也是听不到的。伊尹再能干,夏桀他也看不到啊,姜子牙再优秀,纣王他也不相信啊,为什么呢?因为他们听信谗言,眼睛被蒙蔽了啊。还有屈原,贤不贤,为啥投江了?"

"少扯那些古人了,你们不是伊尹,不是姜子牙,也不是屈原,就说你们吧,因为读过几本书,被朝廷召为贤良文学,让你们为国家做贡献,可你们对得起这个贤良文学吗?你们除了张口闭口的孔子墨子,好像只有自己才是孔子墨子的现代化身,还做过啥?"

"你们也少说点别人,我们不过是贤良文学,不是什么大官,可你们呢,朝中三公,位高权重,应该是伊尹、周公、召公那样的人,应该调理阴阳,安抚天下,国泰民安,可你们对得起你们的高官厚禄吗?"

"我们做了什么对不起俸禄的事情了?我们问心无愧!倒是你们,先想好自己该怎么做吧。很奇怪啊,就说孔子门人吧,宰我,在齐国做事,有人作乱,国君没救出来,自己倒被人宰了;子路,在卫国做事,国君也没救出来,也被人宰了,两个人算是没能力了。子贡、子羔很聪明啊,看到大事不妙,保命要紧,逃跑了,食人之禄忠人之事,这两个算不算没义气呢？这四个都是孔子高足，都号称是儒家的代表，两个死了，两个跑了，到底哪个对呢？"

"断章取义！宋殇公知道孔父很优秀，可一直不用，自己死了；鲁庄公知道冉有出色，到很晚很晚才用，国家乱了。卫君亲近小人，子路都没住在国都，国家要出事他哪里知道，事到临头为国捐躯，还能说啥？齐简公倒是想做点事，可是又不听宰我的话，把事情泄漏出去，让孔悝发难，这能怪宰我吗？国君自己犯的错误，连累了忠臣，碰到这种糊涂国君，为他死，不为他死，都没什么关系吧？"

"大家听到了吧，大家听到了吧。国家出了事，不说自己有责任，反而怪国君连累了自己。儒家就这点出息吗？"

"有没有出息，不是你说了算，不管你承不承认，有些国君，就是神仙来帮他都没用。"

"不管你承不承认，没出息的大臣哪，就是再贤明的君主，他也做不出多大功业。"

"你除了无条件帮国君说话，还会干什么？"

"你除了无条件推责任，还会干什么？"

"国君的走狗！"

"社会的脓包！"

"走狗！"

"脓包！"

"又吵起来了？想关小黑屋？本主持人宣布，本场辩论暂停，双方冷静冷静再说，至于什么时候开始，哪方冷静好了，就先开始，冷静不好的，都给我把嘴闭紧点。好，现在回到现场。这个由于在前几场，广大观众反映广告时间过多，所以呢，应广大观众要求，本场辩论，我们取消广告，我们完完全全取消广告，代之以电视购物。现在电视购物开始——"

80. 仁义道德与乌合之众

"欢迎回来,我是主持人车千秋,这里是盐铁大辩论的第四场比赛,电视购物之后,很高兴你们还能清醒地回来,看来大家的热情更加高涨嘛,好,现在请双方辩手团队做好准备,把更精彩的辩论展现出来吧……"

"嗤!"

"你嗤谁?"

"没意思,真没意思。作为正方我不得不说,和反方这种人辩论真的是天下最无聊的事,一群靠嘴皮子吃饭的人,我就说呢,为什么子路刚强,宰我柔弱,都不得好死,都是因为学了那一套靠嘴皮子吃饭的本领,把自己学死了。想想看哪,只能人家听他的,他不能听人家的,还眼高手低,能有好结果么?"

"桑大夫当然会说这种话了,法家余孽嘛,总是比较冷血的,可我知道,姜子牙在朝歌穷困潦倒时,这些人也是这么说的,看看,多没出息,眼高手低,好好做生意吧,别关心国家大事了。千里马在遇到伯乐之前,在太行山里拉车时,这些人也是这么说的,什么破马,本领不大,脾气不小,还不如一头驴。"

"又来了又来了,千里马,姜子牙,还有尧舜禹汤,都是他们经常挂在嘴边的,就等着周文王啊伯乐来赏识自己。可人家要真是明主啊,都知道,越是这种夸夸其谈的,越靠不住,真是治国之才啊,还得会干实事。"

"切,好像你们多会干实事似的,除了帮君主捞钱,再帮自己捞钱,还会干什么?"

"比你们强点。对了,那个东海成颞,河东胡建,不就号称儒生么,当县令就当县令嘛,结果公主啊王公大臣啊,他都敢欺负,还说什么知其不可为之,架子比谁都大,请他他不来,赶他他不走,还说自己这叫狂狷,结果怎么样,不得好死了吧!好自为之吧,各位!"

"我算是知道二公为何会英年早逝了，正邪不两立啊。二公做事堂堂正正，一片公心，结果被小人妒忌，被奸人陷害。现在人都死了，你们还在诋毁，是的，他们刚刚做到县令就死了，没有充分施展才干，可如果没有鲍叔牙，管仲又到哪里施展才干呢？你们不仅不学鲍叔牙，倒学起张仪郑袖，以陷害忠良为荣了。说我们好自为之，你们才真得好自为之啊！"

"懒得理你们，喝口水先。御史上去对付这帮鸟人吧！"

"我们搞不定哪，还是你上，我们掩护！"

"那丞相史，你来吧！还真是搞文学的，讲得比唱得还好听，他们最大的长处就是站着说话腰不疼。你听他们的吧，把国事搞坏了，责任全是你的，不听他们的，他们就会像一只苍蝇，不，一群苍蝇，围着你的耳朵，嗡嗡嗡嗡……受不了了，所以真想把他们的舌头全部拉出来，围在他们的脖子上，咔嚓，世界终于安静了。你现在知道为什么我赞成言论管制了吧？"

"好，那就让我来会会！这个我听说齐桓公这个人心眼很实，而晋文公心里弯弯绕就很多，可他们都称霸了啊。从三皇五帝以来，制度也不知道变了多少，所以治国要因事制宜，因人制宜，怎么能刻舟求剑，胶柱鼓瑟呢？这一点，我以为最应该批评的，就是儒墨两家，这两家都有这个毛病，喜欢称颂古代，喜欢拿着一套自以为放之四海皆准的道理来治不同的世事。"

"古今的音乐不同，但是五音变了吗？古今的制度不同，但是仁义变了吗？不管怎么怎么变，仁义道德、普世价值是不会变的啊！这些是人心共有的东西，不管你怎么变，仁义道德总是要的，没有哪个制度说，我可以不讲道德，不顾廉耻。"

"这些儒生们真不愧是最伟大的推销员，他们很懂得营销学，那就是不讲现状，只讲愿景，不讲自己产品如何工作，只讲产品带来的神奇改变。他们不讲美容护肤品的原理，只是不停展现西施如何美丽，他们不讲如何治国，只讲尧舜时代如何美好，他们也不讲这块地如何种，种什么，只讲富人的粮仓里有很多很多的粮食。他们这一套很有效啊，为什么呢？因为愚人们只有结果才能打动他们，复杂的经济学原理他们不懂，要让他们支持，只能渲染那即将到来的好日子。贤良文学，我不得不说，你们真行！还是商鞅厉害啊，早知道要想做大事，乌合之众是靠不住的，干脆不让他们议论。"

"又露出马脚了吧！又露出马脚了吧！法家余孽就是这个德行，天天说自己是为了国家，为了民族，为了人民，结果呢，人民议论一下，他们就不乐意了，还说是乌合之众。说自己是为了人民，谁信呢？谁会一心一意，冒着被误解的代价，却帮助那些自己压根儿看不起的人呢？老百姓心里明白着呢，什么不知道？谁对他们好，谁对他们不好，他们不知道？谁是贪官，谁是忠臣，他们不知道？大禹治水，老百姓有谁不支持呢？自己胡作非为，怕老百姓反对，控制言论，还说别人是乌合之众靠不住，这就是你们所作所为吗？"

"又拿老百姓当招牌了，你们就忽悠吧，依我看，超级大忽悠根本不是苏秦张仪，是你们才对。可再忽悠，也改变不了本性，做了朝廷的官员，却批判朝廷，领着皇上的俸禄，却反对皇上的国策。好自为之吧，颜异、狄山就是前车之鉴哪。"

"又来吓唬人了，你们要听话，要统一口径，要正确引导舆论，要配合国家政策。秦朝搞这一套搞亡国了，你们还要搞，亡国之音哪，亡国之音。我们知道我们得罪了公卿，可哪怕是死，哪怕是坐牢，也不会跟你们苟合。"

"我就说嘛，又在诽谤朝廷了，现在的公卿大夫都是先帝重用的，你现在倒好，说公卿大夫是苟合之徒，这世上有明君在上，而朝中公卿大夫都是苟合之徒的？你是在骂先帝是昏君吗？"

"先帝明不明我不说，但知人最难。即使是尧舜，也未尝没有识错人，可真伪要放在一起才知道，只有君子来了，伪臣才能暴露，所以舜禹来了，鲧、驩兜就死了；赵简子得到叔向，盛青肩就只能回家。你们好自为之吧，苏秦、商鞅，都没有好的结果，这人还是要走正道，不走正道，虽有一时的利益，终究要付出代价。"

"代价？先想想自己的代价吧！理论推销不出去，坐冷板凳，父母妻儿都没钱养！这就是你们的代价？"

"贪官当然有钱养父母妻儿,可那也终究会连累父母妻儿!"

"穷鬼现在就在连累父母妻儿!"

"该死的贪官!"

"活该的穷鬼!"

"该死!"

"活该!"

"唉!你们还真是一见面就吵啊,都回去歇着去,哪儿凉快哪儿歇着。现在电视购物开始,来自楼兰国的健美器材,让你有楼兰女子一样的舞步,楼兰女子一样的腰肢。"

81. 面子工程与报应

"大家好,我是主持人车千秋,欢迎回来,第五场比赛欢迎您,电视购物之后,很高兴你们还能完整地回来。现在大汉朝的民间哪,有一种说法,就是认为朝廷和官府的很多基本建设是不必要的,是劳民伤财,他们通常称之大兴土木,也称之为面子工程或政绩工程。现在辩论的双方上场了,我们看看他们对此有什么看法,正方,你们先来回答。"

"我认为大兴土木非常必要,往远里我就不说了,没有大兴土木造出来的万里长城,大秦朝留给后人的,只是一个名词,没有大兴土木造出来的金字塔,谁能知道埃及有多强盛?往近里说吧,大家买豪宅,开豪车,图个啥,还不是图个面子,人活一世,树活一秋,人要脸,树要皮,让邻居看见了也羡慕,以后打交道都容易多了,人家巴结还来不及,谁敢欺负你?朝廷多搞点大项目,上点大工程,集中力量办大事,把那气势摆出来,四夷来了,只有石化的份,哪里还敢生非分之想?"

"错!外国人为什么愿意到中国来?靠的是面子工程吗?面子工程能当饭吃,能当钱花,能让百姓过好日子?咱靠的是文明!礼仪之邦,什么叫礼仪之邦,就是知书达理,尊老爱幼,强不凌弱,善待他人;就是有诚信,有教养,有风度,有道德;就是不仅善待外国人,更要善待彼此;就是咱华夏百姓丰衣足食，活得有尊严，活得有底气，是人过的日子。四夷都是以争为习俗，彼此争得死去活来，强凌寡，强凌弱，而华夏以让为常态，大要让小，强要让弱。四夷只知以力取胜，崇尚暴力，而咱们以仁为贵，崇尚仁爱。就是四夷的百姓更愿意跑到中国来，而中国的百姓不愿意去四夷，因为他们觉得这里才是文明人生活的地方。周公就是这么做的，尧舜禹汤都是这么做的，而你们呢，反其道而行之，上上下下都只讲钱，只讲收入，然后看到四夷来了，大搞面子工程，什么万国博览会，什么长乐宫上林苑的，里面放满了奇怪的翡翠珊瑚夜明珠，熊罴野猪四不像的，以为这样就在四夷前面有面子，却不知那些翡翠珊瑚夜明珠，熊罴野猪四不像的，在四夷只是普通的物品，巴巴的弄过来当个宝，而让四夷真正拜服的仁义礼智信，却丢得不见踪影。整个社会人心浮躁，人与人之间都是利益的关系，都只知道谈钱，哪里还有半点礼仪之邦的样子？礼仪之邦会把面子工程，把大兴土木，把长乐宫上林苑，把万国博览会当个宝吗？礼仪之邦只会把世道人心，把贤士能臣当宝。晏子其貌不扬，身材矮小，可他为齐国挣来的面子，可比多少个面子工程都要多。"

"扯吧，还提晏子，晏子在齐国辅佐过三任国君，连一个崔庆都搞不定，三个国君没一个善始善终的。灵公被围，庄公被杀，景公被晋人打得满地找牙。还贤臣呢，贤臣有个球用！"

"贤臣要身在其位才有用的知道不？为什么管仲从鲁国到齐国，齐国称霸，鲁国削弱？为什么伍子胥从楚国到了吴国，吴国强大，楚国差点儿亡国？他们带了什么宝物去的，除了他们自己？楚国有子玉在的时候，晋文公心内不安，虞国有宫之奇的时候，晋献公也心神不宁，为啥？因为贤臣才是那个国家的财富啊。"

"继续扯吧，贤臣也好，明天子也好，也不能让恶人全部改邪归正吧，也不能让野蛮人全部变成文明人吧，他们该什么样还是什么样。周的先祖不也被狄人进攻过么，孔圣人不也被匡人包围过？所以啊，这匈奴还得打。"

"匈奴生活在鸟不拉屎的不毛之地，种什么不长什么，风沙又大，天气又冷，这是上天厌弃他们。他们的生活条件就是那个样子，所以茹毛饮血,男女无别,做什么事情都很正常,因为他们就是那个条件,上天让他们那样,他们的生活和鹿差不多,随他们就是了。可偏偏有好事之徒非要他们跟中国人过的一样,干涉别人的生活方式,非要让他们臣服,生出多少事来,到现在还天天打仗,万里设防,你说这都整得什么事嘛?!"

"还在扯,什么叫天子,天子就蓝天之下的事都管得,匈奴是不是在蓝天之下?匈奴没有臣服,老是怀不臣之心,这天子能安心吗?"

"安心?安的什么心?什么该操心什么不该操心都不知道,怎么能安心?吴国为什么被越国灭,就是明明越国近齐国晋国远,偏要跑到齐国晋国去打仗。秦为什么会亡,就是明明国内的事情都没搞定,偏偏去灭百越,打匈奴,修长城。这治国啊,能得其道,根本不要打仗,别人也会归服,比如说周文王;要是不得其道,就是武力天下无双,照样玩儿完,比如秦朝。你们倒好,大兴土木,加重税收,搞得民不聊生,经济衰退,然后把国家的贫困归罪于匈奴,再去打匈奴,越打经济越差,然后继续怪匈奴,匈奴好冤啊。"

"靠,替匈奴喊冤,匈奴给了你多少牛羊?匈奴会杀人的好不好?匈奴会到边境杀人抢钱抢女人的好不好?你这样说,会让百姓寒心的。"

"可你们的做法,不仅让百姓寒心,也让百姓寒身。你们打匈奴,想法很好,可结果呢,匈奴地方那么大,万里的草原大漠,马又骑得好,又善打游击战术,敌进我退敌退我追,打又打不着追又追不上,军队用得少的话,不够人家打,用得多的话,劳民伤财还不一定有结果。劳民伤财啊,多少新婚的妻子守在门前,多少白发的老母跑到村头,只因为他们的亲人被征发到万里之遥的塞北,一年又是一年,是死是活都不清楚。天下有多少个家庭就被你们一句话拆得妻离子散,你们知道吗?"

"好好好,你们现在不同情匈奴,开始同情内地的百姓来了,可你们有没有想过边境的百姓,就活该他们提心吊胆,流血流泪?等匈奴壮大了,征服中国,到处烧杀抢掠,你就知道什么是报应了。"

"报应!我知道劳民伤财肯定有报应,宋国伯姬的愁思造成了宋国失火,楚国女子在鲁国由夫人降为妾,造成了鲁国的火灾,我真不知道会有什么报应!"

"那你就等着报应吧！报应会来的！"

"报应已经来了！"

"好好好，大家冷静一下，天人感应这个说法自从先帝时代的董仲舒提出后，本身还存在争议，至于报应，虽然民间普遍比较相信，但大家都是读书人，子不语怪力乱神，也就点到为止，先回去休息。"

82. 反对的声音

"大家好，我是主持人车千秋，欢迎回来。这个我们盐铁电视大辩论，已经进行到第六场了，双方都充分展现出了他们的实力，在此我们要特别感谢反方——贤良文学，草根代言人，不管你们的见解、看法，能否得到认可和施行，但我们大汉朝是一个自由的国度，大汉朝不能没有反对的声音。但常言说得好，曲高而和寡，你们的道理是对的，但是未免过于深远，你们的期望是很美好的，但那是圣人才有的境界，理想是三好的，而现实却是三俗的。所以能否为我们这些俗不可耐的俗世着想，为我们这些俗人、庸人、不纯粹的人，提供一些更切实可行、更能立即见效的建议呢？比如怎么让老百姓的腰包鼓起来，怎么让粮食产量高一点儿，怎么让犯罪率更低一点儿，怎么让贪官少一点儿，我知道这都是些俗事，可是没有这些俗事，那些深远的理想只会更遥远的是不是？"

"丞相大人这样说就不对了。您隐含的意思，就是老百姓能不能吃饱饭，跟制度建设无关，可真是那样吗？你是说尧舜之道不能当饭吃，但是错了，尧舜之道就是能当饭吃。如果老百姓的腰包总是被官吏盯着，他们的腰包怎么能鼓起来？如果官吏治不治得好水，照样升官，自然灾害怎么会减少，粮食产量又怎么会高？如果朝廷和官府的用度得不到任何制约，又怎么能指望百姓权益得到保证？如果朝廷和官府天天都在谈钱，天天都想着法子捞钱，又怎么能指望天下太平安康？尧舜之道并不遥远，遥远的是人心，不是尧舜之道放弃了我们，是我们抛弃了尧舜之道。《诗经》说得好啊，求之不得，寤寐思服。你们真的去追求了吗，还是一开始说放弃了？"

"各位先生，求之不得，寤寐思服，说的是追求美女吧？"

"是的，窈窕淑女，君子好逑，如果都用追求美女的热情去追求道德，追求理想，还有什么事情做不到呢？《诗经》说得好，谁谓河广，一苇杭之，谁谓宋远，跂予望之。"

"各位先生，谁谓河广，一苇杭之，说的是思乡吧？"

"是的，如果都像思念故乡的执着去思慕理想社会，那又有什么目标不能达成呢？颜回怎么说的，颜回说，尧舜也是人，我颜回也是人，我就真的差得很远，完全不能比吗？好好努力，做了总比不做强吧。就比如说这个大兴土木、穷兵黩武吧，你少搞点儿建设，少打点儿仗，再少收点儿税，大家好好种地，日子过得好一点儿，社会自然也太平。《诗经》怎么说的？《诗经》说了，大王天天搞运动，害得田地没人种，等到秋来无一籽，父母饿了谁来供。"

"丞相，我真是受不了了，我说你不能老让反方这么表演下去吧！天天都是这一套，天天都是这一套，我都要吐了。大汉朝自由是不假，天天攻击朝廷和官府，我也忍了，可他们明明是自己不懂的东西，还觉得谁都没自己的对，还还是本领。嘴皮子谁不会吹，可你都没经历过，吹个毛线啊。批评都是容易的，真做起来还不知道怎么样呢。"

"没经历过？我们也没有下蛋的经历，就不能批评一只鸡蛋不好吃了吗？"

"能言不能行，光说不练，算不算口是心非呢，反方？"

"能说的，就多说一点，能做的，就多做一点，很正常吧。圣人还立德立言呢，老子做了啥？可《道德经》五千字，谁敢说不是真知灼见呢？能言不能行，是国之宝，能行不能言，是国之用。要是两样都齐了，那是周公他老人家，可人家是五百年出一个，你们够格吗？"

"我真要吐了，你们能不能哪天不提周公？周公死了一千年了，给你们天天这样说来说去，死了都不得安生。我说反方啊，你们自称是草根代言人，可你们这都出的啥主意啊？那些不法资本家，霸占本属于国家的山林水泽，自然矿产，牟取暴利，欺男霸女，现在把利润收归国家，也能为社会做贡献，多好。你们不要为反对而反对好不好？朝廷做什么你们就反对什么，朝廷说什么你们就批评什么，专门损公利私，损害国家，讨好豪强，你们到底想干什么？这就是你们的尧舜之道？这就是你们的君子所为？"

"什么是让，你们知道吗？对了，你们只知道争！什么叫节制，你们知道吗？对了，你们只知道挥霍！如果朝廷都不让百姓，怎么能指望百姓相让？如果官府都不知道节制，怎么能指望百姓清心寡欲！为什么我们主张减税，因为朝廷是强势，百姓是弱势，只有强势的一边先行退让，才能形成上下相让的局面。你领导从不主动找下属沟通，然后怪下属不理你，合理吗？毕竟你找他没压力，他找你有压力吧。为什么我主张朝廷减少干预，减少国营，因为这种事只能朝廷主动，指望百姓过来争，到时候就等着头破血流吧。孟子怎么说的？孟子说，一个人如果连外人都爱，又怎么可能对父母不好呢？一个人如果对陌生人讲义气，又怎么可能欺君犯上呢？"

"不可能欺君犯上吗？我看你们就在欺君犯上！"

"哎呀，你们能代表君上吗？即使是君上，做得不对，我们劝说一番，那也是为君上好，为了维护君上的形象，为了让君上的国家繁荣昌盛，谈不是欺君犯上吧？"

"君上要做什么，你们就反对什么，还叫为君上好？"

"文帝景帝做的，我们反对过了吗？即使是先帝，有些事情他自己也下过"轮台诏"吧？那些劳民伤财的事情为什么我们要反对？因为达官贵人，往往不知道民间疾苦。当年卫灵公大冬天挖池子，人家说冬天很冷的，别折腾百姓了，他怎么说？他说冬天冷吗，我怎么不觉得冷？你说像这样的事情，都由着他来，天下还不乱，老百姓还能安生？"

"你们的意见就是君上啥事都不能干，把国事甩手不管，不花钱，不收税，不管事，搞无政府主义最好，是不是？"

"断章取义！我们说过要无政府了吗？要体恤民力，要把老百姓当人看，公刘喜欢钱，老百姓腰包也是鼓的；太王好色，可老百姓也爱情美满，家庭幸福；文王用刑，可没有一件冤假错案；武王也打仗，可大家心甘情愿。为什么？因为他们是在替老百姓着想。要是都这样做事情，我们又怎么会批评！"

"你们之所以不批评，那是因为文王武王已经死了，如果现在是他们为王，你们照样会批评。"

"秦始皇死了几百年，我们照样批评，文帝景帝死了才几十年，我们照样不批评。"

"好了好了，大家都别争了，我来搞个折中。事情得一步步地来，这样吧，酒的国家专营，我们取消，至于盐铁嘛，我们把关内的铁官取消，其他的，先维持原状，大家看怎么样？"

"抗议！财政会赤字！"

"反对！盐铁酒都要放开民营！"

"抗议！政府会亏空！"

"反对！要求一步到位！"

"抗议！没有军饷，前方的将士会寒心！"

"反对！国进民退，民生凋敝！"

"靠，好心当成驴肝肺，这帮小左小右们，拿丞相不当领导，总理讲话没有总经理管用是不是？我说正方反方啊，都已经第六场了，你们还没骂够？没骂够，下去喝水，回来再接着骂！"

83. 王道没有敌人

"大家好，我是主持人车千秋，欢迎回来，盐铁大辩论第七场继续等着您。经过前六场的辩论，经济问题告一段落，本场的主要议题是军事方面的，大家也可能注意到了，多数时候，我们的立论都从正方开始，但本场，我们特意留了个问题，一个正方询问反方的问题。所以这一次，我们从反方开始，请反方就国与国的关系进行立论，说一下为什么吴越不能共存。"

"好，我们就回答一下正方，这是由地理原因造成的，国与国并非一定会为敌，这要看地理条件。吴越是两个小国，都困在江南那块地方，一个国家早上出兵，晚上就到另一国都城了，当然很难共存。就像两个互不信任的人，都拿着刀子，然后在一间屋里睡觉，而且双方还都有很多的钱带在身上，能睡得着么？而汉朝和匈奴，一个有九州之大，方圆万里，另一个也有北方万里大草原，东西南北，走都走不到边，本来就可以毫不相干的，非要打来打去，不累吗？就好比不用网不用叉，跑到海里去捉鱼，就是勉强捉到一条，那也要花无数的精力，值不值啊？"

"哎，乡巴佬，我说你们懂不懂军事啊？大国打仗可不是你们乡间打鱼。当年李广利打大宛失利的时候，也有人议论放弃，说什么劳民伤财，穷兵黩武。但先帝说，现在一放弃，就前功尽弃了，西域各国会认为大汉朝不行了，都会投靠匈奴，匈奴得了西域，再南与羌人联合，西南夷再闹点事，大汉朝就四面楚歌了。先帝决定再派兵奇袭大宛，大宛以为汉朝不会再来，结果被灭，然后西域全部归顺汉朝，匈奴落荒而逃。先帝一路追击，匈奴逃到最为不毛的地方，人畜死伤殆尽，本可以一绝后患，可惜先帝驾崩，让匈奴死里逃生，又来遗祸汉朝。军事就是这样，时机稍纵即逝，功亏一篑是常有的事。"

"你们这些公卿哪，眼睛只看着外面，不看着里面。当年花几万条人命去换大宛的汗血宝马，安息的真玉大鸟，你们很轻松，不就是几万人吗？一个数字而已，可你们没想过那也是有血有肉的百姓，你们不知道当时山东都快要乱起来了？如果先帝不悬崖勒马，不下罪己诏，汉朝还不知道在不在。"

"胡言乱语！这种话也能乱说！匈奴对汉朝，就像是菜里长了菜青虫，人身上长了血吸虫，不治，那是会死人的。我说啊，你们不要再炒剩饭了，什么五帝三王，你们就说点儿实在的吧。"

"好，那我就说齐桓公。人家开始搞的是王道，尊王攘夷，结果大家都服他，可后来搞霸道，欺负小国，就众叛亲离了。看齐桓公的兴亡，我们也知道该怎么对待四方的落后民族了吧。"

"扯吧！还王道呢，徐偃王搞仁义，被周人灭国，鲁哀公用儒术，被权臣架空，宋襄公讲礼仪，被楚人大败。不搞军备，靠蠢猪式的仁义道德，就能打败敌人？"

"哎，我说你们不要老是敌人敌人的好不好？你们为什么非得寻找敌人，不能寻找朋友吗？什么是真正的王道，对于真正实行王道的人来说，他没有敌人。谁也不愿跟他为敌，因为跟他为敌，老百姓就不会放过。谁也不忍与他为敌，因为他处处替别人着想。"

"我早就听说儒生们多半有点头脑糊涂，看来的确病得不轻了。还'我没有敌人'呢，你不与别人为敌，可不意味着别人不与你为敌。匈奴人是从狼堆里长大的，他们若不崇尚暴力，早就被狼群或其他的部落灭掉了，他们不崇尚创造，只崇尚掠夺，只有夺到手的，才是自己的，因为只有这样，他们才能在狼堆里活下去。懂了吗？"

"继续编排吧，咱们大汉朝的金日䃅就是匈奴王子，人家为什么就能尽仁尽义呢？"

"不要拿个例代替整体。讲仁义没关系，可世上有很多不仁义的人，总得防着那些不仁义的人吧。你放弃军事，就好比把胸口放到匈奴面前，别人真仁义倒还好，假如不仁义呢？"

"所以说你们不知道真正的王道，总是把别人当贼防，你们把百姓当贼防，百姓能与你们建立信任吗？你们把匈奴当贼防，匈奴能与你们建立信任吗？"

"那你说和匈奴有可能互相信任吗？有可能吗？有过这样的时候吗？"

"当然有，汉初的时候，刚刚推翻了秦朝的暴政，汉朝平等对待邻国。匈奴从单于以下都亲近汉朝，在长城之下进行贸易、通商、通婚，友好相处。可后来王恢想在马邑谋害匈奴，被匈奴识破，从此与汉朝断绝和亲，四处侵略。贪心哪贪心！可你们不知反悔，把自己贪心的结果，编排成匈奴一贯的狼子野心。犯了一个错误，不是去纠正它，而是用更多的错误来掩盖它。撒了一个谎，不是去承认它，而是用更多的谎言来粉饰它。《诗经》怎么说的，投我以木桃，报之以琼瑶，你对别人好，别人才能对你好，你向别人扔石头，还能指望别人向你扔鲜花啊？"

"扯吧！春秋时代，和亲还少了？差不多各国都是自家人，结果呢？

这还是同为礼仪之邦的诸夏，尚且如此。匈奴，跟野兽一样的国家，能跟汉朝建立真正的友谊？扯吧！"

"所以说你们还是不相信世上有王道。你们把匈奴当成野兽，那他们就必然用野兽的办法来对待你。文王时代，两个为几块地相争的小国，想让文王评理，结果到西岐一看，发现这里的人都以相让为荣，相争为耻，赶紧回去，从此两个小国也互相友爱。人家怎么做到的？"

"又是那一套！又是那一套！你们不知道书上的东西，一半是出于想象，一半是出于粉饰？幸好不是你们执政，否则国事非给你们误尽不可。"

"你没有做过，怎么就知道不可能？你没有见过的东西就都不存在？"

"存不存在我不知道，我只知道，宁可相信世上有鬼，也不要相信儒生那张破嘴。"

"你不相信别人，别人也不会相信你！"

"你不相信最好！回去忽悠别人去吧，别在这里捣乱了！"

"捣乱的是你们，你们走错路了，为什么我们不能说！"

"空谈误国！下一步是不是又要跟我们说，要爱那些异族，这样那些异族才会爱你。维系人与人关系的核心，可不是什么爱，而是利益。维系国家的也是这个，你留着这些话跟匈奴说去吧，他们可不会相信你的说教，因为狼群从小就教过他们，只有在和敌人的斗争中活下来，才是硬道理。国家要是交给你们管，非在五十年之内亡于异族不可。"

"可交给你们，五十年之内要亡于自己人。"

"空谈误国！"

"利蠹欺国！"

"空谈误国！"

"利蠹欺国！"

"好了好了，不要吵了，不要一电视辩论就吵架，一电视辩论就吵架，素质，注意素质！不要搞得那些外国人又要说，看吧，看汉人都乱成啥样子？不吵你们会死啊！大家都没有误国，大汉朝也不会亡。好啦，先稍息——伸什么脚啊，这不是练队列，我是说，你们稍稍休息一下。"

84. 礼治与法治

"大家好，我是主持人车千秋，盐铁大辩论第八场等着您。正反双方辩论水平的精彩，我想通过前七场，大家都已经看到了，所以这一场更叫人期待。那么这一场，正方双方又会给我们带来什么惊喜呢，让我们拭目以待。第八场辩论的题目是——，第八场辩论的题目是——等等，大家不要急，容我先卖个关子，我们先请在场的一位观众来回答一个问题，这个问题就是，儒家和法家政治思想最大的区别是什么？右边那位举手的朋友，你来回答！"

"法先王和法后王！"

"很好，不过似乎还不够，到底是怎样的法先王和法后王呢？我们再请下一位朋友回答！"

"与时俱进与复古倒退！"

"这位朋友倾向性很明显嘛，下一位！"

"以民为本与君主专制！"

"这位倾向性也很明显，不过是另一种倾向。再看下一位！"

"温水煮青蛙与热水烫青蛙！"

"这个答案……这个答案我只能说很犀利，好，我们再看下一位！"

"礼治与法治！"

"这个应该是今天最到位的答案。好，那么我们今天辩论的题目就是，礼治重要还是法治重要，您认为我们大汉朝该以什么为主呢？我们先请正方陈题。"

"礼是什么，礼就是让大家懂文明讲礼貌，难道就靠提倡懂文明讲礼貌，就能让杀人犯不再杀人，盗窃犯不再盗窃？还是得靠法律！这位朋友，前面这位朋友，我来问你一个问题。主持人，我要向前面这位观众问一个问题。"

"好，你问吧！"

"这位朋友，请问你有过违法或犯罪的前科吗？"

"先生，这话问得过分了吧。我家世世代代都是遵纪守法的好臣民哦。"

"绝非有意冒犯，向您道歉！我再问您一个问题，当然您可以不回答。您说您家世世代代都是遵纪守法的好臣民，那么您在生活中有没有与人发生过比较大的矛盾呢？"

"没有，我是生意人，和气生财。"

"我知道您处处与人为善，那么在生意中，有没有一些恶意竞争的对手，那些对你们使坏的对手呢？"

"这个多少还是有的吧。毕竟什么样的人都有。"

"很好，您说了实话，什么样的人都有。那么对于这样的人，您有没有在心里想过——请注意我仅仅说的是心里想想——要痛打他们一顿？"

"这个，做生意和气生财，大家都不容易，打人解决不了问题。"

"我没有说行为，我说的心理。好吧，这么问吧，您是没意见，可您的伙计，您的家人，个个都没意见？"

"这个当然还是有的，不光想打人，想杀人的都有，只不过都给我拦住了。"

"那您为什么拦呢？"

"打人要坐牢的啊。那多丢人哪。"

"好，大家听到了没有，打人要坐牢的啊！他们为什么没有犯罪，是因为官府在提倡懂文明讲礼貌？还是害怕坐牢啊！如果有作奸犯科者，难道靠提倡懂文明讲礼貌就能解决？不可以！必须要有法律进行制裁，而不是劝说他们懂文明讲礼貌。法治是什么，是用规定、用条文来告诉老百姓该做什么，用法律，用刑罚告诉老百姓不能做什么，做得好的必然有奖励，做错事的，必须有惩罚。一定要严刑峻法，作奸犯科的人才有所畏惧，其他都是虚的。人都是好逸恶劳的，人都是好生恶死的，人都是趋利避害的，那么就让法律来告诉他们，遵守法规，才是最有利的，不能让他们心存侥幸。而这一点，礼治无法做到，人家就是无礼了，你除了鄙视他，还能怎么样？所以古人作五刑，或者在脸上刻个记号，或者砍个胳膊腿啥的，为什么？为的就是让人长记性，下次不要再犯法了。"

"正方的陈题很精彩，还使用了一次现场调查。现在我们看反方如何应对，现在请反方陈题。"

"现场调查很容易，无非是设计好一些问题，最后导出一个既定的答案，大家也能看到正方是如何诱导的，受试不去惹事，就说别人会惹他，行为没有，就说心理，自己心理没有，又说伙计。这种事情我们也能做，何况，刚才那位受试还给出了另一个不犯罪的原因，他说，那多丢人哪。千金之子，不死于市，为什么？人家丢不起那个人。人是有尊严的，谁不想做个体面人？现在主持人，我们也不做现场调查，我们只问刚才被正方诱导过的观众一个问题。"

"你们问吧。"

"这位朋友，您好！"

"您好！"

"您刚才说，那多丢人哪。那么您为什么会觉得丢人呢？"

"因为会给列祖列宗丢脸，我虽是生意人，可一向名声不错，我不想无脸见列祖列宗。"

"很好，这位观众说得很对，他需要被社会肯定，他很珍惜这种肯定，他想做一个好人。他是向上的，而正方呢，在正方的诱导下，这位观众成了一个内心有种种邪恶想法的人，但只是畏惧法律而不去做。这就是正方的逻辑，人都是坏的，所以一定要管。可假如人都是坏的，那么执法者，又怎么能保证公正无私呢？而且人的行为千千万万，所以要想用法律规定人的所有行为，必然条文无数，没有人能记得住。记都记不住，又怎么知道什么行为犯法，什么行为不犯法呢？古代那些遵守王道的君主，也制定法律，但是制定得很少，很简略，就像日月一样，谁都能看得见，就像大路一样，谁都不会弄错。它是那样的清楚，明白，简单，连不识字的妇女，没长大的孩童，都能记得，所以没有人会违反。而秦朝不一样，秦法比那秋天的茅草还要多，比那地沟油还要泛滥，没有人能全部记住，结果各种欺骗，各种奸伪。官府治人的罪，就像救已经被虫子咬烂的肉，扑已经被火烧焦的东西，怎么救得过来？法律条文越多，就越是屡禁不止，不是因为法网疏漏，而是因为不用礼义，一心只想靠刑法解决问题。再看现在，各种法律，有上百种，条文繁复，罪名又重，地方官吏天天跟它打交道的，都不知道该怎么做，何况是大字不识的老百姓呢？你搞个法律，结果没几个人知道什么算犯法，什么不算犯法，这能叫法治吗？法律文书，堆得满屋子，就是官吏都不能全部看完，你指望老百姓能全部遵守，你让人家怎么遵守？"

"怎么遵守？做生意的，就看跟生意相关的，种田的，就看跟种田相关的，实在不懂，可以请教官吏。人们不看，并不是法律太多，而是法律太轻，犯了法也就那么回事，谁会看？"

"秦法轻吗？"

"秦法没有有法必依。"

"怎么可能有法必依？陈胜、吴广、我朝高祖，按秦律有几个不得死，结果人家不想死，就得让秦朝死。"

"秦朝灭亡另有原因，否则，同样的法律怎么让秦统一天下？"

"为什么不是秦统一天下另有原因，而一定是秦朝灭亡另有原因？"

"我只知道你们别有用心！"

"老百姓知道怎么管好自己，用不着把人人都当犯人管！"

"你们就是别有用心！"

"你们就是把老百姓当犯人！"

"别有用心！"

"犯人！"

"好了好了，又吵。礼治也好，法治也好，用得着这样吵？你们数数看，八场辩论以来，你们互贴过多少标签！这样吵，算什么礼？吵礼？算什么法？都给我下去。"

85. 实事与教化

"大家好，我是主持人车千秋，第九场辩论欢迎您。这个礼治与法治啊,还真是各种纠结。有的人说,制度重要,好的制度,就是头猪坐在位置上,国家也能治理好。而有的人说啊,关键在于人,同样的制度,在不同的国家,效果可能完全不一样,再好的制度,一群猪也不能发展出好的社会。有的人说啊,社会最缺少的,是法治。而有的人说啊,社会最缺少的,是道德。真是公说公有理,婆说婆有理。好了,我们还是继续让正反方来进行辩论吧,有请正方陈题!"

"道理都是秃子头上的虱子,明摆着的嘛。反方动不动说周公、孔子,好像只要有了周公、孔子,天下就能大治。我们也不反对,这世上的确有圣人的存在,圣人仁慈而又万能,我们就当反方说的这些都是真的。可结果又怎么样呢,周公是什么时候的人?一千年前的人!孔子是什么时候的人?五百年前的人。这说明什么,说明五百年才出一个圣人哪。要等五百年才出一个的圣人,才能让礼治大放光彩,都这么玩,还不让大家等得,不是花儿都谢了,而是连根儿也烂了。五百年出一个圣人,在位三十年,那么剩下的四百七十年,大家不活了?而假如这圣人,并没有在位呢,比如孔子就没有在位。政治有点儿小问题,可以用法令解决,而不是非得等个圣人来搞什么天下大治,把所有制度都重新来过一遍。衣服破了个洞,那就可以补了穿,不是破了个洞就非得换一件。法令是用来治理普通人的,如果天下都是圣贤,当然不需要法令,不需要制度,可问题是大多数人都不是圣贤,都是自私自利的普通人,所以还得靠法令。这也是吴起治魏、治楚,申不害治韩,商鞅治秦,能立竿见影的原因,因为他们没有企求把老百姓都教化成圣贤,而是把他们当成普通人,他们都会趋利避害。好高骛远,食古不化,这是我送反方的八个字。他们就是那种人,生病了,邻居就是郎中,他们非得等到扁鹊来给他看病,你要是反对啊,他就跟你急——扁鹊手到病除,你能否定吗?你否定不了啊,所以他就是对的。他们还是那种人,家里都失火了,门前就是小池塘,他们说不行,我要到江,要到河,要到汉水,要到渭水,要到那些地方去弄水救火,你要是反对啊,他就跟你急——你能说江河之水不够救火吗?你能否定吗?你否定不了啊,所以他就是对的。"

"强词夺理!巧言令色,鲜矣仁!能治理国家的,只有周公孔子吗?

我们什么时候又说只有周公孔子才能治天下了？孟子就不行了？周公的制度，孔子的学说，都摆在那里，大家都能学，都能师法。哪朝哪代都有贤明之士，都能任用，他们都能治国，哪里就非得周公孔子了？再说，商鞅那一套，是叫治理吗？变乱秦国风俗，搞得人人自危，人人相斗，从他之后，秦国朝廷残酷的政治斗争从未间断，你死我亡。他那一套，就好比是马蜂蜇了手，他就砍了手，马蜂蜇了脚，他就砍了脚，那能叫治理吗？还说得好听，衣服破了要补，国家社会是衣服能相比的吗？有点医学常识的都知道，头痛医头，脚痛医脚，不能解决根本问题，治标不治本。国家和社会，是一个完整的生态系统，靠那种简单粗暴的赏罚、刑法，能解决根本问题？文化、风俗、习惯、世道人心，才是这个社会得以发展的根本，礼乐教化，仁义道德，就是解决这个根本问题，移风易俗，就像太阳照进人心，就像江河东流入海，这就是文化的力量，这就是文明的力量。我知道你们又要说这是普世价值，你们又要说，普世价值不普世。但我们要说，是的，这就是普世价值。什么是普世价值？普世价值就是所有人听到之后，都立刻明白，这就是我想要的，就像闪电照进心里，就像太阳温暖万物。仁、爱、礼、义、文明，民本，体面地活着，尊严地活着，自由地活着，像文明人一样活着，百姓是社会的主人，而不是社会的奴隶，是社会的创造者，而不是被管制者。是的，这就是普世价值，而这些，那些把社会当成衣服来缝补的人，是永远不会明白的，他们都是彻底的唯物主义者，连人也成了物的一种，也被当成物一样进行管理。"

"精彩！真精彩！反方还是一如既往的煽情！补衣服的小洞，那不仅仅是补小洞，而是为了防止更大的损坏，这不需要唱高调，只是做实事。唱高调，我承认不如反方，说大话，我承认也不如反方。什么天下大治，什么道不拾遗，什么开万世太平，反方是张口就来。但是空谈误国，实干兴邦，国家不是靠大话能吹起来的，是靠一个个的不起眼的实事，靠补衣服的小洞，堵河堤的小眼建设起来的。比如先帝吧，在治水方面就做得很好，亲自审查，修理河道，加强河堤，百姓很感激，歌里唱道，宣房塞，万福来。"

"是的，你们在干实事，你们每天都在干政绩工程的实事，面子工程的实事，上上下下不谈道德，不谈仁爱，只谈钱的实事！你们说别人空谈，你们干实事，那是因为国家在你们手里，别人想干实事，还没有干实事的机会，人家只能谈，只能建言。是的，你们在堵河堤，河堤缺失了一个口子，会受灾千里，可道德缺失了，难道不是更大的灾难吗？现在一年发生各种刑事案件数以万计，这么严重的事情，怎么没见你们干实事？对了，你们是在干实事，你们抓人、杀人。道德缺失，人心浮躁，物欲横流，分配不公，这些社会问题你们不去治理，光治河堤能解决问题？要是这些社会问题解决了，还需要天天用那么繁杂的法令去堵缺口吗？"

"地里长了草，就得用锄头锄掉，对于杂草，锄头是坏东西，可对于庄稼，锄头是好东西。法律对于恶人是坏东西，可对于普通百姓，它是好东西。我知道你们讨厌它——对不起，我没有说你们是坏人哪，可你能否定它们的必要性吗？没有法律，就是圣贤也奈何不了坏人，就像没有武器，孙子吴起也没办法打胜仗啊。"

"法律能惩罚人，但不能让人变得廉洁，法律能杀人，但不能让人变得有仁有义。好的医生，是防病于未然，而不是等病得快不行了，他来扎上一针。现在所谓的好官吏，全都是想着办法抓人，而不想着怎么去救人，只想着把他认为的坏人治罪，不想着让他治下的坏人越来越少，人心越来越善。抓了一个还不够，还要株连，把家人亲戚都抓起来，杀了一个还不够，还要满门抄斩，你这不是治病，也不是头痛医头脚痛医脚，是脚痛你把腿都锯下来。你们不是锄草，是见到草，连边上的苗都一起锄了。这就是法治？我看是刑治吧。"

"犯了法还不能抓了？靠批评教育能解决问题？"

"文帝时候，一年没几件案子，现在犯罪的那么多，是现在人真的那么坏？"

"现在人坏不坏我不知道，我只知道，你们纵容犯罪，会让人民缺乏安全感，生活在恐惧之中。"

"最大的恐惧就是来自你们！是你们让人民缺乏安全感，因为他们不知道哪天刑罚就降临到自己头上，他们的房子被拆，他们的财产被剥夺，他们的人身受到威胁。"

"你在说我们夺了百姓的东西？"

"夺没夺你自己知道，我只知道，中产阶级，十之八九都在算缗和告缗后破产。"

"我们拿资本家的一部分财富，来为整个社会服务，有什么不对？"

"与民争利，你们也不是第一次做了。"

"儒生们，不豁胖侬会得死啊。"

"侬脑子进水了！"

"人蠢无药医啦，医番都变白痴啦。"

"老三老四，认的侬算我路道粗。"

"有病睇兽医啦。"

"没宁教，侬就是芝麻地里长额黄豆，玉米地里长额甘蔗，西瓜地里长额冬瓜，杂种晓得挖。"

"停！又吵架，吵架也就算了，还不说人话。都给我回去，学十天官话，再来辩论。你们是看辩论快结束了，怕没机会吵吧。都给我停住！"

86. 胶车逢雨

"大家好，我是主持人车千秋，欢迎回来。感谢大家一直支持我们的节目，我们的辩论即将接近尾声，即将迎来它最后的阶段。我们也感谢正反方，是他们带给我们这么精彩的电视大辩论。好了，又到观众互动时间，这次我们的问题是，法律条文是越多越好，还是越少越好，大家有什么看法。前面的那位先生，你来回答！"

"我认为是越多越好吧，因为人的行为是非常非常多的，所以这个条文肯定多，太少了，很多行为都无法界定。"

"很好，这位先生赞成多好。那么有没有说少的好呢？很好，左边的那位姑娘，你来回答。"

"我认为条文不能太多，因为没有人记得住，人的行为既然是非常非常多，那要多少条文才够呢，有人能全部看完吗？"

"编好目录不就行了？做事前查一下不就行了？"

"我走在路上，想折个柳条编东西玩，然后就专门跑回家查一下是不是犯法？既然条文那么多，装一间屋子，不可能家家都有，我还得去衙门查，如果县衙法律文书不齐全，还得去郡里，恐怕衙门光接待查阅的人就不堪重负。"

"《汉律》总有吧，平常哪里用得着那么多生僻的法令？"

"所以归根到底，还是要精简的啊。"

"好了，你们两位观众就不要太入戏了嘛。互动时间有限，我们给其他观众一些机会，右边的那位先生，你的看法呢？"

"我认为不能一味地看多与少，再完备的法律，人家也可以搞完美谋杀，你不知道谁是凶手，法律条文有什么用？还是要看法律的执行，有法必依，违法必究。"

"很务实的观点。还有其他人有不同意见吗？好，那位举手的先生，你来说。"

"我认为仅仅有法必依，违法必究是不够的，还得看法律是为谁服务的，是保护人民的，还是管制人民。如果是管制人民的，不准人民做这个，不准做那个，那么越少越好，天下多忌讳而民弥贫。如果是保护人民的，是防止坏人，还有防范官府侵犯人民的权益，当然越多越好。像臣民不准做什么，臣民必须怎么怎么的条文，越少越好，像官府必须怎么怎么，官府不得怎么怎么的条文，越多越好。"

"很大胆的观点。好，互动时间结束，我们请正反方上场。这一次辩论的题目——这一次辩论没有题目，而是请正反方作总结发言。好，先请正方总结。"

"其实是不需要总结的，因为这么多场辩论下来，我们的观点，我们的理论，已经深入人心，但既然有这么个总结，我就说两句。我说的第一句是，到什么山唱什么歌，到什么年代干什么活。尧舜禹汤关现在毛线事？尧舜禹汤时候是那么做的，现在就得那么做？尧舜禹汤时代的人和现在的人是一样一样的吗？现在连三岁小孩都会说，人心坏了，连不识字的老人都会说，人心不古，人心都变了，那治国方法能一样？我说的第二句是，不当家不知柴米贵。我最近也在反复地想，为什么反方会有如此多的让人无语的观点，他们的观点从哪里来？现在我明白了，他们的观点无非从两个地方来，一个是纸上谈兵，另一个是道听途说。什么叫纸上谈兵呢？就是把书本上那些死人写的东西当成放之四海皆准的真理。什么叫道听途说呢？就是他们对于治理国家的全部认识，都来自于传言、谣言和衙门外一知半解的观察，他们对内部的情况一无所知。"

"精彩！正方其实表达的无非是两个意思。第一个意思是，我怎么做事情，古人不许废话，因为古今不同。第二个意思是，我怎么做事情，外人不许废话，因为你们没有治理过国家，你们不懂。也就是说，你说一只鸡蛋不好吃，他就会说你又没有下过鸡蛋，怎么有权利评论鸡蛋好不好吃；你要是说明明昨天的鸡蛋还比较好吃，他又会说，昨天和今天能一样吗？连天气都不一样。但是他们解释不了，文王时代为什么到处都是好人，而幽王厉王时代，到处都是暴民？难道商汤王、周武王都是因为老百姓好所以天下大治吗？难道夏桀、商纣，都是因为老百姓坏，才天下大乱吗？别推卸责任了，人心坏了，人心不古，那也是统治者造成的，统治者与民争利，把财富都据为己有，老百姓怎么可能不争？不争会饿死人的；统治者乱抓乱罚，老百姓怎么可能不刁？不刁会给欺负死的。孔子说得好，不要说我会断案，我也和别人差不多，又不是福尔摩斯，如果要我选择，我宁愿没有这些案子。断案容易，让天下没有案子难哪，但让天下没有案子之道，才是治国的根本。治国不治根本，而治末节，古人说这是愚蠢，现在却认为聪明。靠着严刑拷打来平乱，靠着烦琐的条文案卷来治民，古人说这是强盗，现在却认为是贤人了。正方，你们问心无愧吗？"

"还是那些话！还是那些话！愿世界和平，愿世间太平，愿世道公平，如果喊口号可以解决问题，我会号召全国一起喊口号。但是不行啊，还得做事情啊，还得解决问题啊。唐虞之时，有许由，人家把天下让给他，他都不愿意，现在有这样的人吗？市场经济，人心变啦。治国还是得讲方法，就像你做木工，没工具行吗？治理国家，不可能假设所有人都是好人，就像做木工，你不能指望所有木头都是直的。人长了很严重的脓疮，能靠短针治好吗？盗跖那样的人，孔子能用礼来说服吗？"

"做木工活，木头用料少，废料多，那不是好木匠。治理百姓，把百姓搞得人心惶惶，哭爹喊娘，也不是好官吏。是的，不是所有的木头都是直的，但弯木头就没有用处了吗？在鲁班那里，所有的木料都有用处，不会浪费。脓疮的确不能靠短针，但如果有扁鹊，根本不可能病到那个地步，在病还没成形之前，他就给治好啰。圣人治国也是这样，有法令，但顶好的是根本用不上这些法令。"

"哦，圣人？我没记错的话，孔子就是个圣人吧。可我怎么记得他在鲁国被人冷落，在匡地被人围困，在陈国、蔡国被人弄成丧家之犬，这就是圣人有法令而不用的下场吗？依我看哪，孔子顽固，因为他明知道结果还非得去做，孔子贪婪，明知道被困了还是不能克制自己，孔子愚蠢，明知道会被欺负还是要去，孔子无耻，都被羞辱了还不自杀。又顽固又贪婪又愚蠢又无耻，就是个普通人，也够极品了，这也能叫圣人吗？依我看，商鞅就聪明多了，人家明智啊，知道自己人微言轻，所以通过宠臣景监求见，范雎也是明白人，他通过王稽求见。没个有力的大臣引见，谁会放心把国家交给你？就像女子，连个媒人都没有，跑到大路上征婚，谁敢娶？"

"是的，连个媒人都没有，没人敢娶。可媒婆那张嘴，只要给钱，稻草能说成金条，没给钱，金条能说成稻草。所以嫫母能嫁得好，而西施可以嫁不出去。就像孔子生于乱世，只能知其不可而为之，被人陷害。但那些陷害他的，都是好人吗？被那些人陷害，是一件羞耻的事情吗？如果那样，世上被人陷害的，都得自杀了。是的，孔子没有通过宠臣求见，政治都是朋党游戏，没有重臣援手就做不成事，孔子没有蝇营狗苟，没有结党营私，孔子没有见人说人话，见鬼说鬼话，但如果孔子真能那么做的话，他就不是孔子了。是的，商鞅聪明，孔子愚蠢，商鞅见秦王不喜欢帝道，就用王道，见秦王不喜欢王道，就用霸道，连自己的政治观点都能见风使舵，比起来，孔子的确愚蠢。但你们这样笑贫不笑娼，真的没有一点点惭愧吗？"

"做事情是要讲策略的，你不知道吗？除非你真的不关心结果。如果关心结果，又不讲策略，然后结果不好，再抱怨世道不公，那不是自己找罪受吗？还不如不做。世界本来就是不公平的，有些事情你改变不了的。"

"没有做过，怎么知道改变不了？"

"你改变不了人心。记住，人类发展的动力，不是什么世界和平，也不是什么世道公平，而是贪欲。"

"但是文明人之所以区别于野蛮人，不就是更为人本、更为人道吗？如果世道公平的理想都没有，又怎么可能达到世道公平呢？"

"也许吧，但你改变不了人心，就像你改变不了我，当然我也改变不了你。我想我们的辩论，还是结束吧。"

"好，结束吧。"

"咦，今天正反方一反常态地没有互骂哦，桑大夫，能告诉我是为什么吗？"

"胶车倏逢雨，该到散了的时候啰！"

"胶车倏逢雨，很好的比喻，那就让这个民间的谚语来结束这场旷日持久的辩论吧。"

后序

这一卷有些意外的长。

但是也在情理之中。如果我仅仅把汉昭帝始元六年在京城长安召开的那场著名辩论作一个介绍，然后再点评一番，那么我也会像许许多多介绍这场辩论的人一样，用一个根本牛唇不对马嘴的理论，来解释一些他们无法理解的人，然后根据自己的好恶，给双方贴上标签，拥护这个，打倒那个，赞扬这个，贬斥那个。

但是我不能这么做，因为我恰好知道事情的来龙去脉。就好像你知道某个丈夫与前妻分手，另娶新妇，其最早的根源在于他寒微时，前妻每天讥讽有加，而你又知道，前妻之所以不满意于他寒微的丈夫，又是因为这次婚姻是一个外界半强加的产物。你很难同情哪个人，但你又很难责怪哪个人，生活就是一系列偶然事件串成的必然结果，是一系列一念之差累积成的殊途同归，历史也是如此。

所以要想真正理解始元六年的那场辩论，还得把来龙去脉说个清楚。

来龙就是先秦。虽然人们总是先秦先秦地叫着，把上千年的历史，用一个十五年寿命二世而亡的朝代，加个前缀来表示，就好像秦朝以前的那一长串，不过是小朋友入学前的学前班，其意义只在于给后面的那些如雷贯耳的朝代打好基础——而且是可有可无的基础。但是他们却忘记了——

也许是被故意忽略了，那是一段上千年的历史，其演进相当于西方从中世纪到世界大战的全部，重要程度也与之相当。

历史上最典型的封建社会有四个，一个是中世纪的西欧，一个是中世纪的日本，一个是美洲的阿兹特克帝国，还有一个是中国的西周到春秋时期。它们的社会结构非常相似，当然，除了被人为打断的日本和阿兹特克之外，中国和西欧的发展历程也极为相似，列国战争，君权坐大，贵族消亡，土地私有，处士横议，商人乱政，乐坏礼崩。所不同的是，一个走向统一，另一个走向大航海时代，各保其领地。这个歧路是中西方文明最大的分野，造就了后来华夏两千年的辉煌，但也造就了规律性的治乱循环，甚至于几乎万劫不复。

所以这一卷有三分之一的篇幅用在西周到秦统一前的这段历史。封建制度之建立和消亡，大国崛起之梦想和幻灭，又为其主要的线索。这是盐铁辩论的第一背景，毕竟当年的儒法，分别为封建制度之拥护者和反对者。可笑的是，明明是封建制度与郡县制度的论战，今人却屡屡说什么封建制与奴隶制的论争，说什么法家是拥护新兴的封建制度，说什么儒家希望复辟奴隶制，还说什么孔子是奴隶主贵族，却不想想，孔子的奴隶在哪里？孔子时代的奴隶市场在哪里？孔子时代的奴隶来源在哪里？孔子时代的奴隶价格又在哪里？张冠李戴如此，又怎么能理解盐铁论战的双方呢，不过是以己之昏昏，使人昭昭罢了。

接下来又有三分之一的篇幅用于从秦皇到汉武这一百余年的历史。比起前面的千年，不算很长，比起后面的两千年，更是惊鸿一瞥。但是其重要程度却毫不亚于其前后。

近人每说西人东来，是三千年未有之大变局。其实他们错了，从秦皇到汉武这一变，也是中国千年未有之大变局。

这一段时期，早熟的中国文明，在尝试了史上最早的成熟封建制度之后，又尝试了史上最早的军国主义，接下来，又有史上最早的自由主义经济，以及史上最早的凯恩斯主义。

从这一段时间的文章标题大概也能看出华夏文明在这段时间的狂飙激进，什么《新时代之来临》，什么《私有化，私有化》，什么《美丽新世界》，什么《童年的终结》，什么《两千年前的南北战争》，什么《自由主义经济之殇》，什么《国进民退》，什么《中国模式》。

在行义线索方面，政治力量的对比是比较重要的一个。因为制度不是设计出来的，而是演进出来的，文明不是创造出来的，而是生长出来的。从秦皇到汉武的演变，力量的升降和消长，极为重要。正如现代国家通常需要一个强大的能左右政局的市民阶层支撑，否则，无论引进制度也好，引进设备也好，都是一层皮相，骨子里还是那个中古社会。力量，首先是力量，左右着制度演进的结果——如果不是决定的话。均衡导致民主，失衡导致专制，极度失衡导致独裁，独裁不可多得，民主尤为难得，而专制则常有。所以民主是个意外，它就像你拿一只鸡蛋放在桌子上，它恰好立起来了一样。

所以虽然总有人说，盐铁论的双方如果贤良文学赢了就好了，又总有人说，如果御史大夫赢了就好了，但我从来没有盼望过哪一方会赢。因为他们也许能决定辩论的结果，却决定不了历史发展的结果，历史就是那样发展的，它就是那个样子的，它无法假设。正如一千年后的另一场论战，我无法说，如果王安石变法成功了就好了。

最后又有三分之一的篇幅用于那场辩论的完整介绍。

之所以终于选择了完整介绍，而不是撮其精，取其要，就像我曾经对先秦的诸子们做的那样。是因为我对这本书读得越多，就越觉得，自己无法代替他们说话。如果我真的那么做了，那么我将和其他那些一边倒的谈论者一样，把介绍别人的思想变成了推销自己的理论，别人无非是证明自己理论的道具。

汉以后的人，十个里面有八个，是支持贤良文学的。原因比较简单，平头百姓有几个喜欢加税而不是减税，公司职员有几个喜欢泰罗制管理而不是温情管理。而近代以来的人，十个里面又有八个，是支持御史大夫的。原因也比较简单，因为御史大夫是主张打匈奴的，因为御史大夫又是主张法治的，虽然彼匈奴不是此倭寇，虽然彼法治也跟此法治不沾什么边，但听着舒服。所以以前是东风压倒西风，现在又是西风压倒东风。

之所以人们更喜欢一边倒，还有个原因是，我们习惯于寻找标准答案很久了。小时候，我们相信所有的问题，都有一个标准答案，那个标准答案掌握在老师那里。长大后，我们相信所有的问题，也都有一个正确的解决方法，那个正确的解决方法，掌握在政治家那里。但是，真的有吗？

西方的政坛里充满着形形色色的两党，他们互相攻击。而中国的历史里也充满着各种各样的两党，什么唐朝的牛李，什么宋朝的新旧，他们都以为自己才是最最最正确的那一个，而对方是祸害国家的。但是，真的是那样吗？

所以，这里并没有偏向于任何一方，而只是把他们要说的话，说出来。而他们的确也说了很多很多，他们讨论的内容，大多在后世的各种廷争、舆论、风评中见到。在后世，也常常能见到贤良文学和御史大夫的影子。

贤良文学和御史大夫之争，常常被称为儒法之争。但是御史大夫的总后台汉武帝，又是第一个"废黜百家，独尊儒术"的，所以又有人说，这是醇儒和杂儒之争。还有人说，后来宣帝说过，汉朝本来就是王霸道杂之，外儒内法，所以又有人说，这还是儒法之争，或者是王霸之争。其实从双方引用的经典来看，贤良文学以孔孟的为多，其次为老子，再次为庄子，荀子的几乎没有，的确算得上醇儒。御史大夫的呢，有孔子的，有韩非子的，有邹衍的，而最多的，似乎却是管子，的确很杂。但是御史大夫又常常对孔子讥讽有加，而且常常把孔墨并称，意指孔墨为一路货色，又意指贤良文学即是孔，也似墨。所以这真是一笔糊涂账。也许另一种说法，理想主义与实用主义之争，更贴切些。

现在人多喜欢一边倒地挺御史大夫，除了其主张富国强兵，其主张打匈奴，其主张法治之外，还有对贤良文学的反感，认为其百无一用，当不得真，或者说——腐儒。但是贤良文学的大同社会固然如海市蜃楼，御史大夫的富国强兵，最终也不过是梦幻泡影，其间原因，可以从经济学角度找到。而从另一个角度说，贤良文学以民间身份登朝廷之上，直指时弊，直斥公卿，不隐喻，不影射，不避讳，这份胆色，千载之下，尤叫人想望。腐儒也罢，醇儒也好，都不是两千载以下那些犬儒有资格嘲笑的。

不过贤良文学醇则醇矣，他们固然不似叔孙通那么见风使舵，但也的确与孔孟们大异。它的醇，与其说是醇于孔孟的旧儒家，倒不如说是醇于董仲舒的新儒家。儒家实际上已经变了，因为权力不仅收编了资本，也将整编思想。儒家通过对经典的重新解释改变了先秦处处碰壁的命运，迎来了儒家全面复兴的时代，却也将面临一场新的变动。重新解释，不可能只有一次，新的争论即将开始，在那个《通经致用的年代》。

跋

本来是用不上这段话的。

只是因为这一卷实在是太长，长到了如果印成一本书，就会厚得非常不像话——当然价钱有可能也会贵得不像话。

结果自然就是删减。至于删减方案，则有两个。一个是删前面的，即主要删"往事"的部分，另一个删后面的，即主要删"盐铁"的部分，最终考虑到愿意读"往事"的人，要远多于愿意为"盐铁"花大价钱的人，所以采取了第二个方案。毕竟，都什么年代了，盐和铁都不应该算是特别值钱的东西了——至少没有"往事"值钱。

还有一个原因就是，"往事"的部分内容很丰富，有关于封建郡县的分别——这个和很多人读过的历史不尽相同，有从封建城邦时代，到大国崛起时代，再到中央集权时代的发展历程，还有中西方同样的处于封建解体期，命运却大不相同的原因，还有中国史上最早的国家主义，最早的自由主义经济，以及最早的国进民退。总之，有非常多的内容，而它们，你很难从另外一本书，或两本书里读到。但"盐铁"的部分，则基本上是辩论，一场又一场的辩论，虽然无论对于提高辩论水平，还是纯粹一睹前人风采，还是了解古人如何讨论国事，都大有裨益，而这也正是我把它写出来的初衷。但是——总会有一个但是的，想割舍，也总能找到一个理由或借口的——四十场左右的辩论，比起狂飙激进的数百年的世道迁移，分量还是弱了点。

第三个原因就是，前面写作的时候，都是环环相接，真要大删"往事"的部分，难免留下斧凿之痕，甚或有莫名其妙之处。但删"盐铁"的部分，就基本上没有这方面的担忧了，主要议题都得到保留，场数也有十场之多，次要的或重复的议题，拿掉也影响不了大局。何况，有兴趣的人，甚至可以通过阅读原著来了解，一本书就够了。当然，也可以到网上翻看帖子，或博文。

最后一个原因就是，这个方案，也是我妻子极力赞成的，也就是说，如果她是读者，她更宁愿看到这个结果。这本书在写作过程中，颇得她之力，即使说些堂皇的话，把这本书献给谁谁谁，感谢谁谁谁提供过的帮助，也不算为过，那么在这件事上，尊重一下她的意见——何况又有其他的理由——也实在是没什么说不过去的。

总之，就是这样了。虽然多少有些不舍，又虽然删减之后仍然不会太短，但也就是这样了。尽管删过，我仍然希望它是一个完整的东西，是我能拿得出手的，最好的东西。当然，如果有可能的话，我更希望它是一个更好的东西。

是为跋。

图书在版编目（CIP）数据

盐铁往事：两千年前的货币战争 / 还是定风波 著；—重庆：重庆出版社，2014.10
（史上十大口水战）

ISBN 978-7-229-08666-4

Ⅰ.①盐… Ⅱ.①还… Ⅲ.①中国历史—秦汉时代—通俗读物
Ⅳ.①K232.09

中国版本图书馆CIP数据核字（2014）第212010号

盐铁往事：两千年前的货币战争
YANTIE WANGSHI：LIANGQIANNIANQIAN DE HUOBI ZHANZHENG
还是定风波 著

出 版 人：	罗小卫
策　　划：	华章同人
出版监制：	陈建军
责任编辑：	徐宪江
营销编辑：	王丽红
责任印制：	杨　宁
封面设计：	蒋宏工作室

重庆出版集团
重庆出版社 出版
（重庆长江二路205号）

投稿邮箱：bjhztr@vip.163.com

北京中印联印务有限公司　印刷
重庆出版集团图书发行有限公司　发行
邮购电话：010-85869375/76/77转810

重庆出版社天猫旗舰店
cqcbs.tmall.com

全国新华书店经销

开本：787mm×1092mm　1/16　印张：19.25　字数：260千
2015年1月第1版　2015年1月第1次印刷
定价：35.00元

如有印装质量问题，请致电023-68706683

版权所有，侵权必究